MERIAN
Reiseführer

Stockholm

Die Autoren *Gunnar Herrmann studierte Geschichte und Politikwissenschaft in München und in Schweden. Seit 2006 berichtet er für die Süddeutsche Zeitung aus Nordeuropa. Alexander Budde ist seit 2001 freier Korrespondent der ARD-Hörfunksender für Skandinavien und die baltischen Staaten.*

TRAVEL HOUSE MEDIA

Stadtvillen am Strändvägen

»Kräftskiva« - Krebsschmaus

ZU GAST IN STOCKHOLM 76

Informationen und Adressen für einen gelungenen Aufenthalt, viele Freizeit- und Kulturtipps sowie Interessantes rund um Ihr Reiseziel

An den Ufern von Södermalm

SEHENSWERTES 160

Spuren aus vielen Epochen und aus aller Welt prägen das Stadtbild Stockholms. Wir zeigen Ihnen die wichtigsten Sehenswürdigkeiten, Museen und besondere Orte.

Die »Galerie des Prinzen« im Rathaus

Schäreninsel Landsort

Innen Gotik, außen Barock: die Storkyrkan

DER GUTE TIPP VON MERIAN

Top-Empfehlungen unserer Autoren, Karte siehe Seite 8/9

Titelbild: Stockholms Rathaus
Foto: Bildagentur Online

Viele Wege führen nach Stockholm

ROUTEN UND TOUREN

Herausnehmbare Faltkarte
im Maßstab 1:25.000 (hintere Tasche)

HINWEISE

Erläuterung der Symbole

Für Familien und Kinder besonders geeignet
Behindertengerechte Einrichtung
Hunde erlaubt
CREDIT Alle Kreditkarten akzeptiert
Keine Kreditkarten akzeptiert

Preise für eine Ü im DZ ohne Frühstück

••••	über 170 Euro
•••	120–170 Euro
••	60–120 Euro
•	bis 60 Euro

Preise für ein Hauptgericht ohne Getränke

••••	ab 30 Euro
•••	ab 20 Euro
••	ab 15 Euro
•	bis 15 Euro

Querverweise

in das Planquadrat der Übersichtskarte auf Seite 8/9, z.B. ➤ **Solna, [c 2]**, oder in eine Detailkarte, z.B. ➤ **Gamla Stan, S. 175, [d 2]** sowie zusätzlich (mit Großbuchstabe) in das entsprechende Planquadrat der herausnehmbaren Faltkarte ➤ [E 8]

MERIAN TOP TEN
Höhepunkte Stockholms, die Sie gesehen haben sollten. Karte Seite 8/9

1 KAUFHAUS NK

Nordiska Kompagniet, kurz: NK, ist das traditionsreichste Kaufhaus der Stadt. 1915 öffnete es seine Pforten in der Hamngatan und ist seitdem eine der ersten Adressen für eine Shopping-Runde in Stockholm. Von der handgefertigten Praline bis zur außergewöhnlichen Designerhandtasche reicht das Sortiment. Gegen Einkaufsstress hilft ein Besuch in der Champagner-Bar (S. 119).

2 ÖSTERMALMS SALUHALL

Die historische Markthalle bietet eine fein sortierte Auswahl für Genießer und Gourmets, die sich hier mit Wild, Fisch und vielem mehr versorgen können (S. 123).

3 DROTTNINGHOLM

Das 1692 nach französischem Vorbild errichtete Schloss ist seit 1981 Wohnsitz der königlichen Familie. Große Teile des Gebäudes und des Gartens, die zum Weltkulturerbe der UNESCO zählen, sind aber der Öffentlichkeit zugänglich. Lohnend ist auch ein Besuch des chinesischen Lustschlosses im Park sowie des Barock-Theaters (S. 164).

4 KUNGLIGA SLOTTET

Das Stadtschloss neben der Altstadt ist der Arbeitsplatz des Königs. Die prunkvollen Repräsentationsräume vermitteln heute noch einen Eindruck von der Bedeutung Schwedens, das früher eine europäische Großmacht war. Auch die Schatzkammer mit Kronen und anderen Symbolen der Monarchie sollte man gesehen haben (S. 172).

5 FJÄDERHOLMARNA

Ein Ausflug in die Inselwelt der Schären darf bei keinem Stockholm-Besuch fehlen. Die »Inseln in der Bucht« sind das der Stadt am nächsten gelegene Ausflugsziel, in nur 30 Bootsminuten zu erreichen (S. 181).

6 GAMLA STAN

Strategisch günstig zwischen Mälarsee und Ostsee gelegen, zwängen sich die windschiefen Häuser der Altstadt auf einer Insel zusammen. Berühmte alte Gebäude wie die deutsche Kirche – »Tyska Kyrkan« – oder das Gasthaus »Zum Franziskaner« erinnern an den starken Einfluss der norddeutschen Hanse auf das Stockholm des Mittelalters (S. 190).

7 SKOGSKYRKOGÅRDEN

Der Anfang des 20. Jahrhunderts von Gunnar Asplund entworfene Friedhof gilt als Meisterwerk des Funktionalismus. Wegen der einmaligen Harmonie zwischen Natur und Architektur geriet der Ort auch auf die Liste des UNESCO-Weltkulturerbes (S. 196).

8 MODERNA MUSEET

Dali, Picasso, Matisse – sie alle sind in Stockholm zu sehen. Denn das 1998 eingeweihte Moderna Museet auf der Insel Skeppsholmen beherbergt eine der bedeutendsten Sammlungen europäischer Kunst aus dem 20. Jahrhundert (S. 203).

9 DJURGÅRDEN

Die grüne Insel im Herzen von Stockholm hat viele unterhaltsame Facetten: Im Sommer lockt der Vergnügungspark Gröna Lund mit Achterbahn, Jahrmarktsstimmung und netten Abendveranstaltungen. Am Inselufer befinden sich einige der berühmtesten Kunstgalerien der Stadt (S. 217).

10 HAGAPARKEN

König Gustav III. schuf im Norden der Stadt eine außergewöhnliche Landschaft zum Träumen und Spazieren, mit romantischen Pavillons und Schlossruinen (S. 217).

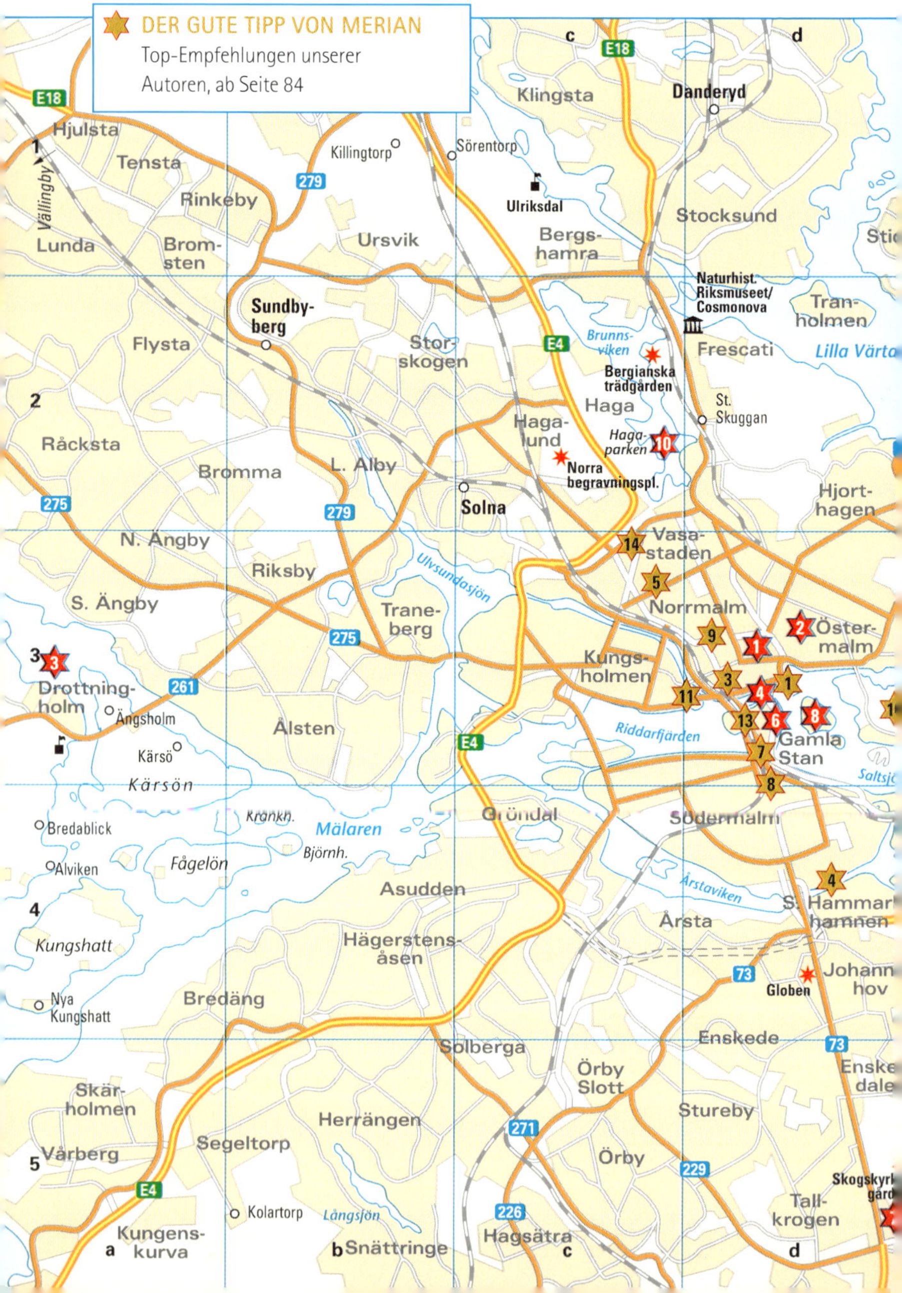
DER GUTE TIPP VON MERIAN
Top-Empfehlungen unserer Autoren, ab Seite 84
Klingsta
Danderyd
Hjulsta
Tensta
Rinkeby
Vällingby
Lunda
Bromsten
Killingtorp
Sörentorp
Ulriksdal
Ursvik
Stocksund
Bergshamra
Sundbyberg
Flysta
Storskogen
Brunnsviken
Naturhist. Riksmuseet/ Cosmonova
Tranholmen
Frescati
Lilla Värta
Bergianska trädgården
Haga
St. Skuggan
Råcksta
Hagalund
Hagaparken
Bromma
L. Alby
Norra begravningspl.
Solna
Hjorthagen
N. Ängby
Riksby
Vasastaden
Ulvsundasjön
S. Ängby
Traneberg
Norrmalm
Östermalm
Kungsholmen
Drottningholm
Ängsholm
Ålsten
Riddarfjärden
Gamla Stan
Kärsö
Kärsön
Saltsjö
Krankh.
Mälaren
Gröndal
Södermalm
Bredablick
Björnh.
Fågelön
Alviken
Asudden
Årstaviken
S. Hammarbyhamnen
Årsta
Kungshatt
Hägerstensåsen
Johanneshov
Globen
Nya Kungshatt
Bredäng
Enskede
Solberga
Enskededale
Skärholmen
Örby Slott
Stureby
Herrängen
Segeltorp
Örby
Vårberg
Skogskyrkogård
Tallkrogen
Kolartorp
Långsjön
Kungens-kurva
Snättringe
Hagsätra
E18
E4
279
275
261
73
271
229
226
a
b
c
d
1
2
3
4
5

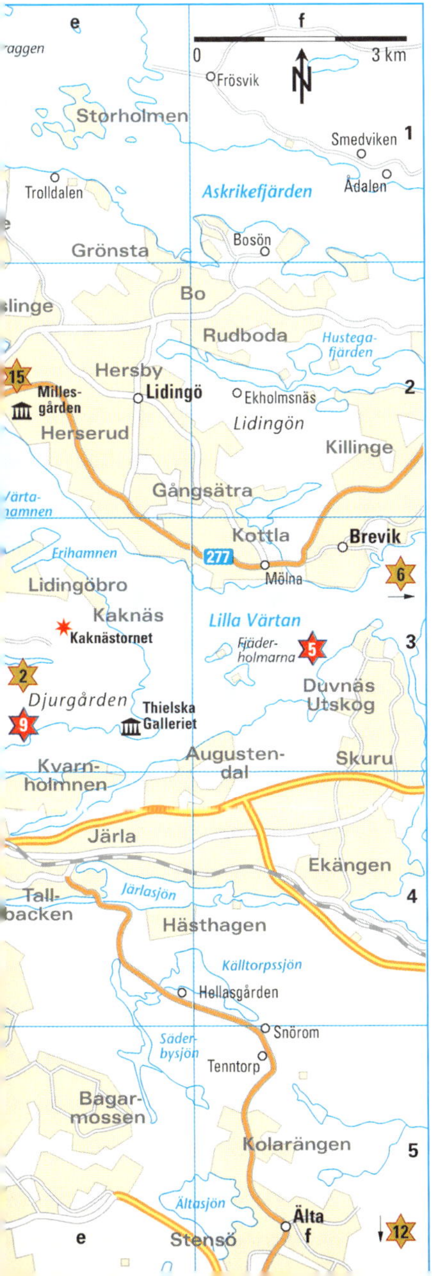

MERIAN TOP TEN

Höhepunkte Stockholms, die Sie gesehen haben sollten, siehe Seite 6/7

STOCKHOLM

Allgemeines: Der Name deutet auf die Schutzwehr aus Baumstämmen (stockar) hin, die zwischen Festland und Inseln (holmen) den Zugang von der Ostsee in den Mälarsee sichern sollte.

Einwohnerzahl: Stockholm hat 14 Stadtteile mit rund 800 000 Einwohnern.

Regierungsbezirk: Zusammen mit 25 angrenzenden Gemeinden und ca. 14 000 Inseln bildet die Stadt den Regierungsbezirk Stockholms Län mit knapp zwei Millionen Menschen.

Fläche: Stockholm 188 Quadratkilometer, Stockholms Län 6490 Quadratkilometer

Stadtwappen: Der gelbe Mann mit Krone auf einem blauen Grund ist St. Erik. Der legendenumwobene König lebte im 12. Jahrhundert in Schweden.

SEGELN IN DER CITY

Im Sommer fegen schnell mal ein paar Böen den Himmel wolkenlos. Wer dann ein Boot besitzt, will nur noch eines: raus aufs blitzende Wasser.

ZIMMER MIT AUSSICHT

Großzügige Sichtachsen und dekorative Brunnen machen den Schlosspark von Drottningholm zum »Versailles des Nordens«.

HIMMLISCHES VERGNÜGEN

Im 18. Jahrhundert stand hier noch die Taverne »Gröna Lund«, nun beschert der gleichnamige Rummelplatz seinen Gästen andere Genüsse.

ZYLINDER DES WISSENS

Die rund gebaute Stadtbibliothek von Gunnar Asplund ist ein Meisterwerk des Funktionalismus, beseelt von klassischen Idealen.

SK
NORSK

IM DIENST DES KÖNIGS

»Högvaktsavlösning« – Wachwechsel – im Äußeren Schlosshof, manchmal mit Kavallerie, manchmal ohne. Aber immer mit Zuschauern.

WILLKOMMEN IN STOCKHOLM

Umarmt von Ostsee und Mälarsee, auf 14 Inseln schwimmend, stellt Schwedens Hauptstadt etwas ganz Besonderes dar. Die Lage am Wasser, unzählige Erlebnis- und Freizeitmöglichkeiten sowie das einmalige, mystische Licht des Nordens machen Stockholm zu einer der attraktivsten Hauptstädte Europas.

Eine Altstadt zum Vorzeigen: »Gamla Stan« zählt weltweit zu den schönsten Stadtkernen.

Krönung des Ausblicks: Eine goldene Schwedenkrone ziert die Brücke zwischen Skeppsholmen und Blasieholmen. Dahinter säumen die herausgeputzten Fassaden des Strandvägen das Ufer.

SCHILLERNDE KRONE DES NORDENS

An allen Ecken und Enden umrahmt das Meer Stockholm. Das beschert der Metropole eine besondere Atmosphäre und bei Sonne ein glitzerndes Spiel der Fluten. Ein Lebensgefühl, das die Stockholmer gerne teilen.

Dass Stockholm eine Weltstadt ist, wird Besuchern schon in den ersten Momenten nach der Landung am Flughafen Arlanda klargemacht. »Welcome to the capital of Scandinavia« – »Willkommen in der Hauptstadt Skandinaviens« steht auf haushohen Plakaten neben dem Gepäckband. Und den Weg zum Ausgang säumt eine Porträtgalerie mit Fotos von all den berühmten Menschen, die ihre Wurzeln am Mälarsee haben. Astrid Lindgren, Schriftstellerin; Björn Borg, Tennislegende; Greta Garbo, Diva – die Reihe ist lang. Wenn der Gast schließlich aus dem Abfertigungsbereich tritt, dann hat er das Gefühl, in einer Millionenmetropole von Weltruf angekommen zu sein.

Die Stockholmer waren schon immer überaus stolz auf ihre Stadt. Mälardrottningen – Königin des Mälarsees – nennen sie sie liebevoll. Und in diesem Kosenamen kommt nicht nur eine enge Verbindung mit dem Wasser zum Ausdruck. Er zeugt auch von einem unerschütterlichen Lokalpatriotismus, der für die Stadt ganz selbstverständlich eine Führungsposition beansprucht. Dass die Marketingabteilung des Rathauses Stockholm neuerdings als Hauptstadt ganz Skandinaviens bezeichnet, fanden die meisten Bürger überhaupt nicht ungewöhnlich. Schließlich ist ihre Heimatstadt Schauplatz weltberühmter Vorstellungen, wie etwa der alljährlichen Nobelpreisverleihung. Man scheut am Mälaren auch den Vergleich mit Metropolen wie New York, London oder Berlin nicht. Stockholm fühlt sich riesig – und lässt das die Welt gerne wissen. Wer zum ersten Mal die schwedische Hauptstadt bereist, wird darum vielleicht ein wenig überrascht sein. Denn für eine Großstadt ist Stockholm ziemlich klein.

Die Gesichter der Metropole sind bunt, aber entspannt und absolut einzigartig

Knapp 800 000 Einwohner leben im Stadtgebiet, das sind weniger als zum Beispiel in München oder Köln. Stockholmer verweisen an dieser Stelle gerne darauf, dass im Regierungsbezirk Stockholms insgesamt zwei Millionen Menschen zu Hause sind. Allerdings sollte man wissen, dass dieser Bezirk eine Fläche umfasst, die mehr als doppelt so groß wie das Saarland ist – nämlich 6490 Quadratkilometer. Für deutsche Verhältnisse sind die Bevölkerungszahlen also nicht so beeindruckend. Der Besucher sollte sich jedoch hüten, den Ziffern zu große Bedeutung beizumessen. Ebenso wie er sich überhaupt davor hüten sollte, die Metropole am Mälarsee mit den Millionenstädten Mitteleuropas zu vergleichen. Die Gefahr ist gegeben, dass er dann auf der Suche nach Bekanntem das Einzigartige verpasst.

Die Mälarkönigin ist das Zentrum des Nordens. Sie ist damit der Nabel einer Region, die lange am Rande Europas gelegen hat. Die aber in den vergangenen Jahrzehnten einen beispiellosen Aufstieg erlebte und heute in vielen Bereichen als Vorbild gilt. Es ist eine Region voller Gegensätze, in der es blühende Ballungsgebiete mit luxuriösesten Lebensbedingungen gibt, ebenso wie tiefste Provinz. Der Aufstieg des Nordens und auch seine Widersprüche spiegeln sich in Stockholm wie an kaum einem anderen Ort wider, und sie prägen das Lebensgefühl der Stadt.

Wo man gelernt hat, im Kontrast der Gegensätze zu leben und davon zu profitieren

Zum Beispiel kommunizieren die Stockholmer über die schnellsten Internetanbindungen und die modernsten Mobilfunknetze miteinander und mit der ganzen Welt. Aber nur wenige Kilometer außerhalb der City wohnen Menschen auf kleinen Inseln, zu denen der Briefträger nur alle paar Tage kommt. Wer diese Kontraste zu erkennen vermag, dem erschließt sich der besondere Charme einer Hauptstadt, die es so kein zweites Mal gibt. Stockholm mit seinen Schlössern, Uferpromenaden und Herrschaftshäusern erscheint wie ein gut geschliffener Brillant, eingebettet in ein atemberaubendes Umland mit tiefgrünen Nadelwäldern, endlosen Wasserflächen und unzähligen Inseln. Erst die schillernde Fassung verhilft dem Juwel zu seinem einzigartigen Glanz.

Diesen Glanz Stockholms wird jeder Besucher mit bloßem Auge erkennen können. Dank der strategisch günstigen Lage zwischen Mälarsee und Ostsee strömt Wasser von Ost und West in die Metropole. Angler gehören daher zum Stadtbild, sie machen selbst mitten in der Innenstadt das ganze Jahr über Jagd auf Meerforelle, Lachs und Zander. Überall in Stockholm gibt es Kanäle, Buchten, Schleusen. Je nach Jahres- und Tageszeit funkeln und blinken die Wasserflächen in allen nur erdenklichen Farben. Mal erröten die Wellen des Mälarsees in sommerlicher Abendsonne, mal spiegeln sich die herbstgelben Laubwälder der Insel Djurgården in der Hafeneinfahrt, mal wälzt sich ein Strom schwarz vorbei an wintergrauen Betonfassaden. Die Stadt hat viele Gesichter, und es gibt kaum eine Stimmung, die ihre Mimik nicht ausdrücken kann.

Einen architektonischen Kontrapunkt setzt der moderne Platz »Sergels Torg«.

Menschen, die ein paar Jahre am Mälarufer verbracht haben, berichten, dass es mindestens zwei völlig unterschiedliche Versionen der Metropole gibt. Tatsache ist: Wer einmal einen der kurzen Wintertage miterlebt hat, an denen die Sonne nur wenige Stunden über dem Horizont hindämmert, wird Stockholm als einen düsteren und geheimnisvollen Ort in Erinnerung behalten. Kommt der Besucher dann zum Mittsommerfest wieder, wird er meinen, in einer völlig anderen Gegend gelandet zu sein. Selbst der Nachthimmel leuchtet um diese Jahreszeit noch in Bronzetönen. Tagsüber scheint das Licht von allen Seiten zu kommen und bis in die hintersten Winkel der Altstadt vorzudringen. Sogar die Bewohner der Stadt verändern sich im Laufe eines Jahres. Wirken sie im Winter oft mürrisch und zurückhaltend, sprühen sie im Sommer vor Lebensfreude, sind spontan und offen.

So wechselhaft wie das Klima ist auch die Bebauung. An ihr lassen sich mehrere Jahrhunderte ungestörter Stadtplanung erkennen. Anfang des 16. Jahrhunderts wurde Stockholm zuletzt von den Dänen belagert. Seit dieser Zeit, also seit fast einem halben Jahrtausend, herrscht Frieden in der Stadt. Und seit nahezu 200 Jahren gilt das übrigens auch für den Rest Schwedens. Die Armeen des Landes waren nach den napoleonischen Kriegen in keine größeren Konflikte mehr verwickelt. Es gibt wohl kaum eine andere Metropole in Europa, deren neuere Geschichte so kampflos ist. Die Herrscher Stockholms konnten stets das Erbe ihrer Vorfahren renovieren, modernisieren oder erweitern – wiederaufbauen mussten sie es nie.

Aus Altem Neues zu schaffen ist eine Herausforderung an die Beständigkeit

Trotz dieser ungebrochenen Tradition konnte auch die Moderne an vielen Stellen Einzug ins Stadtbild halten. Am deutlichsten wohl in der Gegend um den Platz Sergels Torg, wo die Stadtplaner in den 60er- und 70er-Jahren des 20. Jahrhunderts ein ganzes Viertel niederreißen ließen, um Raum für Straßen, Bürogebäude, Einkaufspassagen und ein Kulturzentrum zu schaffen. Noch heute gibt es unter den Bürgern sehr unterschiedliche Meinungen darüber, ob die Erneuerung gelungen ist. Einige halten den

Sergels Torg für ein leuchtendes Beispiel moderner Stadtarchitektur. Andere dagegen vergleichen die fast 40 Meter hohe Glassäule im Brunnen auf der Platzmitte mit einem Dolch, den rücksichtslose Modernisierer ins Herz der Hauptstadt gerammt haben. Als Besucher muss man in diesem Zwist kein Urteil fällen. Man kann einfach weiterspazieren und staunen über die große Vielfalt der Baustile, die sich im Rest der Stadt findet.

Großartige Stadtviertel sind nunmehr dem Vergessen entrückt und attraktiv geworden

Vielleicht führt einen der Weg nach Östermalm mit seinen bürgerlichen Prachtfassaden, an denen sich zum Teil noch Jugendstilornamente aus dem frühen 20. Jahrhundert ranken. Heute ist dieses Viertel eines der exklusivsten der Stadt. Tagsüber verkaufen die Boutiquen extravaganten Luxus zu hohen Preisen. Nachts tummeln sich in den Bars und Clubs Östermalms die Stars und Sternchen der schwedischen Society.

Vielleicht führt einen der Weg aber auch nach Södermalm. Dieses Viertel liegt auf der anderen Seite des »Strömmen«, des Stroms, der Mälarsee und Ostsee verbindet. Auch dieser Teil der Stadt kann auf eine stolze Tradition zurückblicken, aber von seinem Wesen her ist er so etwas wie ein Gegenpol zum noblen Östermalm. In verwinkelten Straßen zeugt noch das eine oder andere Holzhaus von ehemals einfachen Lebensbedingungen. Alte Fabrikgebäude lassen ahnen, dass Södermalm früher von Dreck, Lärm und Schufterei geprägt war. Wegen seiner zentralen Lage ist es heute allerdings eines der begehrtesten Wohnquartiere und Heimat für eine flippige Kreativszene.

Die Frage, ob sein Herz eher für Östermalm oder Södermalm schlägt, ist für einen Stockholmer von geradezu philosophischer Tragweite. Denn bei der Antwort muss er sich zwischen zwei sehr unterschiedlichen Lebensstilen entscheiden. Es ist, als würde man einen Berliner fragen, ob er lieber im Osten oder im Westen wohnt; oder einen Münchner, ob er beim Fußball für den Verein 1860 oder für Bayern München jubelt. Kurz: Die beiden Stadtteile sind also ziemlich ver-

Die große Insel Södermalm ist baulich vom 19. Jahrhundert geprägt.

schieden. Und wer Zeit hat, sollte sich deshalb unbedingt beide ansehen.

Auf dem Weg zwischen Södermalm und Östermalm bietet sich ein Stopp in der Altstadt »Gamla Stan« an. Hier ist der stille Mittelpunkt der Metropole. Hier nahm die Geschichte Stockholms im frühen Mittelalter ihren Anfang, und hier regiert der König heute noch in seinem Stadtschloss. Die krummen Gassen, das Kopfsteinpflaster, die schiefen Kaufmannshäuser und die kleinen, engen Plätze gehören zu den unbestrittenen Höhepunkten Stockholms. Und das eine oder andere Gebäude sieht heute noch fast genauso aus wie vor knapp 500 Jahren, als die dänischen Truppen hier zuletzt wüteten.

Als deutschsprachiger Tourist wird einem in der Altstadt noch etwas Besonderes auffallen: nämlich, dass viele der Inschriften über Türen und Toren in einem altertümlichen Deutsch verfasst sind. Noch heute gibt es eine aktive deutsche Kirchengemeinde und eine deutsche Schule. Die Tradition dieser Einrichtungen reicht zum Teil bis in die Zeit zurück, als die Hanse den Handel auf der Ostsee kontrollierte. Die Zuwanderung aus dem Süden hat also eine besonders lange Tradition. Schwedens Herrscher warben schon vor Jahrhunderten gezielt Arbeitskräfte im Ausland an. Dabei ging es ihnen auch darum, ihrem etwas abgelegenen Land den Zugang zu den neuesten Handwerkstechniken und Erfindungen zu sichern.

Hier ist man immer offen für Neues, denn jeder hat das Zeug zum Schweden

Auch heute noch ist Schweden ein Einwanderungsland. Flüchtlinge aus der ganzen Welt fanden hier in den vergangenen Jahrzehnten Schutz vor Verfolgung und Terror. Und für manche Branchen ist der Zugang zu ausländischen Fachkräften eine Überlebensfrage, weshalb Arbeitnehmer aus allen EU-Ländern in den Norden gekommen sind. In Stockholm sind diese Entwicklungen sehr deutlich zu spüren. Etwa 20 Prozent der Bevölkerung sind im Ausland geboren.

Selbst viele Schweden sind eigentlich fremd in der Stadt. Immer mehr Menschen ziehen aus den entlegenen Provinzen des Landes in die Metropole, auf der Suche nach Ausbildung und

guten Jobs. Wer Schwedisch beherrscht, kann bei einer U-Bahnfahrt eine ungeheure Vielzahl von Dialekten und Akzenten wahrnehmen. Und natürlich haben auch die Neuen aus Lappland oder Dalarna, aus Deutschland, Südamerika, dem Nahen Osten oder Asien ihre Spuren hinterlassen. Am »Slussen«, der Schleuse zwischen Altstadt und Södermalm, verkauft zum Beispiel eine Imbissbude Gegrilltes vom Rentier – eine Spezialität der samischen Ureinwohner Nordschwedens. Und es gibt mehrere irakische oder syrische Fußballclubs. Einwanderer sitzen auf den Fahrersitzen der Taxis, in den Chefsesseln von Unternehmen und am Kabinettstisch der Regierung.

Wenn der Sommer kommt, zieht es viele hinaus aufs Land. Dann gehört die Stadt den Gästen

Bei aller Vielfalt gibt es aber doch ein paar typische Dinge, die die Mehrheit der Stockholmer gemeinsam auszeichnet. Da wäre zum einen ein Hang zur Ordnung, der sich zum Beispiel beim Schlangestehen an der Bushaltestelle zeigt, aber auch in den sauberen Straßen, die einmal pro Woche gereinigt werden. Und auch bei der eigenen Garderobe legen die meisten Stockholmer großen Wert auf eine persönliche Note und gepflegte Eleganz, auch wenn es dabei natürlich verschiedene Geschmäcker und Kleidungsstile gibt. Besucher sind jedenfalls oft beeindruckt davon, dass selbst an gewöhnlichen Wochentagen die Menschen auf der Straße sehr schick angezogen sind. Die vielen Modeboutiquen, die in der Innenstadt fast an jeder Straßenecke zu finden sind, zeugen ebenfalls von dieser nicht unbedingt billigen Vorliebe.

Eine weitere Eigenart der Stadtbevölkerung ist es außerdem, den Sommer woanders zu verbringen. Von Ende Juni bis Mitte August läuft das normale Leben in der Stadt nur noch auf Sparflamme, Stockholm ist dann überwiegend in der Hand der Touristen. Sogar einige der Restaurants und Cafés in der City machen Sommerpause, wer in dieser Zeit die Stadt besichtigt, sollte sich also stets genau über Öffnungszeiten informieren.

Die Stockholmer selbst verbringen die warmen Monate jedenfalls mit großer Leidenschaft meistens auf dem Land. Und man muss nun an dieser Stelle erwähnen, dass sie dort nicht immer mit offenen Armen empfangen werden. Denn die »Null-Achter«, wie die Stockholmer wegen der Telefonvorwahl 08 in der Provinz manchmal spöttisch genannt werden, stehen in dem Ruf, ein wenig eingebildet zu sein. Die schwedische Tugend der Bescheidenheit sei bei ihnen nicht so ausgeprägt, heißt es.

Wer sich an die großen Begrüßungsplakate der »Hauptstadt Skandinaviens« am Flughafen erinnert, der weiß, dass an diesem Vorurteil durchaus etwas dran ist. Einerseits. Andererseits: Wer die Hauptstadt einmal an einem sonnigen Tag vom Boot aus gesehen hat, das glitzernde Spiel der Fluten erleben konnte, der weiß auch, dass die Stockholmer eigentlich gar keinen Anlass zu Bescheidenheit haben müssen.

Der Traum vom schwedischen Sommer: Ferienhäuser im Dorf Landsort in den Schären

STOCKHOLM.

GESCHICHTE

Um die Entstehung Stockholms ranken sich zahlreiche, oft widersprüchliche Erzählungen. Nur bei wenigen Punkten sind sich alle einig: Hier ging es immer um die Kontrolle der Wasserwege. Fakt ist auch, dass der offizielle Gründer, der Regent Birger Jarl, um das Jahr 1250 eine Festung bauen wollte, um den Mälarsee vor Plünderern zu schützen. Auf ihn folgte eine Reihe kühner Herrscher und Könige, welche die Stadt bis heute erfolgreich durch Krisen und Kriege führen konnten.

Stadtansicht von Stockholm, Kupferstich um 1640 von Matthaeus Merian d. Ä.

Birger Jarl, der Gründer Stockholms, schloss 1250 mit Lübeck einen Vertrag über Zollfreiheit und nahm damit entscheidenden Einfluss auf die Entwicklung der Stadt als Hafen für die Hanse.

WOHLSTAND, DER MIT DEM WASSER KAM

Ein Dokument beschreibt Stockholm 1289 bereits als größte Stadt im Königreich. Da der König dort jedoch noch keinen festen Regierungssitz hatte, lag die Bedeutung zunächst nur in ihrer Rolle als Handelshafen.

Die Nebelschwaden lichten sich, und weit unten erspäht die Graugans Daunenfein auf einmal Inseln und Brücken. Industrieschlote qualmen, Dächer funkeln in der Sonne, Frachtkähne tuten, Stimmen dringen herauf. Kein Zweifel: Es ist die Stadt, die auf dem Wasser schwimmt. In Schweden kennt jedes Schulkind die Geschichte vom kleinen Nils Holgersson, der mit seiner Gänseschar auch einmal quer über den Mälarsee fliegt. Es ist eine Zeit des rasanten Umbruchs, die Selma Lagerlöf in ihrem pädagogisch wertvollen Epos beschreibt. Schweden ist zu Beginn des 20. Jahrhunderts das erste Land in Europa, das in atemberaubendem Tempo den Aufschwung vom bitterarmen Agrarstaat zur modernen Industrienation vollführt. Und nirgendwo ist dieser Wandel so sichtbar wie in der Hauptstadt. Deren Ruhmesgeschichte hatte freilich schon viel früher begonnen.

Stockholm wird erstmals in den berühmten Königssagen des isländischen Dichters Snorre Sturlasson (1178-1241) erwähnt. Von »Stöcken« und »Holmen« ist die Rede, aber Zeichen menschlicher Besiedlung hat der Reisende damals noch nicht ausgemacht. Die mittelalterliche Erikschronik rühmt den Reichsverweser Birger Jarl für die Gründung der Stadt und datiert das Ereignis auf die Mitte des 13. Jahrhunderts. Zum Schutz vor Piraten ließ der Stammvater der Folkunger-Dynastie nach burgundischem Vorbild auch gleich eine mächtige Festung erbauen. Eine Schönheit ist Tre Kronor wohl nicht, aber ihren Zweck erfüllt die imposante Burganlage mit Turm und Wohnflügel durchaus. Noch manch ein Belagerer wird vergeblich gegen ihre Ringmauer anstürmen.

»Gastarbeiter« aus dem Süden

Die Stadt war wehrhaft, doch ihr Gründer offen für Kontakte nach Übersee. 1251 bot Birger Jarl der Lübecker Kaufmannschaft zollfreien Handel und freien Wohnsitz an. Unterzeichnet hat er die Briefe mit der Ortsangabe »Stockholm«, bis heute ein Beleg für das Gründungsjahr. Die Händler und Seeleute aus dem Süden kamen gern und brachten auch gleich ihre Handwerker mit. So begann die deutsche Geschichte dieser Stadt, deren Spuren sich in jeder Gasse Gamla Stans offenbaren. Die Schweden schätzten ihre Gastarbeiter, denn die passten vom Aussehen und Gemüt her gut in die Landschaft, waren fleißig und murrten nicht. Auch Sprachprobleme gab es kaum, denn Schwedisch war als plattdeutsche Variante in den norddeutschen Fürstentümern des Mittelalters wohlbekannt.

Gesellschaftlicher Mittelpunkt von Stadsholmen war Stortorget, der Markt. An der alten Börse stand zuvor das

Weiter auf S. 38

GESCHICHTE IN ZAHLEN

➤ Um 800
Auf der im Mälarsee gelegenen Insel Björkö, westlich von Stockholm, entsteht die Wikingerstadt Birka, die als Handelsplatz um 1000 von Sigtuna abgelöst wird.

➤ 1252
Birger Jarl nennt in einer Urkunde Stockholm erstmals beim Namen. Zur Sicherung vor Piraten gibt es am Norrström eine Verteidigungsanlage, aus der später das Schloss Tre Kronor (das heutige Kungliga slottet) hervorgeht und um die herum die neue Stadt entsteht. Mit Lübeck wird ein Vertrag geschlossen, in dem für das spätere Stockholm Zollfreiheit vereinbart wird.

➤ 1281
Erstmals wird ein Stadtsiegel erwähnt. Stockholm bekommt eine Ratsverfassung nach Vorbild der deutschen Hansestädte.

Von 1523-1560 regiert Gustav I. Wasa das Land. Nach seiner Wahl zum König zieht er in Stockholm ein.

➤ 1363
Die Stockholmer Bürgerschaft huldigt Albrecht von Mecklenburg, der im folgenden Jahr zum schwedischen König gewählt wird. Der Regent fällt beim Hochadel alsbald in Ungnade, u.a. weil er die Burgen mit deutschen Vögten besetzt.

➤ 1389
Albrecht von Mecklenburg wird von der dänischen Regentin Margarethe, die der schwedische Reichsrat zur Hilfe gerufen hatte, besiegt und gefangen genommen. Es beginnt ein Belagerungskrieg um Stockholm, das von den Mecklenburgern gehalten wird.

➤ 1397
Gründung der Kalmarer Union, die erstmals friedliche Eintracht unter den rivalisierenden Königreichen des Nordens verspricht. Huldigung Eriks von Pommern als Unionskönig von Dänemark, Norwegen und Schweden.

➤ 1397-1523
Anhaltender Streit zwischen dem schwedischen Hochadel und den dänischen Unionskönigen um die Eigenständigkeit Schwedens gegenüber dem dänischen Machtanspruch.

➤ 1471
Unionskönig Christian von Oldenburg belagert Stockholm und wird am Brunkeberg von Sten Sture besiegt.

Die Belagerung von Narwa durch Zar Peter I. im Jahr 1704. Sie endet mit der Besetzung der schwedischen Festung durch die Russen.

➤ 1520
Krönung des Dänen Christian II. als letzter Unionskönig in Stockholm.
Nach den Feierlichkeiten werden 82 Aristokraten und Sture-Anhänger auf Stortorg geköpft, u.a. der Vater Gustav Vasas.

➤ 1523
Gustav Vasa wird König des unabhängigen Schweden und befreit Stockholm. In den folgenden Jahren werden die Privilegien der Stadt erneuert und das Erbkönigtum eingeführt.

➤ Ca. 1580
Stockholm hat etwa 9000 Einwohner.

➤ 1628
Das königliche Kriegsschiff »Vasa« sinkt auf seiner Jungfernfahrt im Stockholmer Hafen.

➤ 1637–1642
Bau von »slussen«, der Schleuse zwischen Stadtinsel und Södermalm.

➤ 1697
Das Schloss wird durch einen verheerenden Brand zerstört.

➤ 1700–1721
Großer Nordischer Krieg, in dessen Verlauf das schwedische Königreich sämtliche Besitzungen außerhalb des Mutterlandes verliert.

➤ 1739
Die Gründung der Königlich Schwedischen Akademie der Wissenschaften (Kungliga Vetenskapsakademien) gilt als Geburtsstunde der schwedischen Naturwissenschaft. Ihr erster Präsident wird der Botaniker, Naturhistoriker und Arzt Carl von Linné.

➤ 1772
Krönung von Gustav III. Der Musenkönig leitet eine zutiefst widersprüchliche Epoche ein, in der Kunst und Kultur gedeihen.

➤ 1792
Gustav III. wird auf einem Maskenball in der Oper ermordet.

➤ 1810
Der französische Marschall Jean Baptiste Bernadotte, Ahnvater des jetzigen Königshauses, wird zum Thronfolger ernannt.

➤ 1830er-Jahre
Die ersten Dampfschiffe befahren die Gewässer Stockholms.

➤ 1860er-Jahre
Die Emigration nach Amerika erreicht ihren Höhepunkt. Auf dem Lande herrscht bittere Armut, in den Städten wächst das Milieu der Landlosen und Tagelöhner.

➤ 1877
Bau der ersten Straßenbahnlinie

➤ 1879
August Strindbergs Stockholm-Roman »Das rote Zimmer« erscheint.

➤ 1891
Auf der Halbinsel Djurgården wird das Freilichtmuseum Skansen eröffnet, das weltweit erste seiner Art.

➤ 1897
Große Weltausstellung in Stockholm

➤ 1900
In Stockholm leben ca. 300 000 Einwohner.

➤ 1901
Erste Nobelpreisverleihung in Stockholm

➤ 1908
Einweihung des Nationaltheaters Dramaten

➤ 1911–1923
Bau des Stockholmer Rathauses auf Kungsholmen

➤ 1946
Englisch ersetzt Deutsch in den Schulen als erste Fremdsprache.

➤ 1950
Erste U-Bahnlinie

➤ 1951
Beginn der städtebaulichen Neugestaltung des alten Klara-Quartiers. Bis 1981 verschwindet rund die Hälfte der alten Bausubstanz

➤ 1954
Mit Vällingby Centrum wird die erste Satellitenstadt auf der »grünen Wiese« eingeweiht.

➤ 1960
Stockholm zählt etwa 800 000 Einwohner.

➤ 1964
Der Reichstag beschließt, innerhalb von zehn Jahren in ganz Schweden eine Million neuer Wohnungen zu bauen.

➤ 1967
Mit der Umstellung von Links- auf Rechtsverkehr verschwinden die Straßenbahnen aus der Innenstadt. Ganz Schweden wechselt innerhalb Minuten die Straßenseite.

➤ 1971
Aufgebrachte Stockholmer verhindern in der »Schlacht um die Ulmen« eine geplante Abholzung im Kungsträdgård.

➤ 1975
Die Botschaft der BRD wird vom »Kommando Holger Meins« besetzt und von der Polizei gestürmt, nachdem die Terroristen versehentlich eine Bombe gezündet haben. Der Militär- und der Handelsattaché werden ermordet.

➤ 1976
Die Deutsche Silvia Sommerlath wird Königin von Schweden.

➤ 1986
Ministerpräsident Olof Palme wird nach einem Kinobesuch auf offener Straße erschossen. Bis heute ist der »Wintermord« nicht aufgeklärt.

➤ 1995
Schweden tritt der EU bei.

➤ 1998
Stockholm ist europäische Kulturhauptstadt.

➤ 2002
750-jähriges Stadtjubiläum

➤ 2003
Außenministerin Anna Lindh fällt im Kaufhaus Nordiska Kompaniet einem Attentat zum Opfer.

➤ 2007
Einführung einer City-Maut (Trängselskatt) für Fahrzeuge mit schwedischen Kennzeichen, um des starken Verkehrs Herr zu werden.

➤ 2009
Mit der Holländerin Chava Koster bekommt Stockholms bzw. Schwedens jüdische Gemeinde erstmals eine Rabbinerin.

Die Hochzeit von König Karl XVI. Gustaf und Silvia Sommerlath 1976 in Stockholm

Rathaus. Die deutschen Einwanderer, die Mitte des 15. Jahrhunderts rund ein Drittel der steuerzahlenden Einwohner stellten, regierten als Bürgermeister und nahmen paritätisch an den Sitzungen des Stadtrats teil. Viele brachten es als Ratsherren zu Ruhm und Ehren, wovon heute noch die Wappen der einflussreichen Patrizier in der nahen Storkyrka künden. Der dreischiffige Dom mit seinen prachtvollen Altarbildern, Chören und Kapellen ist so alt wie die Stadt selbst.

Hinter den Prachtbauten des alten Reeder-Adels an der Ostsee, am heute recht öden Kai Skeppsbron, machten die dickbauchigen Koggen der Hanse fest. Sie brachten Teppiche und Tücher, Gläser und Krüge, Bier und Wein, Gewürze und andere Luxusgüter vom Kontinent. Für die Rückfahrt wurden Getreide, Holz und Teer, Pelze, Häute und Tran gestaut. Später auch Eisenerz und Kupfer aus den Gruben. Eine Heerschar von Fassbindern, Sackträgern und Zimmerleuten macht sich nützlich, von Goldschmieden, Schneidern und Schuhmachern.

Doch die emsige Bürgerschaft hat nicht viel mitzureden, als die Reichsstände im Jahr 1363, genervt vom ewigen Streit der Folkunger um die Königsmacht, dem damals erst 20-jährigen Albrecht von Mecklenburg die Krone antragen. Im November kreuzt seine Flotte in Stockholm auf, vom Stadtrat freundlich empfangen.

Stockholm wird Seeräubernest

Der Herbeigerufene besetzt die Burgen flugs mit deutschen Vögten und enttäuscht seine Schweden bitterlich. Nach einer Verbündeten gegen ihren undankbaren König braucht der schwedische Adel nicht lange zu suchen. Dänenkönig Atterdag hat eine Tochter namens Margarethe hinterlassen, die obendrein mit einem norwegischen Regenten verheiratet ist. Mit vereinten nordischen Kräften gelingt es, Albrecht und seine Königstreuen zu vertreiben. Nur in ihrer Bastion Stockholm mit ihrer rebellischen Bürgerschaft können die Mecklenburger der Belagerung durch die resolute Regentin widerstehen. Von hier aus lenken sie alsbald einen von Mythen umrankten Freibeuterstaat. Seeräuber aus Stockholm suchen Nord- und Ostsee heim. Bis 1395 dauert der Kaperkrieg, dann vermittelt die Hanse einen Frieden, der allerdings nur von kurzer Dauer ist. Immer wieder lodern Kämpfe zwischen dem dänischen Unionskönig und dem schwedischen Hochadel auf.

Im Mai 1470 zieht Sten Sture mit einem schwach bewaffneten, aber überaus zornigen Bauernheer gegen seinen dänischen Widersacher, den Oldenburger Christian I., zu Felde. Am 10. Oktober 1471 erleiden Christians sieggewohnte Söldner in der Schlacht am Brunkeberg auf dem nördlichen Mälarufer eine unerwartete Niederlage. Bis heute beschwört das Denkmal des heiligen Georg in Gamla Stan diesen Triumph der Schweden über die Fremdherrschaft. Mit finsterem Blick, das Schwert hoch erhoben, reitet der Drachentöter auf das Untier zu, das sich bereits am Boden windet.

Doch bald fließt wieder Blut, diesmal auf dem Stortorg. Christian II. hat sich in den Kopf gesetzt, die Schmach des Großvaters zu sühnen. Im Herbst 1520

Das Bildnis des Hl. Georg mit dem Drachen in der »Storkyrkan« erinnert an die Niederlage des Dänenkönigs 1471 am »Brunkebergås«.

lässt er das Stadtschloss verriegeln und die Festgemeinde verhaften, die sich extra herausgeputzt hatte, um mit der Krönung des Dänen auch den neuen Frieden im Reich zu besiegeln. Erzbischof Trolle erhebt Anklage wegen ketzerischer Verschwörung. Daraufhin werden 82 Männer aus Adel und Bürgertum hingerichtet. Als »Stockholmer Blutbad« hat sich das Verbrechen tief in das kollektive Gedächtnis eingebrannt.

Unter Führung Gustav Vasas und mit kostspieliger Waffenhilfe aus Lübeck kommt der Aufstand gegen die Dänen gut voran. Am 6. Juni 1523 wählt der Reichstag den jungen Adelsspross zum König des unabhängigen Schweden. Bald darauf kann der »Gründervater der Nation« mit großem Gepränge in Stockholm einziehen. Der erste Vasa auf dem Thron nutzt seine Popularität, um das durchzusetzen, worum sich seine Vorgänger vergeblich bemüht hatten: 1544 wird die Erblichkeit der Königsmacht eingeführt.

Hauptstadt des Imperiums

Im Jahre 1611 besteigt mit dem erst 17-jährigen Gustav II. Adolf der berühmteste Vertreter der Wasa-Dynastie den schwedischen Thron. Ein gebildeter König, der mit seinem Reichskanzler Axel Oxenstierna einen frühmodernen Verwaltungsstaat gründet und seine militärischen Talente in Feldzügen gegen Russland und Polen unter Beweis stellt. Das dynamische Duo reformiert auch das Rechtswesen, installiert mit dem Svea Hovrätt das oberste Tribunal des Landes und beginnt mit dem Aufbau weltlicher Gymnasien. Kreative neue Abgaben wie der Viehzoll und der Mühlenzoll spülen dringend benötigtes Geld in die Kriegskasse. Der Kriegerkönig und sein Kanzler lassen überdies ganze Wälder abholzen, um eine gewaltige Armada aufzubauen.

Als Flottenbasis wird Stockholm zum Zentrum des schwedischen Großmachtreiches, das zwischen 1600 und 1720 fast ununterbrochen Krieg führt. Auf Blasieholmen entsteht die königliche Werft, die Admiralität zieht auf Skeppsholmen ein. Die barocke Residenzstadt zählt inzwischen rund 50 000 Einwohner, die noch zum größten Teil auf der Stadtinsel leben, aber auch schon auf den Mälarufern nördlich und südlich davon, heute Norrmalm und Södermalm. Entlang der Paradestraßen entstehen prachtvolle Steinhäuser, im Umland standesgemäße Wohnsitze des Adels, mit barocken Lustgärten, Pavillons und Fontänen.

Im Schloss hält Königin Christina ab 1632 mit viel Prunk nach französischem Vorbild Hof. Doch Gustavs Erbin geht als Enfant terrible in die Geschichte ein, da sie die Staatseinkünfte für Luxus und die schönen Künste verschleudert, noch dazu zum Katholizismus übertritt und es überdies versäumt, einen Thronfolger zu gebären. Ohne Bedauern gibt sie die Herrschaft schließlich an ihren Cousin (Karl X. Gustav) ab und vergnügt sich fortan auf Reisen.

Am 7. Mai 1697 fällt das Schloss einem verheerenden Brand zum Opfer. Lediglich der neu gebaute nördliche Flügel konnte gerettet werden. Er wird zum Ausgangspunkt für die völlige Neugestaltung nach Plänen des Hofarchitekten Nicodemus Tessin d.J., der sich dabei vom römischen Barock inspirieren ließ. Doch der Neubau zieht sich wegen der kriegerischen Verwicklungen lange hin. Erst 1754 kann das Königspaar Adolf Fredrik und Lovisa Ulrika seine provisorische Residenz auf der Insel Riddarholmen verlassen und in die neuen Gemächer einziehen.

Wirtschaftlich steht der schwedische Koloss im 18. Jahrhundert auf tönernen Füßen. Stockholm, ausgezehrt von wachsenden Steuerlasten und andauernden Rekrutierungen für den Großen Nordischen Krieg, überrannt von Flüchtlingen und zu allem Unglück von der Pest heimgesucht, ist eine Stadt in Stagnation. Am Ende der Auseinandersetzungen mit den Königen Friedrich IV. von Dänemark und August II. von Polen sowie dem russischen Zaren Peter dem Großen hatte das schwedische Königreich sämtliche Besitzungen außerhalb des Mutterlandes verloren.

Diesen Niedergang nutzten die Stände: Im Mai 1720 setzten sie eine neue Verfassung durch, die die Alleinherrschaft des Königs abschaffte und die politische Macht auf Regierungsbehörden und Staatsbeamte unter Aufsicht

des Reichstages übertrug. 1731 erhalten die Bürger Stockholms das Recht, zehn Vertreter unterschiedlicher Fraktionen in den Reichstag zu schicken.

Zu Beginn des 19. Jahrhunderts ist Stockholm eine Stadt der Widersprüche. Die städtische Kulturelite aus Großkaufleuten und Intellektuellen strebt der Oper zu oder feiert im Börsensaal rauschende Feste, während die kleinen Leute in düsteren Kellerlokalen ihr Elend im Rausch ersäufen. Als Folge der Urbanisierung wächst die Gruppe der Landlosen und Tagelöhner. Selbst in Gamla Stan herrscht die pure Armut, die hygienischen Zustände lassen zu wünschen übrig. Bis ins 20. Jahrhundert hinein blieb ein großer Teil der Altstadt ein Slum mit lärmerfüllten Gassen, stinkenden Müllhalden und Rinnsälen aus Fäkalien von Mensch und Tier.

Als Krieger wird 1809 Jean-Baptiste Bernadotte auf den verwaisten Thron gesetzt. Doch der Haudegen Napoleons sollte nur noch ein einziges Mal – in der Völkerschlacht bei Leipzig 1813 – ein schwedisches Heer befehligen. Eine neue Dynastie aufgeklärter Monarchen beschert den Schweden dauerhaften Frieden und ebnet den Weg auf ihrem langen Marsch zur Demokratie.

In Stockholm drängt die liberale Opposition auf das politische Parkett. 1830 wird mit dem noch heute erscheinenden »Aftonbladet« die erste regierungskritische Zeitung gegründet. Im Versammlungssaal der Börse treffen sich Bankiers und Großhändler, um ihre Geschäfte abzuwickeln.

In der Mitte des 19. Jahrhunderts kommt – mit einiger Verspätung – auch die Industrialisierung in Schwung: Neue Technologien führen zur Gründung der schwedischen Schwerindustrie: Unternehmen wie LM Ericsson, Separator, ASEA, Bofors, SKF und Alfa Laval entstehen. In den nobleren Vierteln bauen sich die Wohlhabenden prachtvolle

Weiter auf S. 44

An der Ausstattung von Drottningholm arbeiteten 15 Jahre lang die besten schwedischen Handwerker.

REBELL DES ADELS

Hinreißende Beredsamkeit und eine große Liebe zu den schönen Künsten vereinten sich bei Gustav III. mit Ehrgeiz und Tatendrang.

Am 19. August 1772 lässt Gustav III. den Reichsrat verhaften und erhebt sich zum absolutistischen Herrscher. Es ist das Ende der fast 50 Jahre währenden »Freiheitszeit«, in der sich die Anfänge des Parteiwesens herausgebildet hatten und der Monarch zum bloßen Repräsentanten degradiert worden war. Mit seinem Aufstand leitet der junge König eine zutiefst widersprüchliche Epoche ein. Er kassiert die Pressefreiheit und zettelt Kriege an, verwirklicht aber auch Reformen im Sinne der Bauern und des Bürgertums und beschneidet wichtige Adelsprivilegien, was ihm den Stempel »aufgeklärt« einbringt. Aufgeschreckt von Berichten über die amerikanische Unabhängigkeitsbewegung, lebt der Monarch in ständiger Furcht vor einem Umsturz. Mit seinem »Staatsstreich von oben« und der weitgehenden politischen Gleichstellung aller Stände will er einer Zuspitzung der revolutionären Lage vorbeugen.

Am Tag seiner Machtergreifung, am 19. August 1772, band sich Gustav III. als Friedenssymbol ein weißes Tuch um den Arm.

Seine Mutter Luise Ulrike von Preußen ist als Schwester Friedrichs des Großen an ein reges Kulturleben gewöhnt. Auch Gustav faszinieren die schönen Künste, und er fördert das Geistesleben wie keiner seiner Vorgänger. In seiner Regentschaft entstehen die Musikakademie (1771) und das Nationaltheater Dramaten (1787). Im Jahr 1772 befiehlt Gustav den Bau der Königlichen Oper, für die er namhafte Komponisten aus dem Ausland verpflichtet. 1892 wird das Gebäude abgerissen und durch einen Neubau ersetzt. In den Schlössern Drottningholm und Gripsholm vor den Toren Stockholms lässt er Barocktheater einrichten, die heute noch originalgetreu erhalten sind. Ausgefallen ist die Bühnentechnik: Mit purzelnden Steinen und summenden Drehtrommeln lassen sich Wind und Wetter simulieren. Kulissen werden verschoben, verwandeln die Bühne von einem prachtvollen Festsaal in eine Räuberhöhle im dunklen Wald. Der kunstbeflissene König ist nicht nur ein dankbarer Stammgast die-

Die Ermordung Gustavs auf einem Maskenball inspirierte wenig später den Komponisten Verdi zu seiner gleichnamigen Oper.

ser Spektakel, er wirkt auch selbst auf der Bühne mit – als Schauspieler, Bühnenbildner und Regisseur.

Im zarten Alter von drei Jahren tanzt Gustav auf seinem ersten Maskenball, erinnerte sich später sein Lehrer Gustaf Tessin. Zur gleichen Zeit erlebt er seine erste Theatervorstellung, in französischer Sprache aufgeführt von den Aristokratenkindern bei Hofe. Die Traumwelt des Theaters bietet Zerstreuung von der widrigen Wirklichkeit: Zwischen dem Reichstag und seinen Eltern, dem Königspaar, ist ein Machtkampf auf Leben und Tod entbrannt. Oft sieht man ihn auf den Schlossfluren Gedichtverse rezitieren. Im Knabenalter verfasst er eine Reihe von Theaterstücken, die sein Gespür für Regie und Inszenierung offenbaren. Nach französischem Vorbild ruft er 1786 auch die Schwedische Akademie ins Leben, die sich seither für die Pflege der schwedischen Sprache einsetzt. Ihr erlauchter Kreis aus 18 auf Lebenszeit gewählten Honoratioren entscheidet heute auch darüber, wer mit dem Nobelpreis für Literatur ausgezeichnet wird.

Eine Herzensangelegenheit war dem König die Anlage eines Englischen Parks auf drei Inseln in Brunsviken, heute der Haga-Park im Norden der Stadt. Von 1771 bis 1780 wurden die Inseln nach eigenhändigen Skizzen Gustavs zu einer idealen Naturlandschaft geformt und darauf kleine Tempel, Pavillons, Brücken und Kanäle verteilt. 1786 wurde dort auch der Grundstein für ein neues Schloss im römischen Stil gelegt. Doch bevor er die Pläne zu seinem monumentalen Palast realisieren kann, begegnet Gustav auf einem Maskenball 1792 seinem Mörder. Das tragische Ende des Künstlerkönigs und die finstere Verschwörung seiner Feinde aus dem Hochadel animierten Giuseppe Verdi später zu seinem Melodram »Ein Maskenball«.

Villen und Paläste, im Umland wachsen die Vorstadtsiedlungen der Fabrikarbeiter empor. 1885 verfügt Stockholm über das dichteste Telefonnetz der Welt!

Die erste Eisenbahnlinie wird 1860 eröffnet, der Bahnhof 1871 eingeweiht. Im Juni 1877 rollt die erste Straßenbahn. Rund um die Königliche Jagddomäne Djurgården und im Tivoli Gröna Lund amüsiert sich das Bürgertum in Freiluftcafés. Und im Vergnügungslokal Berns Salonger im Berzeliipark, wo sich Stockholms Literaten treffen, gibt es echten Pariser Cancan. Gegenüber vom Schloss auf Blasieholmen wird zwischen 1848 und 1866 das wuchtige Nationalmuseum errichtet. Rechtzeitig zur Weltausstellung 1897 bekommt auch Norrmalm mit Strandvägen seinen Prachtboulevard.

Im Stockholm von heute kommen Architektur-Nostalgiker auf ihre Kosten. Die Metropole hat seit Jahrhunderten keinen Krieg mehr erlebt. Und bei Weitem nicht alle Schmuckstücke aus früheren Epochen fielen den Abrissbirnen wütender Erneuerer zum Opfer. Nationalstolz und Romantik verbinden sich mit dem Backsteinbau des Stockholmer Rathauses (1903-1923) von Ragnar Östberg. Mit verschiedenen Stilen experimentierte Gunnar Asplund (1885-1940), der unter anderem die Stadtbibliothek und den Waldfriedhof schuf. In ornamentaler Pracht künden das Königliche Theater Dramaten und der Badetempel Centralbadet von später Liebe zum Jugendstil.

Weltstadt mit Visionen

Am Ende des Zweiten Weltkrieges ist das neutrale Schweden wegen seiner Exporte

zu einer der reichsten Industrienationen geworden, während halb Europa in Trümmern liegt. Kein lästiger Wiederaufbau hemmt die Verwirklichung sozialer Utopien. Inspiriert von der Idee des »Volksheims«, dem Traum einer durch und durch am Reißbrett geplanten Gesellschaft, entstanden in den 50er und 60er-Jahren weit außerhalb der Kernstadt selbtständige Wohngebiete mit U-Bahn-Anschluss und eigenem Zentrum. Die sogenannte ABC-Stadt – arbete, bostad, centrum (Arbeit, Wohnung Zentrum) sollte nicht Pendlern zum Schlafen dienen, sondern Familien heraus aus der City und hinein in eine entspannende, ländliche Idylle locken.

Zwar reiften die wenigsten dieser Blütenträume, doch als geglücktes Vorbild einer solchen auf jungfräulichem Boden geplanten Satellitenstadt darf heute

Im Stil der italienischen Neorenaissance entwarf der deutsche Architekt Stüler das Nationalmuseum.

der nördliche Vorort Vällingby gelten, der sich um ein Zentrum mit Marktplatz, Café und Kino gruppiert. 1954 zogen die ersten Familien ein, wenig später pilgerten zu Studienzwecken Stadtplaner aus aller Welt herbei. Zum Leidwesen der Architekten Sven Backström und Leif Reinius hatte die von ihnen geplante Siedlung im Laufe der Jahrzehnte reichlich Patina angesetzt. Doch unlängst mit großem Aufwand renoviert, strahlt Vällingby Centrum inzwischen wieder in neuem Glanz. Eine große Glaskonstruktion überspannt die Ladenzeilen. Ein Blickfang ist auch das Mode-Kaufhaus Kfem, ein futuristisch anmutender Bau mit Glasfassaden, Lichthöfen und Wendeltreppen unter einer rot-lackierten Dachplatte.

Wohnungsnot und drangvolle Enge hat es auf den Inseln Stockholms zu allen Zeiten gegeben. 1964 beschloss der Reichstag deshalb das sogenannte »Millionenprogramm«. Innerhalb von zehn Jahren sollten eine Million neuer Wohnungen gebaut werden. Unzählige Altbauten mussten dafür weichen. In Hochhaussiedlungen wie Rinkeby, Tensta und Sollentuna sind die Bausünden des sozial ausgerichteten Funktionalismus noch allgegenwärtig: Die tristen Wohntürme aus grauem Beton wurden zu Symbolen für Einsamkeit, Verwahrlosung und gescheiterte Integration.

Mit noch schlimmeren Folgen nahmen die Politiker das Innenstadtquartier Klara ins Visier. Das dicht bevölkerte Stadtzentrum war zum Arme-Leute-Viertel verkommen. Zugleich aber auch das schmuddelige Herz der Metropole, Heimstatt für Handwerk und Kleingewerbe, Spelunken des Rotlicht-Klientels und die Zeitungsredaktionen mit ihren Druckerpressen. Ohne Protest ließen die Stockholmer den Abriss ganzer Wohnblocks zu. An ihrer Stelle wuchs rund um Sergels Torg und Kulturhuset das neue Zentrum empor, auf einer gewaltigen Betonplatte, aus der unübersehbar fünf kubistische Hochhäuser herausragen. Oben braust die Stadtautobahn, unten laufen Menschen durch blutleere Einkaufsgalerien. Auch der Kahlschlag der Altstadt stand bevor, die Neugestaltung war bereits ausgeschrieben.

Doch 1971 hatten die Stockholmer

von der Zerstörung ihrer Stadt genug. Als im Volkspark Kungsträdgården die beliebten Ulmen einem U-Bahn-Ausgang weichen sollten, erwachte der Widerstand gegen die radikalen Erneuerer. In der Nacht zum 12. Mai rückten die Holzfäller an. Da war bereits eine große Zahl von Menschen in die Bäume geklettert. Hängematten wurden gespannt, es gab Raufereien mit der Polizei, und am Ende wurde der geplante Eingang zur U-Bahnstation ein paar Schritte weiter in die Arsenalsgatan verlegt.

Die City-Sanierung wurde in einer städtebaulichen Debatte in den 90er-Jahren für misslungen erklärt. Und das schlechte Gewissen wirkt nach: Bis heute tut sich die Stadt mit innovativen Bauprojekten schwer. Seit einer kleinen Ewigkeit wird etwa über die dringend nötige Modernisierung von Slussen, der Schleuse am Übergang des Mälarsees in die Ostsee, diskutiert. Einige kühne Entwürfe mit eleganten Brückenschlägen zur benachbarten Altstadt wurden vorgelegt. Aber es wird wohl noch Jahre dauern, bis man sich auf einen konkreten Vorschlag und die Finanzierung desselben geeinigt hat. Ein weiterer Stachel für viele Stockholmer ist der alltägliche Verkehrsinfarkt. Weil sich alle durch lange Tunnel und über schmale Brücken zwängen, geht am Morgen und nach Feierabend nichts mehr. Stoßstange an Stoßstange stehen die Autos. Die 2007 eingeführte City-Maut für Fahrzeuge mit schwedischem Kennzeichen brachte keine wirklich spürbare Linderung für die Pendler, führte aber immerhin zu einer deutlichen Senkung der Feinstaubbelastung. Verschiedene Pläne für eine neue Autobahn, die einen weiten Bogen um die Stadt schlagen soll, sind seit Jahren heftig umstritten. Auch die Königsfamilie intervenierte schon gegen ein Vorhaben, die Trasse an ihrem Schloss auf Drottningholm vorbeizuführen.

Wie die brisante Staulage gehört auch die chronische Wohnungsmangel zu den Nöten der Metropole. Neuerdings baut man vor allem in exklusiven Lagen, was auch gesteigerte Ansprüche an den Wohnkomfort bedingt. Der Seeblick gehört dazu. So wurden vielerorts heruntergekommene Hafenanlagen in lebendige Wohnviertel verwandelt. Ein Beispiel ist Hammarby Sjöstad. Die »Seestadt« war ursprünglich als Sportlerdorf bei der Bewerbung Stockholms für die Olympischen Spiele 2004 gedacht. Auf der ehemaligen Industriebrache südlich von Södermalm wuchs in den letzten Jahren ein ebenso trendiges wie teures Quartier mit Cafés, Restaurants und Geschäften empor. Von der Dachterrasse herab oder durch das Bullaugenfenster im Badezimmer kann man hinab auf das Wasser schauen. Wer nicht mit dem eigenen Motorboot in der Marina liegt, pendelt mit der Fähre in die Innenstadt. Zugleich gibt man sich umweltbewegt: Der Solarstrom kommt vom Dach, der Müll wird vorbildlich getrennt und der Wasserverbrauch nach Möglichkeit auf 90 Liter pro Tag und Kopf reduziert. Wenn die Bauarbeiten im Jahr 2018 wie geplant beendet sind, sollen in Hammarby Sjöstad 20 000 Menschen leben.

Hammarby Sjöstad: Die alte Hafenanlage war als Sportlerdorf für die Olympiade 2004 geplant. Nun ist sie ein schickes Wohnviertel.

Hjalmar Söderberg wuchs in Stockholm auf und arbeitete später als Journalist und Autor. Seine Erstlingswerke gehören zur Flaneurliteratur des Fin de Siècle.

DIE STADT DER GALANTEN FLANEURE

Hjalmar Söderberg nimmt seine Leser mit auf Spaziergänge zu den Schönheiten und Geheimnissen der Hauptstadt. In der Inselwelt der Schären fühlte sich der Autor dagegen eher unwohl.

Die Promenaden des Medizinstudenten Tomas Weber durch Stockholm zählen wohl zu den poetischsten Shoppingtouren der Weltliteratur. Schon im ersten Kapitel erwirbt der junge Mann »eine große mahagonifarbene Zigarre« sowie »ein Bund Veilchen von einem kleinen, knicksenden und lächelnden Mädchen« und außerdem rote Handschuhe. Der letztgenannte Kauf erweist sich als schicksalhaft. Denn im Handschuhladen lernt Weber die wunderschöne Verkäuferin Ellen kennen. Die daraus folgende Romanze und die sich parallel dazu entwickelnde Beziehung zu Märta, einer Tochter aus gutem Hause, ist der Stoff, aus dem Hjalmar Söderberg seinen Debüt-Roman »Verirrungen« gewebt hat. Berühmt ist der Autor allerdings auch für seine überaus lebendigen Beschreibungen der Hauptstadt.

»Sie waren zum **Blasieholmshafen** gelangt.
Die Schärenboote hatten **rote Farbkleckse**, die in der Sonne leuchteten.
Der Strömmen lag breit und **blau und leer** da;
die Seefahrt war in diesem Jahr noch nicht richtig in Gang gekommen.«

Dieses Frühlingspanorama ist der Hintergrund, vor dem Tomas Weber sich in seine Liebesabenteuer stürzt. Er ist dabei so stürmisch, dass »Verirrungen« bei seinem Erscheinen im Jahr 1895 einen Skandal auslöst. Das Werk »dürfte zu den unkeuschesten Produkten aus schwedischer Feder zählen, die sich in unseren Tagen auf den Buchmarkt geschlichen haben«, urteilt der Rezensent der Zeitung »Aftonbladet«. Er erkennt in dem Roman »Dekadenzformen der niederen Triebe des Menschen« sowie »eine Fantasie, offensichtlich krankhaft verdreht und kindisch affektiert«.

Das Erstlingswerk wurde trotz dieser Schmähungen ein Erfolg – oder vielleicht gerade deswegen. Es zählt wie auch viele der nachfolgenden Bücher Söderbergs immer noch zu den beliebtesten Romanen der schwedischen Literatur. Vor Kurzem ist es auch auf Deutsch in einer neuen Auflage erschienen. Söderbergs Figuren sind oft Menschen, die in den Tag hineinträumen und dabei gerne durch die besseren Viertel und über die mondänen Boulevards der Stadt spazieren. Söderbergs Stockholm ist das Stockholm der galanten Flaneure.

»Der Strom von mittäglichen Spaziergängern quoll über die Straßen und Plätze hinweg. Tomas blieb zögernd vor dem Fenster des Handschuhladens stehen, den er vor ein paar Stunden besucht hatte. Ob er sich noch ein Paar Handschuhe kaufen sollte? Sie verbrauchten sich ja doch mit der Zeit.

Er wurde wieder von eiligen Menschen angerempelt, die sich nach ihrem Essen sehnten und denen er im Weg stand. In dem Moment, als er sich gerade bereit macht einzutreten, ging der König in Gesellschaft von General Kurck und dem Oberhofförster vorbei.

Die Sonne **spielte** in seinem Bart. Tomas **drückte sich ehrerbietig** mit dem Hut in der Hand dicht an die Wand und **betrat** dann den Laden.«

Der Schriftsteller Söderberg ist ein Ur-Stockholmer. Geboren und aufgewachsen im Stadtteil Östermalm wollte er bereits von Jugend an Bücher schreiben, und er fing bald an, für die Zeitungen »Dagens Nyheter« und »Svenska Dagbladet« zu arbeiten. Seine späteren Jahre verbrachte er allerdings in Kopenhagen, wo er nach seinem Tod 1941 auch beerdigt wurde. Besonders fasziniert war der Autor von dem urbanen Leben der schwedischen Hauptstadt. Die Straßen, Häuser, Parks und Paläste wurden zur manchmal grandiosen und manchmal geheimnisvollen Kulisse seiner Geschichten.

»Im Hintergrund erhob sich aschgrau die Fassade des Schlosses, gespenstisch groß, diese wunderbare nördliche Fassade, deren Farbe wechselt wie die des Meeres. Der heller werdende nördliche Horizont entfachte in der obersten Fensterreihe einen Lichtbogen von grün schimmernden Opalen.«

Eine Besonderheit bei Söderberg ist die Verachtung für die **Provinz**, der er nur wenig abgewinnen kann. So sehr ihn das städtische **Stockholm** reizte, so wenig hielt der Autor vom Umland der **Metropole**.

»Ich glaube, ich bin nicht unzugänglich für Naturschönheit, aber da muss ich weiter weg fahren (...) Dazu habe ich selten Zeit, und im Umkreis von dreißig oder vierzig Kilometern von Stockholm bin ich niemals auf eine Landschaft gestoßen, die sich mit Stockholm selbst messen kann (...). Darum bleibe ich meist Sommer wie Winter in der Stadt.«

Dieses Bekenntnis lässt Söderberg seinen Doktor Glas ablegen – der Hauptfigur in dem gleichnamigen Roman. Glas lässt diesen Ausführungen eine lange Passage vorangehen, in der er erläutert, was genau ihm an der Gegend um die schwedische Hauptstadt nicht gefällt. Das war wohl notwendig, denn schon zu Söderbergs Zeiten lockten die Freuden des Landlebens jeden Sommer die Stockholmer in Scharen vor die Tore der Stadt, insbesondere in die Ferienhäuser der Schären. Söderbergs Doktor Glas ist dagegen ein ausgemachter Schärenhasser.

Die launischen **Tagebuchkommentare** des unglücklich verliebten **Mediziners** zählen vielleicht gerade deshalb zu den schärfsten und witzigsten **Schilderungen** der **Stockholmer Sommerfrische**.

»Eigentlich war ich eingeladen zu Bekannten in eine Villa im Schärengarten; aber ich hatte keine Lust. Ich halte nicht so viel von Bekannten oder Villen oder dem Schärengarten. Vor allem nicht vom Schärengarten. Eine Landschaft zu Eintopf zerhackt. Kleine Holmen, kleines Wasser, kleine Felserhebungen und kleine verkümmerte Bäume. (...) Wenn ich Menschen die schöne Natur des Schärengartens rühmen höre, habe ich stets den Verdacht, dass sie eigentlich ganz andere Dinge im Sinn haben, und bei näherer Untersuchung wird dieser Verdacht fast immer bestätigt. Der eine denkt an die frische Luft und das schöne Baden, der andere an sein Segelboot und der dritte an die Barsche, und all das fällt für sie unter die Rubrik schöne Natur. Neulich sprach ich mit einem jungen Mädchen, die vom Schärengarten entzückt war, aber es zeigte sich im Verlauf der Unterhaltung, dass sie eigentlich an die Sonnenuntergänge dachte, und vielleicht auch an einen Studenten.«

Nun ist **Doktor Glas** auch sonst ein eher miesepetriger Mensch, der sich mit den leichten Seiten des **Lebens** schwertut. Seine unglückliche Liebe zu einer **verheirateten Frau** nimmt in dem **Roman** schließlich ein tragisches Ende.

Andere, lebensfrohere Figuren in Söderbergs Werk sind dagegen den Verlockungen des Schärengartens mehr zugeneigt. So begibt sich Medizinstudent Weber in den »Verirrungen« gleich nach Mittsommer auf einen Dampfer und fährt auf die weit draußen in der Ostsee gelegene Insel Utö, die auch heute noch zu den beliebtesten Reisezielen des Stockholmer Archipels zählt. Gemütlich schippert der Jüngling durch die sommerlichen Vororte:

»Die Villen auf Djurgården tanzten vorbei, und man kam am Blockhusudden vorüber. Das alte, verfallene Zollhaus mit seinem steilen Ziegeldach badete in der Sonne, und auf dem Hof, wo das Gras hoch zwischen den Pflastersteinen wuchs, lag ein fauler gelber Hund so platt, als sei er auf den Boden gemalt, und streckte alle viere von sich, so weit er konnte.«

Tomas Weber versucht bei diesem Ausflug dem Trubel der Geselligkeit der großen Stadt zu entfliehen, die er sonst so liebt. Nach zwei Gläsern Branntwein und einem Bier im Speisesaal des Dampfers kommt der nach mehreren Verirrungen etwas grüblerisch gewordene Student schließlich in Reisestimmung und fühlt sich »als wäre er auf Expedition in unbekannten Welten. Er wusste nichts von Utö. Ob da draußen wohl Menschen wohnten?« In der abgeschiedenen Natur will er seine Gefühle für Märta auf der einen und die Handschuhverkäuferin Ellen auf der anderen Seite erforschen. Aber eine Idylle findet auch Weber nicht in den Schären vor. Utö entfaltet stattdessen eine geradezu bedrohliche Kraft – die den Helden aus der Stadt eher ängstigt, als ihn aufzubauen.

»Das war das Meer. **Tiefblau, unendlich, leer**. Tomas wanderte am **Strand** hin und her, den Kragen hochgeschlagen und die **Hände in den Taschen**. Die Dämmerung hatte sich zu einer **bläulichen Finsternis** verdichtet.

Das Meer schlief, arbeitete aber im Schlaf, hob und senke sich, seufzte und stöhnte wie ein Riese mit schlechten Träumen. (...)

Das Meer übertönte ihn. Er fühlte, wie die Lippen sich bewegten, hörte aber nichts. ›Märta!‹ rief er schließlich mit äußerster Anstrengung seiner Lungen. Und verdutzt, entsetzt darüber, den Laut seiner eigenen spröden und tonlosen Stimme dünn wie eine Messerklinge durch das Rauschen der Dünung schneiden zu hören, kehrte er um, am ganzen Körper zitternd und mit einem Blick, der in jedem Gebüsch nach versteckten Meuchelmördern suchte (...).«

Ein bisschen von Söderbergs Stockholm kann der Besucher auch heute noch in der Stadt entdecken. Er findet dann einen Ort, der auf der einen Seite die jugendliche Lebensfreude einer modernen Großstadt versprüht, aber auf der anderen Seite nur einen Steinwurf entfernt ist von einer rauen Natur, die auch dramatisch und bedrohlich sein kann.

Quellennachweis:
Söderberg, Hjalmar/Reichel, Verena (Übersetzung): Verirrungen, Piper 2008.
Söderberg, Hjalmar: Doktor Glas, Albert Bonniers Förlag 2005.
(Übersetzungen im Text durch Gunnar Herrmann)

Die abgeschiedene Schäreninsel Utö diente Söderberg als Zufluchtsort für seinen Protagonisten Weber.

REPORTAGEN

Es gibt Städte auf dieser Welt, die sind in bestimmten Dingen durch nichts zu übertreffen. Dazu gehört Stockholm in seiner großartigen Weltläufigkeit. Die schwimmende Metropole bietet aber nicht nur ein bemerkenswertes Kunst- und Kulturleben. Das Spektrum an außergewöhnlichen Menschen und Persönlichkeiten ist genauso facettenreich wie überraschend.

Ausfahrt am Nationalfeiertag: Das Königspaar feiert ihn im Freilichtmuseum Skansen.

Statt die Granitfelsen, auf denen Stockholm steht, beim Tunnelbau zu verschalen, wurde man mit dem Spritzbeton kreativ, wie hier an der Haltestelle zur Technischen Hochschule.

KUNST FÜRS FAHRENDE VOLK

Rund 140 Künstler gestalten seit den Fünfzigerjahren mit witzigen Mosaiken, bizarren Installationen und Skulpturen die U-Bahnstationen.

Wer Stockholm richtig kennenlernen möchte, der muss unter die Erde. Denn in der Tunnelbana – der U-Bahn – zeigt die Stadt eine ihrer außergewöhnlichsten Seiten. Die Metro der schwedischen Hauptstadt wird auch als längste Kunstausstellung der Welt bezeichnet. 90 der insgesamt 100 Stationen sind mit Skulpturen, Installationen, großflächigen Mosaiken und Ritzungen geschmückt. Mittlerweile beherbergen die Bahnhöfe zusammen mehrere Jahrzehnte zeitgenössischer Kunst. Die städtischen Verkehrsbetriebe stecken jährlich mehr als eine Million Euro in den Erhalt der Kunstwerke.

Dabei begann die Geschichte der Stockholmer U-Bahn Mitte der 40er-Jahre wie in jeder anderen Metropole: Man baute eine Röhre mit Gleisen, praktisch und langweilig. Einige der älteren Stationen zeugen heute noch von dieser Tristesse. Aber schon sehr bald begann eine Initiative von Künstlern für eine ansprechendere Gestaltung zu kämpfen. Einen ersten Sieg errangen sie 1957, als die Station T-Centralen fertiggestellt wurde. Mehrere Künstler durften mit ihren Werken zum Schmuck des neuen Zentrums in der Innenstadt beitragen. Das Ergebnis war ein Potpourri, das heute allerdings nur noch in Teilen erhalten ist. Von da an gewannen die Künstler aber immer mehr Einfluss auf den Bau der Bahnsteige – heute konsultiert man sie oft schon bei der Planung. Außerdem war eine Lehre aus der bunt zusammengewürfelten Vielfalt an T-Centralen, künftig die Stationen eher aus einem Guss mit einem Gesamtkonzept zu gestalten.

Einer der ersten Bahnhöfe, die auf diese Weise errichtet wurden, ist Östermalmstorg, mitten in einem der reichsten Viertel der Stadt gelegen. Die Beton-Ritzungen der Künstlerin Siri Derkert aus den 60er-Jahren handeln von Frauenrechten, Frieden und Umweltschutz. Unter anderem verewigte sie die ersten Notenfragmente aus der Marseillaise und der Internationalen sowie das Wort »Frieden« in 50 verschiedenen Sprachen im Beton. Das radikale Werk war in seiner Zeit hoch umstritten. Aber der U-Bahn-Chef Hans von Heland, der die Frage der künstlerischen Gestaltung mit viel Herzblut vorantrieb, kommentierte die Kritik an Derkerts Ritzungen nur mit den Worten: »Ich gebe den Teufel drauf, was die Leute meinen, wenn sie nur irgendwas meinen.«

Kunstgalerie unter Tag

Seit den 70er-Jahren ermöglichte verbesserte Bautechnik eine völlig neue Art der Bahnhofsgestaltung. Damals begann man, die Granitfelsen, auf denen Stockholm steht, nicht mehr mit einer Verschalung zu verkleiden. Sie werden heutzutage einfach mit Spritzbeton befestigt, sodass ihre Struktur erhalten bleibt. Neuere Stationen erinnern deshalb an riesige Grotten –

was den Künstlern viele Möglichkeiten eröffnet. Ein Beispiel für diese Bauweise ist die Haltestelle Technische Hochschule, die Lennart Mörk als eine Art Einführung in die Geschichte der Naturwissenschaften gestaltete. Es finden sich dort unter anderem Anspielungen auf Plato, Descartes und Einstein.

Wo das Warten Spaß macht

Die Stockholmer Verkehrsbetriebe versuchen, auch die älteren Stationen nach und nach im Zuge von Renovierungen und Umbauten mit Kunst zu schmücken. Wie so etwas aussehen kann, lässt sich etwa am Hötorget begutachten. Die Decke des Bahnsteigs wurde von der Künstlerin Gun Gordillos mit in sich verschlungenen Neonröhren dekoriert.

Kunst begegnet einem bei fast jeder Fahrt mit der Stockholmer U-Bahn. Weitere Auskünfte gibt es in den SL-Infocentern an den Haltestellen Hauptbahnhof, T-Centralen, Slussen, Gullmarsplan, Tekniska Högskolan, Fridhelmsplan, Täby Centrum. Im Spårvägsmuseet, dem Museum der städtischen Verkehrsbetriebe, gibt es eine kleine Ausstellung zur U-Bahn-Kunst (→ Museen, Seite 210).

Jeder Stopp eine neue Überraschung. Über 14 Kilometer Gesamtstrecke verteilt finden sich die kunstvollen Installationen in den Tunneln.

FEIERN MIT DEN ROYALS

Wo man Schwedens Königsfamilie trifft – aus dem bunten Terminkalender von Carl XVI. Gustaf, Silvia und Kronprinzessin Victoria.

Auch in Schweden gibt es Republikaner, die gerne die Monarchie abschaffen möchten. Aber sie haben einen schweren Stand: Carl XVI. Gustaf und seine Familie sind überaus populär. Der König gilt als volksnah und lässt sich auch regelmäßig blicken. Mit ein wenig Glück können auch Touristen ihren Stockholm-Besuch mit einer »royalen« Begegnung veredeln. Man muss nur wissen, wo man die Herrscherfamilie suchen muss.

Ein fester Termin im Kalender der Bernadottes ist Carl XVI. Gustafs Geburtstag am 30. April. Hunderte Untertanen versammeln sich an diesem Tag vor dem Balkon im Yttre Borggården des Stadtschlosses. Die Armee veranstaltet eine Parade, Marschmusik wird gespielt. Gegen Mittag tritt der König auf den Balkon und winkt. Begleitet wird er stets von seiner Familie, allen voran von seiner Frau Silvia, einer Deutschen, die er 1972 bei den Olympischen Spielen in München kennengelernt hat. Und natürlich von seiner Tochter Victoria, der Thronfolgerin: Die Kronprinzessin selbst feiert ihren Geburtstag im Juli meist in einem Sommerschloss weit außerhalb der Stadt auf der Insel Öland. Aber ihren Namenstag am 12. März verbringt Victoria oft in Stockholm - und da gibt es für die Bürger die Gelegenheit, sie vor dem Stadtschloss zu sehen. Auch dieser Anlass wird mit Militär und Musik gefeiert. Selbstverständlich besteht das Leben der Königsfamilie aber nicht nur aus Familienfesten. Sie muss für ihre Apanage auch arbeiten. Macht üben die Bernadottes seit dem Inkrafttreten einer Verfassungsreform in den 70er-Jahren zwar keine mehr aus. Aber sie haben eine Menge Repräsentationspflichten. Regelmäßig fliegt der König zu Staatsbesuchen ins Ausland. Und auch in Schweden verleihen er und seine Familie jedes Jahr zahlreichen Veranstaltungen mit ihrer Anwesenheit königlichen Glanz. Ein Pflichttermin ist die Nobelpreisverleihung am 10. Dezember im Stadshuset. Zur Veranstaltung selbst sind nur geladene Gäste zugelassen, aber Schaulustige können vor dem Gebäude die Ankunft der Prominenten und Preisträger ansehen.

Am schwedischen Nationaltag - dem 6. Juni - besuchen die Bernadottes stets das Freilichtmuseum Skansen (› Spezial, S. 204), wo sie meist am späten Nachmittag eintreffen. Mit diesem Tag erinnern die Schweden an die Ausrufung von Gustav Vasa zum König im Jahr 1523. Seit 2005 ist er ein allgemeiner Feiertag. Im Stadtschloss wird der 6. Juni als Tag der offenen Tür begangen, traditionell öffnet ein Mitglied der Königsfamilie morgens die Pforte und begrüßt die Besucher. Neben den hier genannten Events gibt es jedes Jahr noch eine Menge andere Auftritte der Königsfamilie (ein Terminkalender findet sich im Internet unter www.royalcourt.se).

GELEBTES MULTIKULTI

Wie Einwanderer die Chancen ergriffen haben, die ihnen Stockholm bietet, und zur Bereicherung des kulturellen Lebens der Stadt beitragen.

»Heute ist nicht irgendein Tag«, sagt Susanne Risberg, »heute ist Nationalfeiertag. Da hängt der Schwede gern die Flagge raus.« Und weil das so ist, ziert an diesem 6. Juni ein blau-gelber Wimpel das Pult im Klassenzimmer der Volkshochschule von Ektorp, einem Vorort von Stockholm. Da staunt das bunte Völkchen im Schwedischkurs für Einwanderer: feine alte Herren, Frauen mit Kopftüchern und Halbstarke in Markenjeans und lässigen Posen. Im Unterschied zu Deutschland erklärte sich Schweden schon früh zum Einwanderungsland. Die Staatsbürgerschaft erhält, wer länger als fünf Jahre hier lebt und sich selbst versorgen kann. Die »neuen Schweden« haben Anspruch auf kostenlose Sprachkurse.

Susanne Risberg, die Lehrerin, müht sich inzwischen mit der dritten Generation: »Ich habe eine Nonne aus Indien dabei und einen Akademiker aus Australien, Flüchtlinge aus Afghanistan, Muslime, Hindus, Christen. Und alle sind neugierig aufeinander, auf eine sehr nette und höfliche Weise.« Doch sie kennt auch die Nöte, von denen ihre Schüler erzählen: Ausländer klagen über »strukturelle Diskriminierung« bei der Arbeits- und Wohnungssuche. Und viele Familien lassen ihren Namen ändern, damit er schwedischer klingt. In stigmatisierten Stadtvierteln wie Stockholm-Rinkeby kann man ohne jede Berührung mit der schwedischen Gesellschaft leben, vom Sozialamt einmal abgesehen. In dieser bitterarmen Plattenbausiedlung im Westen der Stadt leben Menschen aus drei Dutzend Nationen, fast 90 Prozent der 15 000 Einwohner sind Zuwanderer. Das Quartier beunruhigt mit unerfreulichen Statistiken über beengte Wohnverhältnisse, ausufernde Drogenprobleme und hohe Arbeitslosigkeit. Manchen Schweden gilt die Siedlung deshalb schon als Sinnbild für gescheiterte Integration.

Armut erzeugt Kreativität

Doch aus Rinkeby kommen auch Hoffnungsträger wie Stavros Louca: Der hochgewachsene Mittfünfziger unterrichtet Mathematik an der Rinkeby-Schule, die für ihre pädagogischen Erfolge vielfach ausgezeichnet wurde. Der Vater von drei erwachsenen Kindern überzeugt mit einer Kombination aus Strenge und Zartgefühl. »Nicht jeder hat das Zeug zum Genie«, bemerkt der Lehrer lakonisch. Doch mit der weitverbreiteten Gleichgültigkeit, die dem Nachwuchs jede Hoffnung nimmt, will er sich nicht abfinden. Um das Selbstvertrauen zu stärken, meldet Louca seine Schützlinge regelmäßig beim internationalen Wettbewerb »Känguru der Mathematik« an. Das Büffeln zahlt sich aus: Einige Jahre in Folge schon erzielen die Einwanderer-Kinder aus Rinkeby die landesweit besten Resultate.

Alltagshelden wie der gebürtige Zypriot Stavros Louca machen den Schwe-

Schweden ist für liberale Einwanderungsregeln bekannt. Zahlreiche Nationalitäten haben hier eine neue Heimat gefunden.

den bewusst, wie sehr sich ihr einst so homogenes Land binnen weniger Jahrzehnte in eine bunte Vielfalt verwandelt hat. Auf den Klippen von Södermalm trommeln Afrikaner im Abendrot. Im Tanzpalast Nalen schwitzt die Latino-Szene. Und vor seinen feixenden Fans im Comdey-Club Tivoli zieht sich Özz Nûjen das T-Shirt hoch: »Vom Schimpansen hat der Kurde das Fell geerbt«, grinst der Mittdreißiger und präsentiert stolz seine imposante Brustbehaarung.

Kultureller Schmelztiegel

Für eine gelungene Pointe bringt der Stand-up-Komiker den vollen Körpereinsatz. Özz Nûjen ist nichts heilig: Er macht sich über die Königsfamilie lustig, das Luciafest, schwedisches Mittelmaß. Und liebend gern auch über die eigene kurdische Familie, die angeblich auf dem Balkon den Hammel brät und aus purer Gewohnheit in die Gardine schnäuzt. Im wirklichen Leben haben es seine vier jüngeren Geschwister zu gut verdienenden Ärzten und Bankern gebracht. »Niemand hat uns was geschenkt«, sagt der Unterhaltungsstar nach der Vorstellung mit ernster Miene. Dann erzählt er von Kriegswirren in der alten Heimat. Und wie er Anfang der 80er-Jahre als Kleinkind mit seiner Familie aus der Türkei in den kühlen Norden floh. Inzwischen ist das Multitalent als Schauspieler, Moderator und Filmemacher aus der schwedischen Abendunterhaltung kaum mehr wegzudenken. Das neue Schweden wird anders sein, vermutet Özz Nûjen: »Vielfältig. Und mit etwas Glück – einig.«

MIT BEIDEN FÜSSEN AUF DEM BODEN

Astrid Lindgren ist die meist übersetzte Kinderbuchautorin des Nordens. Mit ihren Werken schlug sie Brücken zwischen Literatur und Innenpolitik.

Im September 2005 bricht in der Königlichen Oper der Spieltrieb aus: Knallrote Zöpfe wachsen aus dem Dach des ehrwürdigen Musentempels. Und wo sonst feine Damen zwischen Säulen wandeln, stürzt sich das Publikum nun bäuchlings über eine steile Rutsche in die Tiefe. Ein Werbegag für das »Pippi-Langstrumpf-Ballett«, das die Oper zu Ehren des 60. Geburtstages der Autorin auf die Bühne brachte. Ein solcher Aufschwung bis ganz hinauf in den Olymp der Hochkultur war nicht abzusehen. Denn Pippi, rothaarig, naseweis und antiautoritär, wohnt mit allerhand Haustieren in der Villa Kunterbunt. Ihr Vater ist ein Negerkönig, ihre Mutter ein Engel. Alle wohlmeinenden Tanten und Onkels sind entsetzt. »Ein Kind, das eine ganze Sahnetorte verschlingt und nicht zur Schule geht, zeugt von geisteskranker Fantasie und rätselhaften Zwangsvorstellungen«, dröhnte ein Pädagogikprofessor kurz nach der Veröffentlichung des ersten Pippi-Bandes im Herbst 1945.

Da war Astrid Lindgren mit ihrem Mann Sture und den beiden Kindern Lars und Karin bereits in jene Vier-Zimmer-Wohnung in der Dalagatan 46 gezogen, in der sie später nahezu alle ihrer Geschichten schrieb. An der klapprigen Schreibmaschine oder mit dem Schreibblock in der Hand hingestreckt auf dem Bett schuf sie Figuren wie Nils Däumling in seiner Zuckerdose, Michel von Lönneberga, der im schwedischen Original übrigens Emil heißt, die wilde Ronja Räubertochter oder den weltbesten Karlsson,

Jugendlicher Humor hält frisch: Mit 80 wird Lindgren zur Schwedin des Jahres gewählt.

der über den Dächern des Vasaviertels in einer Rumpelkammer wohnt. »Sie hatte einen speziellen Humor, eine Selbstironie, die für alle sehr entspannend war«, erinnert sich Lindgrens hochbetagte Tochter Karin Nyman, die noch immer Kinderbücher übersetzt und auf der Vorstadtinsel Lidingö lebt.

Streitbar war die Literatin aber auch, wie die Königliche Bibliothek mit einer Sammlung von Dokumenten, Artikeln und Zehntausenden Zuschriften aus dem umfangreichen Nachlass belegt. Am 10. März 1976 erschien in der Zeitung »Expressen« ihre Fabel »Pomperipossa in Monismanien«: Die bissige Satire auf die Selbstgerechtigkeit des allmächtigen Dreigestirns aus Sozialdemokratie, Gewerkschaften und Medien traf sogleich den Nerv ihrer steuergeplagten Landsleute. Bei den darauf folgenden Wahlen wurden die Sozialdemokraten erstmals seit 44 Jahren von der Macht vertrieben. Lindgrens Märchen hatte sie zu Fall gebracht. Später stritt die Autorin gegen die Atomkraft und setzte sich für bessere Lebensbedingungen von Käfighühnern und Milchkühen ein.

Sie wünsche nicht, dass man ein Museum zu ihrer Person eröffnet, soll die bescheidene Schwedin öfter gesagt haben. Dem Kindermuseum »Junibacken« auf der Stockholmer Insel Djurgården aber gab sie begeistert ihren Segen und wirkte auch an der Gestaltung der 1996 in einer alten Bootshalle eröffneten Traumwelt mit. Ihre Stimme kommt vom Band, wenn der Märchenzug »Sagotåget« durch das Birkenland rollt, wo Madita und Lisbeth wohnen.

Astrid Lindgren, 1907 als Astrid Anna Emilia Ericsson in Näs bei Vimmerby geboren, wuchs rund 350 Kilometer südlich von Stockholm in der Provinz Småland auf. Ihre Eltern bewirtschafteten den kleinen Pfarrhof im Ort. Ihren vier Kindern vermittelten sie Geborgenheit und Freiheit gleichermaßen, schrieb Lindgren später darüber. 1926 ist ihr beschütztes Leben jedoch mit einem Schlag vorbei: Sohn Lars kommt zur Welt. Unehelich. Im bäuerlichen Småland ein Skandal. Die 19-Jährige flieht nach Stockholm, sucht sich einen Job als Sekretärin und muss ihren Lasse in den ersten Jahren bei einer Pflegefamilie unterbringen. 1930 holt sie ihn zu sich, im Jahr darauf heiratet sie Sture Lindgren. 1934 kommt Tochter Karin zur Welt – jenes Mädchen, das als Siebenjährige eines Abends spontan den Namen »Pippi« erfand.

Astrid Lindgren hat in ihrem erfüllten Leben 41 Bücher geschrieben, die in über 76 Sprachen übersetzt wurden. Allein in Deutschland haben ihre Bücher eine Gesamtauflage von 20 Millionen erreicht und Millionen Kinder ermuntert, Spaß zu haben und an sich selber zu glauben.

Den Literatur-Nobelpreis hat die 2002 verstorbene Schriftstellerin nie erhalten. Doch in ihrem Namen zeichnet Schweden alljährliche weltweit Autoren von Kinder- und Jugendbüchern aus, die sich für die Rechte der Kinder einsetzen und dem Genre zu neuem Ruhm verhelfen.

LICHT IM REICH DER FINSTERNIS

Wie ein findiger Stockholmer gegen die Tristesse der langen nordischen Nächte vorgeht und für die richtige »Erleuchtung« sorgt.

Schwermut, Antriebsleere und Müdigkeit sind die Symptome einer in Nordeuropa weitverbreiteten Krankheit, die Anfang der 80er-Jahre als »Winterdepression« wissenschaftlich beschrieben wurde. In Schweden, wo die ersten Sonnenstrahlen nach dreimonatiger Dunkelheit erst Ende Januar wieder über die Bergketten blinzeln, tritt sie besonders häufig auf. Wo Langläufe und Festbeleuchtung nicht mehr weiterhelfen, setzen Mediziner auf Strahlentherapie: Die Patienten müssen so lange in ein starkes künstliches Licht blicken, bis sich ihr Gemüt aufhellt. Warum das Nötige nicht mit dem Angenehmen verbinden, Freude und Leid in Einklang bringen? Der findige Stockholmer Martin Sylwan jedenfalls hat bei Hornstull in Södermalm das womöglich erste Lichtcafé der Welt eröffnet. Selbst komme er mit der Finsternis überhaupt nicht zurecht, bekennt der junge Mann. Als pickliger Student habe er bis spät am Abend im spärlichen Funzellicht über seinen Büchern gesessen. Die Folgen: Depressionen, Unlust und Müdigkeit. »Die haben mir eine Lichttherapie in der Klinik empfohlen«, erinnert sich Sylwan. »Aber da sitzt Du in der Psychiatrie und fühlst dich sofort richtig krank.«

Lichtduschen bieten in Stockholm unter anderem auch das Nordic Light Hotel und Sturebadet ihren Gästen an. Und in spezialisierten Lampenläden kann man sich die leistungsstarken Spezialleuchten für den Schreibtisch selbst besorgen. Sein Café sei einfach eine viel freundlichere Umgebung, um sich aufzuheitern. Von außen sieht das Iglo-Lichtcafé aus wie eine gewöhnliche Kaffeestube. Doch innen erwartet die winterbleiche Kundschaft Erleuchtung. Alles hier ist weiß: weiß der Marmorboden aus Griechenland, weiß die Wände und die schweren Gardinen vor den Fenstern, weiß die Tische und die zehn flauschigen Sofasessel. Lounge-Musik dringt aus den Lautsprechern. Das intensive Licht aus 26 Neonröhren ist ein Schock für die Netzhaut: 3000 Lux senden Nervenimpulse ins Hirn, und das Müde-

macher-Hormon Melatonin wird verbannt. »Mir gefällt es, Dinge anzustoßen«, lobt sich der Gründer. Und sieht strahlende Aussichten für Gastrokliniken in den übrigen Schattenreichen des Planeten, wie Alaska, Finnland oder Russland. Die Stockholmer Kundschaft rennt ihm im Winter jedenfalls die Tür ein. Die Leute lesen Zeitung, tratschen, einige klappen ihren Laptop auf. Trotz der deftigen 17 Euro für die Therapiestunde sind Vorbestellungen angezeigt. Viele Gäste stehen schon um sieben Uhr früh auf der Matte, wollen beim Frühstück vor der Arbeit ganz ohne Rezept kostbare Photonen tanken: »Es ist ja immer nur dunkel«. klagt Lotta. »Du gehst im Dunkeln zur Arbeit und kommst im Dunkeln heim!« Schokolade hilft auch, weiß Lotta. Und sportliche Betätigung. »Auf dem Eis fühlen wir Stockholmer uns mindestens so wohl wie zu Hause.« Sobald der erste Schnee liegt, stürzen sie in einem Ausbruch kollektiver Lebensfreude nach draußen, um sich auf Ski, Schlitten und Kufen auszutoben. Schlittschuhläufer wagen sich auf den gefrorenen Seen und Buchten bis dicht an die Eiskante, im Gepäck eine Rettungsleine, Eispickel, Kleider zum Wechseln und eine Kanne mit warmer Blaubeersuppe.

Geheimtipps gegen den Frust

Eine Stunde »Lichtdusche«, das ist die Dosis, die Martin Sylwan seinen Gästen empfiehlt. Schuhe müssen draußen bleiben. Auf Socken schleicht man herein und muss überdies einen schneeweißen Poncho überwerfen. Der befördert die Reflektion. Lotta wünscht sich einen Fruchtsaft gegen den Winterblues. Nun ist Martin, der gelernte Agronom, in seinem Element: Die Açai-Beere stammt vom Amazonas, war Speise der Indianer, wurde von urlaubenden Surfern entdeckt, fand schließlich den Weg ins Iglo-Lichtcafé, wo man sie als Sorbet kredenzt. Für Unerschrockene gibt es weitere exotische Mixturen aus Acerola und Pitanga, Mango und Guava, Cajú und Limone. Die Muntermacher sollen die Erinnerung an den Sommer und die Wärme wecken. So holt sich Lotta die Tropen in ihre kalte Heimat. Für einen Moment träumt sie vom Sommer Brasiliens und von der Rückkehr des Lichts ins Land der Dunkelheit.

Weißes Breitspektrumlicht erhellt den Raum und wird von der weiß gehaltenen Einrichtung reflektiert.

HEISSE KLÄNGE AUS DEM HOHEN NORDEN

In Schweden ist Musik Kult. Doch nicht nur wenn der Eurovision Song Contest stattfindet, geraten die sonst kühlen Stockholmer in Wallung.

»Der Aufstieg ist beschwerlich«, scherzt Adam Kammerland von der schwedischen Elektronikband Pluxus. Kein Wunder: Die drei Musiker residieren etliche Betontreppen hoch im Rotklinkerbau einer alten Getreidemühle auf der Vorstadtinsel Kvarnholmen. Ihr Studio ist so zugestellt mit Mischpulten, Tonbändern und Verstärkern, dass man sich kaum rühren mag. Kammerland, ein baumlanger Schwede mit wilder Haartolle und gewaltiger Hornbrille im Gesicht, erzählt von den Anfängen: Wie die Freunde in gutbürgerlichen Kreisen aufwuchsen, in wüsten Garagenbands die Klampfe zupften, später dann über den Krautrock zur Elektroszene stießen. Inspiriert von den deutschen Maschinenmusikern der Gruppe Kraftwerk tüfteln Pluxus seit nunmehr zehn Jahren an eigenen rätselhaften Klangwelten. Ihr jüngstes Album »Solid State« entstand aus einer Unmenge an Samples. Eine raffinierte Mischung aus Lauten urtümlicher Synthesizer, digitalen Melodien und dumpfen Maschinenklängen, mal hypnotisch minimalistisch, mal im bollernden Technosound.

Computer und Internet haben die Kreativen beflügelt, freut sich Kammerland: »Die meisten Künstler arbeiten von zu Hause aus und produzieren im Eigenvertrieb. Und nicht allen geht es um Ruhm und Geld.« Doch Kunst und Kommerz, Underground und Mainstream gehen auch in der Stockholmer Musikszene fließend ineinander über. Indie-Musik hat derzeit Hochkonjunktur. Exportschlager wie das elektronische Duo The Knife, die Rockband The Hives, Dance Pop-König Arash oder Liedermacher José Gonzáles finden weltweit Gehör. Und erinnern an die legendären Erfolge von Europe und Roxette. Die sanften Hardrocker um den Stockholmer Frontmann Joey Tempest landeten 1986 mit »The final countdown« einen kurzlebigen Riesenhit. Drei Jahre später stiegen die Goldkehlchen Marie Fredriksson und Per Gessle mit ihrer Single »The Look« bis ganz nach oben in den Olymp der US-Charts auf.

Schweden sind musikbegeistert

Inzwischen ist das kleine Schweden nach den USA und Großbritannien die dritte Supermacht der Popindustrie. Zur Erfolgsgeschichte gehören auch einflussreiche Akteure im Hintergrund, die außerhalb der Branche kaum jemand kennt. Komponisten wie Martin Sandberg alias Max Martin etwa: Das Mastermind hinter den Teen Pop Hits der 1990er-Jahre verhalf Britney Spears zum Durchbruch und schrieb für die Boygroup Backstreet Boys zahlreiche Ohrwürmer.

Ein Land beschallt die Welt. Wie machen die Nordlichter das? Ihrem finsteren Gemüt wird allgemein ein besonderes

Die »Hives« bieten Rock'n'Roll in Reinform. In stylischen Anzügen und gebügelten Hemden.

Zartgefühl für liebliche Melodien gern auch in der Tonart Moll zugeschrieben. »Das ist gar nicht mal gelogen«, sagt Frida Öhrn, Sängerin der aufstrebenden Stockholmer Popgruppe Oh Laura. »Die Wehmut steckt in uns drin, ich mag diese klagenden Lieder.« Das künstlerische Potenzial hätten ihre Landsleute in den Genen, meint die Schwedin und verweist auf die stolze Tradition der Laienchöre im ganzen Land. Doch auch den fürsorglichen Staat wähnt sie am Werke: »Instrumente von der Blockflöte bis zum Schlagzeug konnten wir kostenlos ausleihen, und es war auch nie ein Problem, Zuschüsse für einen Studienzirkel oder für die Anmietung eines Proberaums zu bekommen.«

Die junge Sängerin durfte ihren Hit »Release me« in der populären Fernsehshow Allsång på Skansen zum Besten geben. Dieser Sommer-Klassiker im Stockholmer Freilichtmuseum Skansen versammelt stets die halbe Nation vor den Bildschirmen. »Das Publikum singt aus vollem Halse mit«, freut sich Öhrn. »So werden bei uns die Stars gemacht.«

Aufstrebende Talente müssen sich in Schweden früher oder später an übermächtigen Idolen messen, an Namen wie Europe, Roxette und Ace of Base und natürlich an: ABBA. 1974 gewannen die vier Stars der Disco-Ära mit »Waterloo« den Eurovision Song Contest und haben seither 370 Millionen Platten verkauft. Zwar haben die Pop-Titanen seit Jahrzehnten keine Single mehr veröffentlicht, doch dem Kult tut das keinen Abbruch. Auf geniale Weise hatten sie Mitte der 70er-Jahre Elemente der Volksmusik in ihre Popsongs eingebaut, mit Filtern, Kompressoren und Echos ungeahnte Klangbilder erschaffen und somit eine weltweite Hysterie ausgelöst. Hinzu kam das gewagte Erscheinungsbild, schmunzelt Stefan Wermelin, ein Urgestein unter den schwedischen Musikkritikern: »Plötzlich standen diese Leute auf mächtigen Plateauschuhen und in vollkommen lächerlichen Fummeln auf der Bühne – und wir dachten: Gott, wie peinlich!« Und doch kann man heute auf keine Hochzeit gehen, ohne dass sie »Dancing Queen« spielen. »Diese Lieder«, meint Wermelin, »sind ganz tief in der schwedischen Volksseele verwurzelt.«

STADT DER MILLIONÄRE

Bekannte Familienunternehmen und einflussreiche Sippen prägen in Stockholm die Wirtschaft. Sie machen keinen Hehl aus ihrem Erfolg.

Wer Stockholm in der Adventszeit besucht, wird ihn kaum übersehen können: den riesigen Weihnachtsbaum auf der Skeppsbron, der Paradestraße am Ostufer der Altstadt. Einem festlichen Leuchtturm gleich strahlt er mit der Kraft von etwa 5000 Lichtern Stimmung in die winterliche Dämmerung der Stadt. Mit einer Höhe von knapp 40 Metern gehört er zu den größten Weihnachtsbäumen der Welt. Seit vielen Jahren wird er von der Unternehmerfamilie Stenbeck gestiftet. Sie ließ sich zu dieser Gabe von dem berühmten Weihnachtsbaum inspirieren, der vor dem Rockefeller Center in New York City aufgestellt wird. Und ebenso wie sein amerikanisches Vorbild ist der Christbaum auf der Skeppsbron ein weithin sichtbares Zeichen für wirtschaftlichen Erfolg.

Die Stenbecks gehören zu den reichsten und einflussreichsten Familien Europas. Sie besitzen internationale Mobilfunkkonzerne, Fernsehsender und Papierfabriken. Eine ihrer bekanntesten Marken ist »Metro« – die weltgrößte Gratiszeitung. Sie wird mittlerweile in U-Bahnstationen von New York bis Moskau jeden Morgen umsonst an Pendler verteilt. Die Zentrale des weitverzweigten Familienimperiums befindet sich in einem repräsentativen Altbau direkt hinter dem Platz, an dem zur Adventszeit der Weihnachtsbaum steht.

Der Christbaum, den die Familie Stenbeck stiftet, ist auch ein Symbol von Wohlstand.

Schweden zählte in den vergangenen Jahrzehnten zu den großen Gewinnern des Welthandels. Auch die breite Masse hat profitiert: Umfragen zufolge steht in kaum einem anderen Land die Bevölkerung der Globalisierung so wohlwollend gegenüber. Internationale Großkonzerne wie Ikea, Ericsson oder H&M sind nur die Aushängeschilder einer Volkswirtschaft, die noch eine ganze Reihe weiterer Erfolgsunternehmen hervorgebracht hat. Und nirgendwo in Schweden wird der Erfolg so offen gezeigt wie in Stockholm. Besucher, die zum ersten Mal den Strandvägen entlangspazieren, sind meist verblüfft über den Luxus, der hier zur Schau gestellt wird. An sonnigen Tagen wird die Uferpromenade zum Laufsteg. Die Reichen und Mächtigen, die hier hinter den pompösen Fassaden alter Herrschaftshäuser wohnen und arbeiten, präsentieren dann die neueste Mode. Und nicht wenige haben an den Anlegeplätzen bei der Djurgården-Brücke ein Sportboot oder eine Luxusjacht vertäut. Im Stadtviertel Östermalm, das sich nördlich des Strandvägen erstreckt, befinden sich die zu dieser Klientel passenden Läden. Nachts tummeln sich dort Stars, Sternchen, Finanzhaie und kleinere Fische in den teuersten Clubs der Stadt.

An historischen Vorbildern mangelt es den Wirtschaftslenkern Schwedens nicht. Neben legendären Aufsteigern wie etwa dem Ikea-Gründer Ingvar Kamprad gibt es auch traditionsreichen Geldadel. Die Stenbecks zählen zu dieser Kategorie. Aber die berühmteste Familie in Schwedens Finanzelite ist natürlich die der Wallenbergs. Auch heute noch hat diese Sippe einen starken Einfluss. Unter anderem sind sie an der Großbank SEB, dem Mobilfunkkonzern Ericsson und anderen Unternehmen des Landes beteiligt.

Weniger solide, aber nicht weniger bekannt war der Streichholzkönig Ivar Kreuger. Er baute sich zwischen den Weltkriegen ein internationales Wirtschaftsimperium mit einem eigenartigen Geschäftsmodell auf: Kreuger borgte Staaten Geld und verlangte im Gegenzug dafür das Monopol für den Verkauf von Zündhölzern. In Deutschland etwa blieb dieses Monopol bis 1983 bestehen. Kreugers Reich war jedoch nicht so dauerhaft. Seine waghalsigen Spekulationen endeten mit einer Pleite. Der Streichholzkönig nahm sich 1932 in Paris das Leben.

In den palastartigen Häusern des Strandvägen leben die wohlhabendsten Bürger.

DIE DIGITALE METROPOLE

Ericsson vertrat die Überzeugung, dass die Telefonie ein grundlegendes menschliches Bedürfnis sei und für jedermann erschwinglich sein sollte.

In Stockholms Bussen können die Fahrgäste etwas sehr Merkwürdiges beobachten: die Handy-Parade. Sie zieht bei jedem Stopp am Busfahrer vorbei. Denn immer mehr Passagiere zeigen beim Einsteigen mittlerweile einfach ihr Mobiltelefon statt eines Fahrscheins her – das SMS-Ticket macht's möglich. Die Stockholmer können eine Kurznachricht mit Angaben zum gewünschten Tarif an die Verkehrsbetriebe schicken. Wenige Sekunden später kommt die elektronische Antwort, die als Fahrschein gilt. Bezahlt wird mit der nächsten Telefonrechnung.

Das Beispiel ist nur eines von vielen kleinen, aber praktischen Neuerungen, mit denen die Schweden sich ihren Alltag vereinfachen. Dass solche Ideen im Norden besonders schnell umgesetzt werden, liegt an der großen Technikbegeisterung der Menschen. Große Elektronikkonzerne nutzen Stockholm und Schweden gerne als Testmarkt für neue Produkte – denn was hier nicht funktioniert, verkauft sich anderswo erst recht nicht.

Siegeszug des Telefons

Schon die ersten Kabel wurden in Schwedens Hauptstadt schneller verlegt als anderswo. Noch heute verweist die Regierung in Image-Broschüren stolz darauf hin, dass Stockholm im Jahr 1885 die höchste Telefondichte der Erde vorweisen konnte. Und 1900 gab es in der Metropole am Mälarsee immer noch mehr Telefone als in den ungleich größeren

Lars Magnus Ericsson, Erfinder und Gründer des Unternehmens (1876). Er war ein weitsichtiger Freund technischer Standardisierung.

Städten Paris, London oder Berlin. Dass der Siegeszug des Mobiltelefons im Norden besonders schnell vorankam, ist ohnehin jedem bekannt. Die Schweden gehören zu den eifrigsten Internet- und Handynutzern der Welt. Und Ericsson, einer der ersten Telefonfabrikanten überhaupt, ist heute der größte Anbieter von Sendemasten und kompletten Mobilfunknetzen. Auch bei internationalen Computerspiel-Wettkämpfen sind stets ein paar Schweden unter den Favoriten.

Die Liebe zu Drähten, Knöpfen und Bildschirmen ist im Alltag deutlich zu erkennen. Der typische Stockholmer begegnet einem mit blinkendem Freisprech-Mikrofon hinterm Ohr, meist geschäftig plaudernd oder mit angestrengter Miene über ein kleines Handy-Display gebeugt die neuesten Nachrichten lesend. Was in Stockholm existiert – ob Nachtclub, Restaurant, Museum oder Kirche –, findet sich mit größter Wahrscheinlichkeit auch irgendwo im Internet. Nicht selten mit Informationen in englischer oder deutscher Sprache. Überhaupt können die Schweden vieles online tun, wofür in anderen Ländern noch ein Gang zur Behörde oder zumindest zu einem Briefkasten nötig ist. Manche erledigen sogar die Steuererklärung mit einer SMS ans Finanzamt.

Standardisierung der Systeme

Ein Zugang zum World Wide Web findet sich an nahezu jeder Straßenecke. Cafés und Hotels bieten ihren Gästen meist schnelle Drahtlosnetzwerke für wenig Geld an, manchmal ist das Surfen sogar umsonst. Auch auf dem Flughafen und in den Schnellzügen, die zwischen Schwedens Großstädten verkehren, lassen sich Laptops und andere Geräte problemlos mit dem Internet verbinden. Erlaubt ist Kommunikation fast überall. Selbst beim Autofahren darf in Schweden telefoniert werden – obwohl ein Handy-Verbot am Steuer immer wieder mal diskutiert wird. Es gibt nur sehr wenige Plätze in Stockholm, in denen Telefone gänzlich unerwünscht sind - Kinos oder Kirchen zum Beispiel. Touristen tun gut daran, diese letzten Ruhezonen zu respektieren, wenn sie nicht unangenehm auffallen wollen. Denn auch die kommunikationsverliebten Schweden sehnen sich manchmal einfach nur nach Funkstille.

Tischtelefon von Ericsson. Auch Zar Nikolaus II. hatte ein solches Modell.

TESTAMENT DES GEWISSENS

Jedes Jahr am Todestag Alfred Nobels wird der begehrte Nobelpreis verliehen. Mangels Erben hatte der geniale Erfinder sein Vermögen einer Stiftung vermacht.

Das abendliche Nobelbankett im berühmten Blauen Saal des Stockholmer Rathauses ist der Höhenpunkt der »Nobelwoche« und das wichtigste Ereignis in Schwedens Society-Kalender. Wenn der König sein Glas erhebt, um auf den Stifter Alfred Nobel anzustoßen, fällt sein Blick auf zarte Blütenpracht. Rosen, Amaryllis, Hyazinthen, Orchideen zieren die Tafel und jeden Winkel des Festsaals. Gunnar Kaj darf das Rathaus schmücken, obwohl er gar kein ausgebildeter Florist ist. »Ich habe mir das selbst beigebracht«, erzählt der baumlange Schwede. »Deshalb wollen mich auch alle Floristen in Schweden töten!« Seine Kreationen sind so geheim wie alle anderen Details des Festbanketts. Nicht einmal der König ist eingeweiht. Die Blumen und Zweige für die Tischdekoration werden direkt aus San Remo eingeflogen. In dem italienischen Küstenort verbrachte der steinreiche Unternehmer Alfred Nobel seine letzten Jahre. Der Erfolg war ihm nicht in die Wiege gelegt: Sein Vater Immanuel ging mit seiner Gummifabrik in Konkurs, die Familie musste für einige Jahre vor den Gläubigern nach Russland fliehen. Ihr dritter Sohn Alfred, geboren am 21. Oktober 1833, war da gerade vier Jahre alt. Zurück in Schweden experimentierten Vater und Sohn am erst wenige Jahre zuvor entdeckten Sprengstoff Nitroglyzerin. Wie gefährlich der trotz Initialzündung mit Zündhütchen in seiner flüssigen Form

noch war, mussten die Nobels bald am eigenen Leib erfahren: Als ihre Fabrik in Heleneborg 1864 in die Luft flog, waren fünf Tote zu beklagen, darunter auch Alfreds jüngster Bruder Emil. Erst die durch Zufall entdeckte Beimischung von Kieselgur, einer Substanz aus der fossilen Kieselalge, ermöglichte einen weniger gefährlichen Umgang mit dem hochexplosiven Material. Der stabile Sprengstoff war fortan weltweit - auch beim Militär - gefragt. Reiner Idealismus oder vielleicht doch das schlechte Gewissen? In seinem Testament von 1895 jedenfalls schockierte der kinderlose Industriemagnat seine potentiellen Erben, indem er

Alfred Nobel (1833–1896), Stifter des Nobelpreises (links). Preisverleihung durch den schwedischen König Carl XVI. Gustaf (oben)

verfügte, dass der größte Teil seines Vermögens einer Stiftung zufließen solle. Die Zinserträge eines in sicheren Wertpapieren angelegten Fonds sollten demnach jenen als Preis zukommen, »die im verflossenen Jahr der Menschheit den größten Nutzen geleistet haben«. Dass der Dynamitfabrikant die nach ihm benannten Auszeichnungen und insbesondere den im norwegischen Oslo vergebenen Friedensnobelpreis stiftete, ist wohl dem Einfluss der Friedensaktivistin Bertha von Suttner zu verdanken.

Seit 1901 werden im Stockholmer Konserthuset nun alljährlich am 10. Dezember, dem Todestag des Stifters, die Preise für Chemie, Physik, Medizin, Physiologie und Literatur vergeben. Der Nobelpreis für Wirtschaft ist erst in den 60er-Jahren des letzten Jahrhunderts dazu gekommen. Eine kleine Ausstellung im Nobelmuseet am Stortorget (→ Sehenswertes, S. 207) stellt die Preisträger seit 1901 vor. In den Gemächern der Alten Börse residiert auch der ewige Club der »Svenska Akademien«. Dieser exklusive Zirkel aus Schriftstellern und Gelehrten kürt alljährlich eine Geistesgröße zum vermeintlich unvergänglichen Literaten. Zum Ritual gehört, dass regelmäßig nicht der Kandidat prämiert wird, den die literarische Welt erwartet, sondern dem Massengeschmack völlig unvertraute Außenseiter wie Elfriede Jelinek oder Dario Fo. Als im Iran das Todesurteil über den Schriftsteller Salman Rushdie verhängt wurde, schwieg die Akademie. Der damalige Sekretär wollte die Neutralität wahren. Daraufhin verließen 1984 drei Mitglieder die Akademie. Gewählt sind sie aber auf Lebenszeit, und verwaiste Plätze dürfen nicht neu besetzt werden. Affären und Skandale, Streit und Missgunst hinter den Kulissen sind so alt wie der Preis selbst. Immer wieder müssen sich die für die Nominierung zuständigen Gremien die Vorwürfe von Neidern anhören, die ihren Runden abwechselnd eine falsche Auslegung des Testaments, die Hofierung mächtiger Institutionen oder den Kotau vor Supermächten ankreiden. Auch das Sponsering durch Firmen, die an der Rüstung verdienen, sowie das Investment in fragwürdige Fonds hat der Stiftung wiederholt Kritik eingebracht, weil solche Geschäfte mit der Friedensbotschaft kaum vereinbar seien. Doch von Missklängen will Gunnar Kaj bei der Feier im Rathaus nichts wissen. Seine schönste Belohnung sei, dass er selbst am Bankett teilnehmen darf, sagt der bescheidene Blumenfreund.

DIE FLEISSIGEN FILMEMACHER

In der »Filmstaden« Solna produzierten die Schweden bis in die 60er-Jahre Erfolgsserien. Heute erfreuen sie sich an einer weltberühmten Kulisse.

Die Klappe fällt, die Kameras surren, still schwenkt der Tonmann sein Mikrofon. Einige Touristen stehen mit ihren Koffern etwas abseits und staunen über das bunte Treiben. Sie warten darauf, dass sie endlich vom Sicherheitspersonal am Regisseur und den Filmstars vorbei in die Hotellobby treten und ihre Zimmer beziehen dürfen. Szenen wie diese sind in Stockholm keine Seltenheit. Seit Jahren lockt die Stadt mit ihren Schären, den Uferpromenaden und den herrschaftlichen Schlössern Filmemacher aus aller Welt an.

Dabei ist es sicher nicht nur das schöne Panorama, das anziehend wirkt. Schweden hat in der Filmwelt einfach einen guten Ruf, schließlich hat das Land einige der größten Namen der Branche hervorgebracht. Der größte unter ihnen ist Ingmar Bergman. Der 2007 verstorbene Regisseur und Drehbuchautor hat Generationen von Filmemachern mit seinen Werken inspiriert.

Seine frühen Filme wie zum Beispiel »Wilde Erdbeeren« oder „Das siebente Siegel" produzierte Bergman im Vorort Solna in den legendären Studios von »Filmstaden« – der Filmstadt. In den 20er-Jahren gehörten sie zu den modernsten Studios der Welt. Auch Greta Garbo, geborene Gustafsson, begann hier ihre Karriere vor der Kamera. Zuvor hatte sie als Model für die Kaufhäuser Pub und NK gearbeitet – worauf die beiden Unternehmen heute noch stolz sind. Aber die Garbo ging nach Hollywood, und die Filmstadt in Solna schloss 1969 für immer ihre Studios. Heute entstehen auf dem Gelände moderne Wohnungen. Nur ein paar Nebengebäude und das Eingangportal der Traumfabrik sind noch erhalten.

Einiges aber hat sich seit den frühen Tagen des Kinos nicht verändert in Stockholm. Wie einst Bergman so arbeiten auch heute noch die besten Schauspieler und Regisseure des Landes beim Königlichen Dramatischen Theater. Ein Auftritt im goldverzierten »Dramaten« am Nybroplan ist eine Ehre für jeden schwedischen Schauspieler.

Gerade in den Herzen der deutschen Fernsehzuschauer hat die schwedische Hauptstadt seit Langem einen Ehrenplatz. Neben zahlreichen Krimiserien sind besonders Romanzen der Reihe »Inga Lindström« ein Hit im deutschen Abendprogramm. Inga Lindström ist allerdings bloß ein Pseudonym, die Autorin der Herz-Schmerz-Geschichten ist eigentlich Deutsche. Schweden dagegen kennen die Sendung des ZDF kaum. Wenn doch, dann sehen sie in den romantischen Fernsehfilmen meist ein Beispiel für die etwas seltsame Skandinavien-Schwärmerei ihrer südlichen Nachbarn. Für Stockholmer ist die fleißige Filmemacherei in ihrer Stadt eher ein Beleg für etwas, was sie ohnehin schon immer wussten – nämlich dass sie in einer der schönsten Kulissen der Welt zu Hause sind.

Schwedens berühmtester Filmemacher arbeitete am liebsten in den Studios von Solna.

Anno
Gripsholms

ZU GAST IN STOCKHOLM

Städtereisende wissen Stockholms Möglichkeiten zu schätzen: Sie wollen nicht nur eine der schönsten und besterhaltenen Altstädte Europas mit einem bemerkenswerten deutschen Erbe kennenlernen, sondern auch genießen und schlemmen. Die Stadt bietet ihnen anspruchsvolle Übernachtungsmöglichkeiten, aufregende Spitzengastronomie, eine lebhafte Club- und Kulturszene sowie elegante Geschäfte.
Lesen Sie außerdem die Empfehlungen unserer Autoren: Die guten Tipps von MERIAN ★, ab Seite 84.

Der Gasthof »Gripsholms Värdshus« (→ S. 90) liegt nahe dem gleichnamigen Schloss.

Wer im Jugendstilhotel »Diplomat« (→ S. 80) am Strandvägen wohnt, darf sich über elegante Zimmer mit Aussicht freuen. Der Blick über den Nybroviken hat natürlich seinen Preis.

HINTER SCHWEDISCHEN GARDINEN

Was Stockholms Hotelszene bietet, ist reizvoll und abwechslungsreich. Wir haben uns nach den besten Adressen umgeschaut, dabei aber auch noch andere Unterkünfte entdeckt, die ihr Geld wert sind.

Die Stadt kann mit rund 100 Hotels aufwarten, meist anspruchsvolle Adressen, die auch anspruchsvolle Preise haben. Stilvolle Herbergen für Budgetreisende sind dagegen eher Mangelware. Pensionen oder private Zimmer sucht man auch vergeblich. Die besten kleinen Hotels und Jugendherbergen (Vandrarhem, www.svenskaturistforeningen.se) haben wenige Betten und sind oft lange im Voraus ausgebucht. Allerdings bieten viele Häuser an Wochenenden (Fr bis So) und im Sommer auch verbilligte Tarife (bis zu 40 % Rabatt).

Eine Alternative für Touristen ist das »Stockholm à la carte Hotelpaket«, das der Interessenverband Destination Stockholm vertreibt. Von Anfang Juli bis Mitte August sowie das restliche Jahr an Wochenenden erhält man mit dem Stockholmspaket (www.stockholm.at) etwa 30 Prozent Rabatt auf Hotelzimmer und zusätzlich die Stockholmskarte, die freien Zutritt zu 65 Museen und Sehenswürdigkeiten sowie die kostenlose Nutzung des öffentlichen Nahverkehrs gewährt. Aufgepasst: In Stockholm werden auch fensterlose Zimmer vermietet, und nicht alle Zimmerpreise schließen das Frühstück mit ein. Hunde sind in den meisten Häusern nicht zugelassen.

Zur einfacheren Orientierung stellen wir Ihnen die Adressen in diesem Führer auf zweierlei Weise vor: nach ihrem jeweiligen Charakter und dann nach Preiskategorien sortiert.

Die einzelnen Rubriken ermöglichen eine leichtere Einschätzung von Ambiente und Ausstattung: Grandhotels liegen meist in repräsentativer Lage und sind entsprechend gediegen; Designhotels sind modern, oft mit Kunst bestückt, manchmal auch etwas sachlich kühl; Familienhotels sind dagegen von Anlage und Ausstattung her auch auf Familien mit Kindern eingestellt; Sporthotels haben meist einen Swimmingpool und Fitnessbereich sowie besondere Angebote im Sportbereich oder etwa zu Wellness und Beauty; Boutique-Hotels sind meist kleinere Häuser mit persönlicher Note und kurzem Draht zum Gast; unter Gut & günstig sowie Hostels fassen wir alles zusammen, was preisgünstig und dennoch empfehlenswert ist.

ZUR ORIENTIERUNG

Alle Adressen sind Empfehlungen der Autoren. Die Sortierung der Namen in den Rubriken erfolgt alphabetisch und innerhalb des Alphabets nach Preisklassen.
Preisklassen nach Punkten:
(für ein DZ/Nacht ohne Frühstück)

●●●● über 170 Euro
●●● 120-170 Euro
●● 60-120 Euro
● bis 60 Euro

GRANDHOTELS

Grand Hôtel

Dieser altehrwürdige Hotelpalast aus dem Jahr 1874, der dem exklusiven Club der »Leading Hotels of the World« angehört, ist mit Abstand die nobelste Adresse Stockholms, mit spektakulärer Aussicht auf Altstadt, Schloss und Schärendampfer. Standesgemäß bieten die 334 Zimmer und 42 Suiten jeden nur erdenklichen Luxus, wie etwa die 330 Quadratmeter große Prinzessin Lilian Suite, mit eigenem Kino, Wasserfall und Dachgarten. Fürsten, Staatsoberhäupter und Popstars logieren hier und aus alter Tradition auch die Nobelpreisträger, wenn sie im Dezember zur Verleihung kommen.

Die üppig dekorierten Zimmer vereinen gustavianischen Stil mit modernen Attributen wie Flachbildschirmen und High-Speed-Internet. Im Fünf-Sterne-Hotel dürfen außerdem ein großzügiger Spa-Bereich und kulinarische Attraktionen nicht fehlen: Im Gourmetrestaurant Mathias Dahlgren Matsalen (ein Michelin-Stern) kommt Essen der Spitzenklasse auf die edel gedeckten Tische. Nicht nur unter Hotelgästen beliebt ist auch das Restaurant Veranda, das mit einem »smörgåsbord«, dem traditionellen Buffet, aufwartet. In der 2008 neu gestalteten Cadier Bar lässt sich - auch für Nicht-Hotelgäste - ein vorzügliches, wenn nicht sogar das beste Frühstück der Stadt genießen.

➤ Östermalm ➤ [E 7] Södra Blasieholmshamnen 8; Tel. 6 79 35 00; www.grandhotel.se; U-Bahn Kungsträdgården; 376 Zimmer ●●●●

Hotell Diplomat

Ein Stockholmer Klassiker in Familienbesitz, mit Top-Adresse an der Flaniermeile Strandvägen und einem wunderbaren Blick über den Nybroviken, der allerdings mit dem entsprechenden Zimmerpreis bezahlt werden muss. Das schöne Jugendstilgebäude aus dem Jahre 1911 wurde jüngst in neuen Glanz versetzt und renoviert. Die 129 mitunter recht kleinen Zimmer sind in natürlichen Farben gehalten und mit eleganten Möbeln und Kunst dekoriert. Die Cocktail-

Fünf Sterne für das »Grand Hôtel«: Hinter gediegener Einrichtung verbirgt sich modernster Komfort.

Design in Reinform findet der Gast im neuen Hotel »Clarion Sign«, das der Göteborger Stararchitekt Gerd Windgårdh entworfen hat.

bar im ersten Stock ist ein beliebter Szenetreff für Prominente und gut betuchte Stockholmer.

➤ Östermalm ➤ [E 7] **Strandvägen 7 C; Tel. 4 59 68 00; www.diplomathotel.com; U-Bahn Östermalmstorg; 128 Zimmer •••**

Grand Hotel Saltsjöbaden

Wer die friedliche Atmosphäre einer Schäreninsel sucht, auf Komfort und Luxus aber nicht verzichten möchte, ist in dieser architektonischen Perle im noblen Vorort Saltsjöbaden bestens aufgehoben. Mit dem Luxusrefugium hat sich die Unternehmerdynastie der Wallenbergs ein steinernes Denkmal gesetzt. Im prächtig dekorierten französischen Speisesaal wurde im Herbst 1938 der Pakt zwischen Gewerkschaften und Arbeitgebern geschlossen, der das legendäre »Volksheim« begründete. Die 140 Zimmer und Suiten sind geschmackvoll mit farbenfrohen Gardinen und Teppichen sowie edlem Parkett ausgestattet. Von den meisten Räumen kann der Blick ungestört übers Meer schweifen. Eine Attraktion ist das Kaltbadehaus auf einer mit einer Brücke verbundenen Insel gegenüber dem Hotelpalast. Hölzerne Pavillons und ein Sandstrand laden hier zum fröhlichen Bad in der Ostsee ein.

➤ Saltsjöbaden ➤ östl. [K 9] **S-133 83 Saltsjöbaden; Tel. 50 61 70 00; www.helnan.info; Endstation des Vorortzuges nach Saltsjöbaden; 140 Zimmer ••••**

DESIGNHOTELS

Clarion Sign

Gerade Winkel sucht man in diesem Designhotel am Hauptbahnhof vergeblich. Der Entwurf für das im Frühjahr 2008 eröffnete Gebäude mit einer Fassade aus Glas und schwarzem Granit stammt aus der Feder des Architekten Gert Windgårdh. Die 558 Zimmer und Suiten mit zeitlosem Komfort wurden von Design-Ikonen wie Arne Jacobsen, Bruno Mathsson und Alvar Aalto gestaltet. An den Wänden hängt zeitgenössische Fotokunst.

In der eleganten Aquavit Grill & Raw Bar eifert Sternekoch Marcus Samuelsson seinem preisgekrönten Mutterlokal in New York nach. Eine weitere Attraktion, für die allerdings auch Hotelgäste extra zahlen, ist die Wellness-Oase im achten Stock des Hotelturms. Vom ganzjährig beheizten Pool im Dachgarten aus eröffnet sich ein einzigartiger Panoramablick.

➤ Norrmalm ➤ [C 6] **Östra Järnvägsgatan 35; Tel. 6 76 98 00; www.clarionsign.se; U-Bahn T-Centralen; 558 Zimmer •••**

Das »Hotel Hellsten« repräsentiert den Charme der Jahrhundertwende, mit liebevollen Details wie Holzpaneele und Wandstuck.

Hotel Hellsten

In diesem familiär geführten Haus wird man sich sogleich wohlfühlen. Trotz Umbau zum Designhotel bezaubert das alte Stadtpalais von 1898 noch mit dem Charme der Jahrhundertwende. In vielen Zimmern blieben Stuckaturen, Holzpaneele und unverputzte Backsteinwände erhalten, in einigen auch die alten Kachelöfen. Jeder Raum ist in kräftigen Farbtönen individuell gestaltet: mit Antiquitäten, im Landhausstil oder orientalisch angehaucht. Eine Internet-Verbindung auf dem Zimmer gehört ebenso zum Standard wie die gepflegten Bäder in grauem Karystos-Schiefer, einige Zimmer gibt es auch mit eigener Badewanne.

➤ Norrmalm ➤ [D 5] **Luntmakargatan 68; Tel. 6 61 86 00; www.hellsten.se; U-Bahn Rådmansgatan; 78 Zimmer •••**

Lydmar 1

(→ Der gute Tipp von MERIAN, S. 84)

Nordic Light Hotel

Das Designhotel inszeniert die Sehnsucht nach Licht und überrascht mit tollen Effekten. Polarlichter tauchen die schlicht elegant dekorierten Suiten und Zimmer in Farbspiele von Blau bis Rot. Für schwere Fälle von Winterdepression wird überdies eine Lichttherapie angeboten. Hinter gut isolierten Fenstern bekommt man vom Bahnhofstrubel kaum etwas mit.

➤ Norrmalm ➤ [C 7] **Vasaplan 7; Tel. 50 56 30 00; www.nordiclighthotel.com; U-Bahn T-Centralen; 175 Zimmer •••**

AUTORENTIPP Die »Absolut Icebar« im benachbarten Nordic Sea Hotel, die tatsächlich ganz aus Eisblöcken kreiert ist, gilt zwar als coolste Bar der Stadt - und man sollte sie schon mal gesehen haben. Gesalzene Preise und Massenandrang machen einen längeren Aufenthalt jedoch zu einem eher unerquicklichen Erlebnis.

Scandic Anglais

Das 2006 aufgemöbelte Hotel liegt zentral in einer ruhigen Seitenstraße am Stadtpark Humlegården. Klassische Formen, Funktionalismus im Stil der 60er-Jahre und modernes Design sind hier geschmackvoll verbunden worden. Einige der Zimmer und Suiten haben Aussicht auf den Park. Hotelgäste können in einem eleganten Spa-Bereich mit Sauna entspannen. Die Pianobar ist am Wochenende ein beliebter Szenetreff.

➤ Östermalm ➤ [E 6] **Humlegårdsgatan 23; Tel. 51 73 40 00; www.scandichotels.com; U-Bahn Östermalmstorg; 233 Zimmer •••**

FAMILIENHOTELS

Hasselbacken Hotel & Restaurant

Das charmante, helle und freundliche Hotel aus dem Jahr 1853 liegt mitten im Grünen auf der Insel Djurgården. Zum Freilichtmuseum Skansen (→ Sehenswertes, S. 204) und zum Tivoli Gröna Lund sind es nur ein paar Schritte. Für Kinder unter 13 Jahren stehen kostengünstige Extrazimmer oder Zustellbetten bereit. Ein Plus ist auch das kostenlose Frühstück für den Nachwuchs.

➤ Djurgården ➤ [G 7] **Hazeliusbacken 20; Tel. 51 73 43 00; www.scandichotels.se; U-Bahn Karlaplan; 112 Zimmer ••**

SPORTHOTELS

Sandhamns Seglar Hotel

In der ehemaligen Residenz des Königlichen Segelclubs auf der Schäreninsel Sandhamn dürfen heute auch Normalsterbliche einlaufen. Das gepflegte Hotel (Baujahr 1897) verfügt über eine eigene Marina. Die Einrichtung besteht aus maritimen Motiven wie alten Schiffsmodellen, Tauen und Fotos aus der stolzen Vereinsgeschichte. Die 82 Zimmer und Suiten bieten minimalistisch-eleganten Komfort. Einige Räume haben Seeblick vom Balkon. Im Restaurant wird neben Fisch und Schalentieren auch ambitionierte schwedische Hausmannskost serviert. Sehr gutes Mittags-Buffet. Die beliebte Sommer-Insel lockt mit feinen Sandstränden, pittoresken Fischerhütten und Blaubeeren in Hülle und Fülle. Für Gäste des Hotels werden Angeltouren in den Fischgründen der Ostsee angeboten.

Weiter auf S. 86

Minimalistische Eleganz und hoher Komfort: das »Nordic Light Hotel«

Wo auch die schönen Künste wohnen: das »Lydmar«

1

HOTELS
SCHLAFEN IM PALAST

Als Per Lydmar 2006 das nach ihm benannte Lifestyle-Hotel am Humlegården verkaufte, ging ein Aufschrei des Entsetzens durch die Stockholmer Kulturszene. Das alte **Lydmar** mit seinen familiären Räumlichkeiten, Ausstellungen und einer viel besuchten Live-Bühne war nicht nur in Künstlerkreisen eine Legende. In entspannter Club-Atmosphäre wurden Soul und Jazz gespielt. Bekannte Größen traten auf, aber auch manches noch unbekannte Talent. Umso größer waren die Erwartungen, als der geniale Hotelier und Einrichter nach Wander- und Lehrjahren in aller Welt im Herbst 2008 die Pforten zu seiner jüngsten Schöpfung öffnete, in Traumlage auf der Insel Blasieholmen, mit Blick auf Schloss und Altstadt. Das neue Lydmar residiert nun – in bester Gesellschaft – in einem Palast aus dem Jahre 1880, der in den 30er-Jahren die deutsche Botschaft beherbergte. Nebenan prahlt das wuchtige Nationalmuseum mit seinen Schätzen. Am Ufer gegenüber steht die Königliche Oper.

Die schönen Künste sind noch immer die große Leidenschaft des Gastgebers: Kontroverse Fotografien zieren die Wände der Lobby. Auf Schritt und Tritt begegnen einem Sammlerstücke, die Per Lydmar auf Reisen rund um den Globus in seine kühle nordische Heimat mitgebracht hat.

In den 46 geräumigen Zimmern und Suiten sollen sich die Gäste wie im eigenen Wohnzimmer fühlen. Alle Räume sind individuell und mit vom Chef persönlich ausgewählten Möbeln bestückt. Da steht ein abgewetztes Ledersofa neben einer asiatischen Skulptur aus feinstem Reispapier, von der Decke baumelt ein eiserner Kristallleuchter in prachtvoller Fülle, und den Schreibtisch ziert ein Hightech-Computer. Ein Überwurf aus Leinen bedeckt das Doppelbett, darauf gestickte Szenen aus dem Kamasutra, die einem die Schamesröte ins Gesicht treiben. Die meisten Bäder sind ganz aus italienischem Sandstein und mit übergroßen Panoramaspiegeln ausgestattet. Dem Anspruch entsprechend bieten die ungewöhnlich detailfreudigen Refugien alle Attribute moderner Wohnkultur. Das tragbare Telefon gehört ebenso zum Standard wie die Dolby-Surround-Anlage. Überdies haben Gäste freien Zugriff auf eine beeindruckende Sammlung alter Filmklassiker und allerneuester Hollywoodstreifen, die man sich auf dem LCD-Fernseher anschauen kann. Wer darüber hinaus auch noch Wert auf eine ganz besondere Aussicht legt, der bucht das Zimmer 401 mit Blick zur Seeseite.

WEGWEISER 1

Lydmar

➤ Norrmalm, S. 8/9, [d 3] ➤ [E 7]

Södra Blasieholmshamnen 2; Tel. 22 31 60, Tel. (Restaurant) 59 88 46 20; www.lydmar.com; U-Bahn Kungsträdgården; 46 Zimmer ••••

Leise Musik erklingt aus dem liebevoll mit Bücherregalen, Schallplatten und Weinflaschen dekorierten Restaurant, gesellschaftlicher Mittelpunkt des kleinen Luxushotels. Durch breite Panoramafenster kann der Gast den Blick hinaus über das Wasser und am Kai dümpelnde Holzdampfer schweifen lassen oder sich gleich der Speisekarte widmen, die eine feine Auswahl italienisch-französischer Klassiker präsentiert. Abends verwandelt sich der intime Speisesaal in eine Bar, an lauen Sommerabenden finden sich die Gäste zum Schlummertrunk auch auf der ein Stockwerk höher gelegenen Sonnenterrasse ein. Oder man lässt sich vom Concierge den Weg hinaus in das Stockholmer Nachtleben weisen. So oder so, beides ist vielversprechend und garantiert erlebnisreich.

Für Tagestouren kann man Segelboote und Kajaks mieten. Bei Sturm und Regen lässt man es sich im modernen Spa mit Sauna und Pflegekuren gut gehen.

➤ Sandhamn ➤ östl. [F 12] **Kaiplatz 14; Tel. 57 45 04 00; www.sandhamn.com; Anfahrt im Sommer regelmäßig per Schärenboot von Strandvägen; 79 Zimmer •••**

Hotel & Spa Skepparholmen

Entspannung pur in einer bewaldeten Bucht am Rande des Schärenarchipels: Die schnörkellose Anlage im Stil der 60er-Jahre hat nicht nur Zimmer zum Übernachten: Wellness gehört hier ebenso zum Programm, was sich beim Pool mit Saunalandschaft und dem umfangreichen Behandlungsangebot zeigt: von Ganzkörper-Peeling, Massagebädern, Algenpackung, Lavendelsauna bis zum Make-up mit Typberatung. Für Gäste werden überdies Qigong, Fitness-Training und Aqua-Gymnastik angeboten. Anschließend kann man in der Champagnerbar mit ihren breiten Panoramafenstern das Abendrot genießen oder zu einem ausgedehnten Spaziergang am Strand von Hasseludden aufbrechen. Die meisten Gästezimmer haben Seeblick.

➤ Saltsjö-Boo ➤ östl. [K 9] **Franckes väg S-132 39, Saltsjö-Boo; Tel. 7 47 65 00; www.skepparholmen.se; Bus 417 von Slussen Richtung Hasseludden, Haltestelle Hamndalsvägen; 102 Zimmer •••**

BOUTIQUE-HOTELS

Berns Hotel

Die intime Luxusherberge liegt etwas versteckt zwischen dem Nachtclub Berns Salonger und der Musicalbühne China Teatern an Nybroviken. Die modernen Zimmer sind in sanften Farbtönen gestaltet. Einige Räume haben Balkon mit Aussicht auf den angrenzenden Park, die Nationalbühne Dramaten und den Hafen. Fürstlich aber teuer ist die geräumige Clock Suite mit kreisrunden Fenstern. Ihre Bewohner dürfen sich auf zwei Etagen entfalten. Das Frühstück wird im »Roten Zimmer« bereitet, das durch August Strindbergs gleichnamigen Roman weltweit bekannt wurde. Das Stockholmer Nachtleben finden die Gäste gleich nebenan: Die hauseigenen Clubs, Bars und Restaurants zählen zu den besten in der ganzen Stadt.

➤ Östermalm ➤ [E 7] **Näckströmsgatan 8,**

»Skepparholmen« war noch im 18. Jahrhundert ein privater Sommersitz.

Das »Rival« zählt zu den allerbesten Adressen der Stadt.

Berzelii Parken; Tel. 56 63 22 00; www.berns.se; U-Bahn Kungsträdgården; 65 Zimmer ••••

Clas på Hörnet

Der kleine Gasthof aus dem Jahre 1731, nur ein paar Schritte vom Odenplan gelegen, ist eine Oase der Ruhe. In den 10 liebevoll dekorierten Zimmern mit vielen Antiquitäten lebt die gustavianische Epoche weiter. Im Sommer lockt eine lauschige Sonnenterrasse. Restaurant mit sehr guter schwedischer Gourmetküche. Frühzeitiges Buchen notwendig.

➤ Vasastaden ➤ [C 5] Surbrunnsgatan 20; Tel. 16 51 36, Fax 6 12 53 15; www.claspahornet.se; U-Bahn: Odenplan; 10 Zimmer •••

Hotel Rival

Benny Andersson, weit gereister Musiker von ABBA und einer der Besitzer, hat in diesem topmodernen Boutiquehotel seine eigenen Vorstellungen von zeitgemäßer Gastlichkeit verwirklicht. Erstklassige Ausstattung und Spitzendesign erwarten den Gast in diesem früheren Kino aus dem Jahre 1937. In den individuell gestalteten Zimmern kann man von der Badewanne aus durch eine Glaswand fernsehen und eine Nacht unter den übergroßen Bildern von Filmstars wie Greta Garbo und Ingrid Bergman verbringen. Die Cocktailbar im ersten Stock ist ein beliebter Szenetreff der jüngeren Generation. Auch das hauseigene Café mit Bäckerei wird gern von Einheimischen angelaufen. Ein weiteres Plus ist die ruhige Lage an einem der schönsten Plätze von Södermalm.

➤ Södermalm ➤ [D 9] Mariatorget 3; Tel. 54 57 89 00; www.rival.se; U-Bahn Mariatorget; 99 Zimmer ••••

Hotel Stureplan

Nur ein paar Schritte von der Partymeile am Stureplan entfernt liegt dieses 2007 eröffnete Refugium in einem alten Wohnpalast aus dem Jahr 1899. Die 102 erstaunlich geräumigen Zimmer sind geschmackvoll im gustavianischen Stil des späten 18. Jahrhunderts eingerichtet. Alte Kachelöfen und Stuckelemente steigern das Wohlgefühl. Den Schlummertrunk nimmt man im Sommer auf der Dachterrasse oder in der gut sortierten Champagnerbar im Erdgeschoss ein. Eine Besonderheit stellen die »cabin rooms« dar. Kleinere, fensterlose Zimmer von 10 bis 20 Quadratmetern, die aber sonst keinen Komfort vermissen lassen und zu günstigen Konditionen zu mieten sind.

➤ Östermalm ➤ [E 6] **Birger Jarlsgatan 24; Tel. 4 40 66 00; www.hotelstureplan.se; U-Bahn Östermalmstorget; 102 Zimmer •••**

Hotel Victory

Das Boutique-Hotel in der Altstadt verdankt seinen Namen dem Flaggschiff des britischen Seehelden Lord Nelson, der HMS Victory. Zur maritimen Stimmung trägt auch eine Sammlung nautischer Antiquitäten, Modellschiffe und Galionsfiguren bei. Die Zimmer sind nach schwedischen Kapitänen, die Flure nach Decks (Kanonendeck, Hüttendeck) benannt. Im Kellergewölbe des historischen Gebäudes fanden Bauarbeiter 1937 einen Silberschatz. Die 18 000 Münzen sind heute im Stadtmuseum zu bewundern. Vielfach gelobt wird das hauseigene Nobelrestaurant »Lejontornet« (ein Michelin-Stern).

➤ Gamla Stan, S. 175, [c 3] ➤ [D 8] **Lilla Nygatan 5; Tel. 50 64 00 00; www.victory-hotel.se; U-Bahn Gamla Stan; 48 Zimmer •••**

GUT & GÜNSTIG

Columbus Hotell

Lauschige Unterkunft am Rande des Szenequartiers auf Södermalm. Das denkmalgeschützte Gebäude diente 1780 zunächst dem Geschäftsmann Lorenz Sifvert als Brauerei, später als Kaserne für

die Stadtwache. 1834, als Stockholm die Cholera heimsuchte, wurde es zum Spital und schließlich als Armenhaus genutzt. 1976 begann der Hotelbetrieb, über zehn Jahre hinweg zunächst nur im Sommer. Seit 1986 ist das Hotel ganzjährig geöffnet. Im Sommer punktet das Haus mit einem grünen Innenhof. Die geräumigen Zimmer sind mit ausgewählten Antiquitäten geschmackvoll bestückt. Preiswert sind die Räume unter dem Dach (kein Lift). Im Innenhof wird im Sommer das Frühstück serviert.

➤ Södermalm ➤ [E 9] **Tjärhovsgatan 11; Tel. 50 31 12 00; www.columbushotell.se; U-Bahn Medborgarplatsen; 40 Zimmer ••**

Hôtel Tré Små Rum

»Drei kleine Zimmer«, so lautet der Name übersetzt. Wer heute nachzählt, stellt aber fest, dass dieses urige Hotel in einem belebten Quartier von Södermalm nicht nur drei, sondern gleich sieben Zimmer hat. WC und Dusche teilt man sich mit seinen Zimmernachbarn auf dem Flur. Der fehlende Komfort wird durch freundliche Atmosphäre ausgeglichen. Besonders bequem sind die Betten, die vom schwedischen Hersteller »Paradis« stammen. Das Bio-Buffet mit Vollwertfrühstück ist ausgezeichnet. Ein weiteres Plus: Für etwa 16 Euro am Tag können im Haus Fahrräder geliehen werden.

➤ Södermalm ➤ [D 9] **Högbergsgatan 81; Tel. 6 41 23 71; www.tresmarum.se; U-Bahn Mariatorget; 7 Zimmer •**

Das »Columbus Hotell« bietet dezenten Luxus in klassisch-modernem Ambiente.

Zinkensdamm Vandrahem & Hotell
Familienfreundliches Hotel mit angeschlossener Jugendherberge am Rande des Tantolunden-Parks mit seinen Kleingartenkolonien. Das gelbe Holzhotel hat einen Garten mit Ausschank. Moderate Zimmerpreise in verschiedenen Kategorien. Das reichliche Frühstücksbuffet ist im Preis inbegriffen.
➤ Södermalm ➤ [C 9] **Zinkens Väg 20; Tel. 6 16 81 10 (Hotel), Tel. 6 16 81 00 (Jugendherberge); www.zinkensdamm.com; U-Bahn Zinkensdamm oder Hornstull** •

HOSTELS

Långholmen Vandrarhem

Das frühere Gefängnis auf der Insel Långholmen bietet Annehmlichkeiten, von denen die einstigen Insassen nur träumen konnten. Bis Mitte der 70er-Jahre diente das Gemäuer aus dem Jahr 1840 als Strafanstalt für Kleinkriminelle, Herumtreiber und Prostituierte. Heute geht freiwillig in den Knast, wer ruhig im Grünen übernachten möchte. Die 102 Zellen sind komfortabel ausgestattet, der Service entspricht einem Mittelklassehotel. Für genügsamere Gäste stehen auch Mehrbettzimmer in einfachem Standard mit Dusche und Toilette im Korridor bereit. Im Restaurant wird gute vegetarische Kost serviert. Ein kleines Museum informiert über die Geschichte des Hauses und den Alltag hinter »schwedischen Gardinen«. Über die »Brücke der Seufzer« – früher der Eingang zur Strafanstalt - gelangt man in den angesagten Stadtteil Södermalm.
➤ Langholmen ➤ [A 8] **Gamla Kronohäktet; Tel. 7 20 85 00; www.langholmen.com; U-Bahn Hornstull; 102 Zimmer** •

AUSSERGEWÖHNLICHE HOTELS

Gripsholms Värdshus & Hotel

In Sichtweite des Schlosses Gripsholm liegt »Gripsholms Värdshus«, der älteste Gasthof Schwedens, dessen Anfänge bis ins Jahr 1609 zurückreichen. Hier frühstücke mit Vorliebe Kurt Tucholsky, der 1929 den Sommer am Mälarsee verbrachte. Jedes der 45 Zimmer ist stilvoll und individuell gestaltet, eine der Suiten sogar wie ein königliches Zeltgemach. Im Badezimmer kann man vom Whirlpool aus dem Kachelofen beim Bullern zuschauen. Das Haus ist aber nicht nur für seine lange Tradition und sein königliches Ambiente bekannt, sondern auch

Maritimes Feeling und Seeblick genießen die Gäste vom »Hotel J«.

Im »Värdshus«, dem ältesten Gasthaus Schwedens, ist Landhausstil angesagt.

für seine exzellente Küche, die mit süßsauren Kreationen von Wild, Fisch und Schalentieren aufwartet. Die schwedische Nationalmannschaft der Spitzenköche trainiert hier für ihre Auftritte bei internationalen Wettbewerben. Der gut sortierte Weinkeller stammt noch aus dem 15. Jahrhundert, als an dieser Stelle das Kloster Pax Mariae stand, das Gustav Vasa zugunsten seines Schlossbaus schleifen ließ.

➤ Mariefred ➤ westl. [A 9] **Kyrkogatan 1; Tel. 01 59-3 47 50; www.gripsholms-vardshus.se; bis Läggesta mit dem Zug, dann weiter mit dem Bus; 45 Zimmer ••••**

Villa Källhagen

Das intime Luxushotel residiert auf einer Halbinsel gegenüber der Parklandschaft von Djurgården. Von den Anfängen des Gasthofs im Jahre 1810 zeugt das rote Blockhaus im Garten. Heute bieten die 36 liebevoll gestalteten Zimmer höchsten Komfort. Zum Ruhm des Hauses tragen auch die eigene Konditorei und das preisgekrönte Restaurant bei. Drahtloses Internet, Sauna und Spa sind in den stolzen Preisen inbegriffen. Und natürlich auch die Spaziergänge durch die königlichen Wälder.

➤ Ladugårdsgärdet ➤ [H 6] **Djurgårdsbrunnsvägen 10; Tel. 6 65 03 00; www.kallhagen.se; Bus 69 Richtung Blockhusudden vom Hauptbahnhof; 36 Zimmer ••••**

Hotel J

Bildschön ist dieses maritime Designhotel in der Bucht von Nacka Strand gegenüber von Djurgården gelegen. Das Design aus der Ideenschmiede der beiden Innenarchitekten Klas Litzén und Peter Ågren verbindet schlichte Eleganz mit den Farbtönen Rot, Weiß und Meeresblau. Einige der 45 Zimmer haben Balkon oder Terrasse mit Seeblick. Im eigenen Restaurant am Rande der kleinen Marina lässt sich stilvoll tafeln. Hinter der Terrasse ragt eine gewaltige Bronzeskulptur mit Fontäne empor, »Gottvater auf dem Himmelsbogen« von Carl Milles.

➤ Nacka ➤ östl. [K 9] **Ellensvikvägen 1, Nacka Strand; Tel. 6 01 30 00; www.hotelj.se; Bus 471 von Slussen bis Vikdalsvägen; 45 Zimmer •••**

Jumbohostel

Aufregend ist die Übernachtung nicht nur für Flugzeug-Fans im Bauch der »Liv«, einer ausgedienten Boing 747 auf dem Flughafen Arlanda. Nach dem Bankrott der Fluggesellschaft Transjet fristete der Jumbojet ein trostloses Dasein auf seiner Parkposition in der Nähe der Terminals. 2008 ließ der schwedische Hotelier Oscar Diös die Maschine Baujahr 1976 zu einem hippen Hostel mit Lounge umgestalten. Die Übernachtung ist allerdings nicht ganz billig: rund 110 Euro zahlt man für die einfache, rund sechs Quadratmeter messende Drei-Bett-Kabine. Duschen und Toiletten befinden sich auf dem Gang. Luxuriöser geht es auf dem Oberdeck zu: Die Cockpit-Suite (500 Euro) lockt mit eigenem Bad und Panoramablick auf landende Flugzeuge.

➤ Arlanda ➤ nordwestl. [A 2] **Jumbovägen 4, (Flughafen 42 km nördl. der Stadt); Tel. 59 36 04 00; Anreise mit dem Flughafenbus oder -zug vom Hauptbahnhof; www.jumbohostel.se; 25 Zimmer ••**

Mälardrottningen

Die einstige Luxusjacht der Woolworth-Erbin Barbara Hutton ist mit Abstand die interessanteste Unterkunft auf dem Wasser und eine günstige Alternative zu den übrigen Altstadthotels. Auf dem 1924 für den New Yorker Millionär Billing gebauten Schiff amüsierten sich Filmsterne und gekrönte Häupter in großer Zahl. Seit 1982 liegt die »Königin des Mälarsees« am Kai vor den Insel Riddarholmen, wo sie ihren Lebensabend als Hotelschiff verbringt. Die eleganten Kabinen, einige mit Stockbetten, sind mit reichlich Mahagoniholz, Messing und Teppichen verziert. Unter Deck und auf der überdachten Terrasse lässt es sich gediegen speisen. Besonders beliebt ist Julbord, das Weihnachts-Buffet.

➤ Gamla Stan, S. 175, [a 3] ➤ [D 8] **Riddarholmen; Tel. 54 51 87 80; www.malardrottningen.se; U-Bahn Gamla Stan; 59 Zimmer ••**

Vandrarhem Af Chapman

Das 2007 gründlich überholte Segelschiff mit Blick auf Schloss und Altstadt ist die beliebteste Jugendherberge Schwedens. Als Frachter segelte der 1888 gebaute Dreimaster um Kap Horn, heute ist er von seinem Liegeplatz vor Skeppsholmen nicht mehr wegzudenken. Im Sommer wird das Frühstück an Deck serviert. Den Schlummertrunk nimmt man in der »Bar Chapman«. Um einen Kojenplatz sollte man sich frühzeitig bemühen, einige Betten gibt es auch in einem zur Herberge gehörenden Gebäude an Land.

➤ Skeppsholmen ➤ [E 7/8] **Västra Brobänken; Tel. 4 63 22 66; www.stfchapman.com; U-Bahn Kungsträdgården, Bus 65; 290 Betten •**

Abgehoben: Die ausrangierte Boing 747 ist seit 2008 eine stylische Herberge.

JUMBO

Gourmetkoch Pontus Frithiof vom gleichnamigen Restaurant (→ S. 111) begeistert mit immer wieder neu inszenierten, aufregenden Gaumenfreuden wie Austern, Sushi oder Dim Sum.

IM GRÜNEN, AM WASSER, AUF DER HÖHE

Entspannt essen gehen und genießen ist in Stockholm nicht schwer. Wir führen Sie zu empfehlenswerten bekannten sowie neuen Adressen. Dabei dürfen wir feststellen, dass die Köche der Stadt nicht nur Fisch lieben.

Kulinarisch brauchen sich die Stockholmer längst nicht mehr zu verstecken. Ihre Küche bietet – allen bösen Gerüchten zum Trotz – weit größere Gaumenfreuden als staubiges Knäckebrot und kaltes Buffet. Die schwedische Tafel biegt sich unter delikatem Fisch und Meeresfrüchten von vorzüglicher Qualität. Dazu kommen Reh, Hirsch und Wildschwein aus den Wäldern. Elch und Rentier haben hier auch einen Platz auf der Karte. Das Fleisch schmeckt vorzüglich als Schinken, in der Suppe oder als Filet. Auch deftige Aufläufe und Kartoffelgerichte sind Klassiker der Stockholmer Küche. Typisch sind süßsaure Gerichte mit Pilzen, grünem Spargel und Wurzelgemüse sowie Preisel- und Multebeeren.

Im August haben nicht nur die Krebse Saison, sondern auch der »surströmming« (Sauerhering). Diese Spezialität stammt aus dem Norden Schwedens. Sie besteht aus Hering, der monatelang in einer Tonne vergoren wird. Der so produzierte »Gammel-Fisch« zeichnet sich durch sehr intensiven Geruch aus, manchen Schweden gilt er als Delikatesse. Wer einen schwachen Magen hat, sollte aber lieber etwas anderes bestellen.

Ein Gespür für schwedische Hausmannskost bekommt, wer »dagens rätt« (Gericht des Tages) bestellt. Wasser, Saft oder alkoholarmes »lättöl« (Leichtbier) sind dabei oft im Preis enthalten. Für Mitteleuropäer ist der schwedische Kaffee oftmals eine Zumutung: Stundenlang blubbert das teerschwarze Gebräu auf der Heizplatte und schmeckt dementsprechend. Dafür entschädigt die Vielfalt in den Backstuben: weiche Hefekuchen mit Safran und Rosinen, Zimtschnecken und Spritzgebäck, dazu üppige Torten, überladen mit Marmelade, Schokolade und Sahne. In Schweden gilt ein strenges Rauchverbot. Für sein Laster muss man auch im Winter vor die Tür gehen. Bier, Wein und Schnaps mit einem Alkoholgehalt von mehr als 3,5 Prozent gibt es außer in Gaststätten mit Schanklizenz nur in der staatlichen Ladenkette Systembolaget.

Eine Unsitte ist die Stadtflucht in den Sommermonaten. Selbst einige Gourmetrestaurants mit internationalem Publikum schließen dann die Pforten.

ZUR ORIENTIERUNG

Alle Adressen sind Empfehlungen der Autoren. Die Sortierung der Namen in den Rubriken erfolgt alphabetisch und innerhalb des Alphabets nach Preisklassen.
Preisklassen nach Punkten:
(für ein Hauptgericht ohne Getränke)

••••	ab 30 Euro
•••	ab 20 Euro
••	ab 15 Euro
•	bis 15 Euro

CAFÉS

Fåfängan

Auf einem Hügel hoch über der Hafeneinfahrt von Stockholm thront ein Pavillon umgeben von Linden. Dort, wo früher eine Festung die Seeseite der Hauptstadt sicherte, liegt heute das Kaffeehaus Fåfängan, von dem aus man einen herrlichen Blick über Wasser und Stadt hat. Neben Kaffeespezialitäten für die kleine Pause gibt es auch Mittagessen. Im Sommer veranstaltet das Lokal manchmal Jazz- und Bluesabende, besondere Veranstaltungen finden an Mittsommer und Weihnachten statt.

➤ Södermalm ➤ [H 9]

Klockstapelsbacken 3; Tel. 6 42 99 00; Mai tgl. 11–20, Juni–Aug. 11–22 Uhr, Sept. 11–20, in den letzten zwei Wochen nur bis 16 Uhr. Im Spätherbst, Winter und Frühjahr nur an manchen Wochenenden zum Brunch geöffnet; U-Bahn Slussen, von dort eine Station mit dem Bus bis Londonviadukten (nahezu alle Linien) ••

Kaffekoppen

Die meisten Touristen landen auf ihrem Streifzug durch die Altstadt irgendwann vor dem Café Kaffekoppen, zu deutsch: die Kaffeetasse. Und nicht wenige bleiben dort für eine kleine Pause, denn das niedliche Lokal in dem schiefen alten Gebäude sieht einfach zu gemütlich aus. Auch viele Stockholmer können dem Charme des Cafés nicht widerstehen, weshalb es meist recht voll ist. Auf der Karte findet sich traditionelles Backwerk neben Sandwiches und kleineren Mahlzeiten. Sehenswert ist das Portal, durch das man die Gaststube betritt. Die mächtigen Verzierungen mit den beiden liegenden römischen Kriegern wurden im 17. Jahrhundert von einem deutschen Steinmetz geschaffen im Auftrag des königlichen Beamten Johan Eberhard von Schantz, der das Haus erbauen ließ. Das Café Chokladkoppen im Nachbarhaus wird vom gleichen Pächter wie das Kaffekoppen betrieben. Es ist ein

Wer im Café »Kaffekoppen« einmal Platz gefunden hat, wird ihn so schnell nicht wieder aufgeben.

beliebter Treff der Schwulenszene, steht aber freilich auch allen anderen Gästen offen.

➤ Gamla Stan, S. 175 [d 2] ➤ [E 8] **Stortorget 18–20; Tel. 20 31 70; tgl. 9–22, im Sommer 8–23 Uhr; U-Bahn Gamla Stan ••**

Lasse i Parken

Das kleine rote Holzhaus ist ein Stückchen Bullerbü mitten in der Großstadt. Im Pålsundspark auf Södermalm, gleich gegenüber der ehemaligen Gefängnisinsel Långholmen, liegt dieses Café etwas versteckt hinter Hecken und Bäumen. Besonders beliebt ist das Lokal im Sommer, wenn der Biergarten geöffnet hat. Im Winter wärmt ein gemütlicher Kachelofen die Gaststube. Das denkmalgeschützte Gebäude stammt aus dem 18. Jahrhundert, als man es für die Landwirtschaft nutzte. Aber schon 1740 war in den urigen Räumen für eine Weile einmal eine Wirtschaft untergebracht. Benannt ist »Lasse i Parken« nach dem Wirt, der das Café in den 1980er-Jahren gründete und zu dem machte, was es heute ist. Mittlerweile haben die Eigentümer allerdings gewechselt. Serviert werden solide Hausmannskost und selbst gebackener Kuchen.

➤ Södermalm ➤ [B 9] **Högalidsgatan 56; Tel. 6 58 33 95; im Sommer tgl. geöffnet, im Winter eingeschränkte Öffnungszeiten; U-Bahn Hornstull ••**

Muggen

Muggen ist ein zentraler Treffpunkt mitten an der belebten Götgatan und lockt mit seiner modernen Einrichtung und der internationalen Küche ein junges, trendbewusstes Publikum an. Das Lokal bietet leichte Kost, die ein wenig von italienischer Küche inspiriert ist. Lohnenswert ist auch ein Besuch der Kuchentheke, wo typisch schwedisches Backwerk wie etwa »morotskaka« – Karottenkuchen – angeboten wird.

➤ Södermalm ➤ [E 9] **Götgatan 25; Tel. 6 41 14 15; Mo–Do 11–23, Fr–So 11–22 Uhr; U-Bahn Slussen ••**

Rosendals Trädgårdscafé 2

(→ Der gute Tipp von MERIAN, S. 98)

Sturekatten

Das kleine Café ist in einem Haus aus dem 18. Jahrhundert untergebracht. Die Gründerin des Betriebs zog in den 1930er-Jahren dort ein. Die Einrichtung stammt zum Teil noch aus dieser Zeit, einige der Möbel brachte die Wirtin aus ihrer Privatwohnung in die Gaststube. Sturekatten hat eine eigene Bäckerei, als besondere Spezialität gilt der Apfelkuchen mit Vanillesoße.

➤ Östermalm ➤ [F 6] **Riddargatan 4; Tel. 6 11 16 12; Mo–Fr 8–20, Sa 9–19, So 9–18 Uhr, im Sommer an Wochenenden geschl.; U-Bahn Östermalmstorg ••**

String

Mitten im quirligen In-Viertel nördlich des Nytorget auf Södermalm gelegen, gehört dieses Café zu den bekanntesten Treffs der jüngeren Stockholmer. Ein Grund für die Popularität ist sicher die ausgefallene Einrichtung. Im String gleicht kein Stuhl und kein Tisch dem anderen. Es sieht so aus, als hätte sich

Weiter auf S. 100

ESSEN UND TRINKEN

2 GENUSS IM TREIBHAUS

Abgeschieden und doch stadtnah auf der Insel Djurgården liegt **Rosendals Trädgård** – Rosentals Garten. Die Anlage auf einem kleinen Hügel mitten im Djurgården-Park ist eine Pilgerstätte für Gartenfreunde – für alle anderen ist sie ein wunderschönes Ausflugsziel, denn neben Gewächshäusern und Beeten befindet sich dort auch eines der besten Cafés der Stadt. Das Areal hat eine lange Gartentradition, deren Wurzeln bis ins 18. Jahrhundert zurückreichen, als König Gustav III. das Farmland seinem Gouverneur de Besche schenkte, der dort zunächst eines der kleinen Bauernhäuser als Sommerfrische nutzte. Jean Baptiste Bernadotte, der Stammvater des amtierenden Königshauses, ließ 1919 in der Nähe ein Lustschloss errichten, zu dem auch eine Parkanlage gehörte. Eine erste Blütezeit folgte ab 1861, in diesem Jahr pachtete die Schwedische Gartenvereinigung das Gelände von der Königin Josefina. Die Vereinigung hatte das Ziel, die Gartenbaukunst in Schweden zu fördern, und Rosendals Trädgård wurde

WEGWEISER

Rosendals Trädgårdscafé

➤ Djurgården, S. 8/9, [e 3] ➤ [H/J 7]

Rosendalsterassen 12; Tel. 54 58 12 70; www.rosendalstradgard.se; Mai–Sept. Mo–Fr 11–17, Sa/So 11–18 Uhr, den Rest des Jahres Mo geschl. und von Di–So variierende Öffnungszeiten; mit der Buslinie 47 bis Endstation Waldemarsudde, von dort den Schildern folgen (10 Min. Fußmarsch) ••

zu einer Art Zentrum für diesen Zweck. Unter anderem befand sich hier eine Schule für Gärtner – etwa 700 wurden ausgebildet, bevor die Vereinigung ihren Betrieb im Djurgården 1911 einstellte. Die Parkverwaltung pflegte den Garten zwar weiter, allerdings in deutlich bescheidenerem Umfang. 1984 übernahm eine Stiftung die traditionsreiche Anlage. Heute gibt es dort wieder traditionelle Gartenkunst zu bewundern, ein Laden verkauft Setzlinge aller Art, Blumenzwiebeln und ökologisch angebautes Gemüse. Eines der Treibhäuser jedoch wurde in ein Café umgewandelt. Markenzeichen ist das Essen aus dem Eigenanbau. Im Sommer stammen viele der Zutaten aus den eigenen Beeten – der Gärtner liefert sie morgens bei der Küche ab. Im Sommer sind in der Anlage überall Tische aufgestellt, sodass sich auch bei Hochbetrieb meist noch ein Platz irgendwo im Grünen findet. Im Winter wird in den Gewächshäusern Platz für Gäste geschaffen. Neben frischen Salaten und Sandwiches bietet das Buffet auch eine breite Auswahl an selbst gebackenem Kuchen. Seit 1998 verfügt die Einrichtung sogar über eine eigene Bäckerei, für die extra ein großer Steinofen aus Ziegel errichtet wurde. Das 16 Tonnen schwere Back-Gerät wird täglich mit Holz angeheizt. Das Brot wird im Café serviert, wer nicht genug bekommt, der kann sich freilich auch einen Laib mitnehmen.

Gesundes aus dem Glashaus: Im »Rosendals Trädgårdscafé« ist alles öko und stammt aus eigenem Anbau.

der Wirt seine Möbel willkürlich auf dem Flohmarkt zusammengekauft. Der Clou: Wem ein Sessel, eine Lampe oder etwas anderes besonders gut gefällt, kann sich an der Bar nach dem Preis erkundigen und sich ein kleines Stück der gemütlichen Kaffeehausatmosphäre mitnehmen. Besonders reger Betrieb herrscht im String am Wochenende, wenn dort das beliebte Brunch-Buffet aufgetischt wird. Menschen aus der ganzen Stadt erholen sich hier vom Nachtleben und stärken sich für ihre Shopping-Streifzüge.

➤ Södermalm ➤ [F 9] **Nytorgsgatan 38; Tel. 7 14 85 14; Mo–Fr 9.30–21, Sa und So 10.30–19 Uhr; U-Bahn Medborgarplatsen •**

IMBISS

Östermalmsgrillen

Die Schweden sind verrückt nach Würsten, doch hier auf der Nybrogatan wird diese Leidenschaft auf die Spitze getrieben. An seinem Grill lädt Bruno zu einer kulinarischen Weltreise: Ungarische Kabanossi, tunesische Merguez, argentinische Chorizo, französische Hotdogs und deutsche Zwiebelwurst sind nur einige Beispiele aus dem scheinbar unerschöpflichen Sortiment. Die halbe Baguette mit Sauce und Sauerkraut gehört einfach dazu.

➤ Östermalm ➤ [E 6] **Nybrogatan 55, Tel. 7 82 95 79; Mo–Fr 11–21, Sa und So 11–18 Uhr; U-Bahn Östermalmstorg •**

KONDITOREIEN

Gunnarssons Specialkonditori

Der Traditionsbetrieb hat in den vergangenen Jahren bei internationalen Konditor-Wettbewerben eine ganze Reihe von Preisen für seine süßen Kreationen eingeheimst. Gunnarssons bietet alles von der Torte bis zum Zimtwecken aus eigener Herstellung und in hoher Qualität.

Berühmt für ausgefallene Törtchen und süße Kreationen: die Konditorei »Gunnarssons«

Im Gasthaus »Den Gyldene Freden« speist man am besten traditionell schwedisch.

Wer typisch-schwedische Leckereien wie etwa die »semla«, das traditionelle Gebäck zur Fastenzeit, testen möchte, der ist hier richtig. Im Sommer gibt es außerdem Tische im Freien und eigene Eisherstellung.

➤ Södermalm ➤ [E 10] **Götgatan 92; Tel. 6 41 91 11; Mo–Do 7–21.15, Fr 7–20, Sa 8–18, So 10–18 Uhr; U-Bahn Skanstull •••**

Vete-Katten

Die Konditorei in der Kungsgatan wurde schon 1928 von einer Juristin namens Ester Nordhammar gegründet. Seit Ende der 70er-Jahre betreibt die Familie Brolin das Traditionsgeschäft. Die Konditorei stellt neben Torten und allerlei Backwerk auch Eis und Pralinen selbst her. Im Sommer lädt der kühle Innenhof zum Verweilen ein.

➤ Norrmalm ➤ [D 6] **Kungsgatan 55; Tel. 20 84 05; Café Mo–Fr 7.30–20, Sa 9.30–17, So geschl., Mo–Fr 7.30–10 Uhr Frühstücksbuffet und 15–18 Uhr Afternoon-Tea; U-Bahn T-Centralen ••**

RESTAURANTS

Den Gyldene Freden

Traditionslokal in der Altstadt, das in seiner Ahnengalerie berühmte Stammgäste wie die Dichter Carl Michael Bellman und Evert Taube sowie seit 1922 den elitären Literatur-Kreis der »Schwedischen Akademie« führt. In den 20er-Jahren rettete der Maler Anders Zorn das Lokal vor dem Konkurs und ließ festschreiben, dass für alle Zeiten hier deftig schwedisch getafelt werde. Tatsächlich ist die Zeit scheinbar stehen geblieben. Umso größer ist der Andrang in die mit Kerzenleuchtern und Künstlerporträts geschmückten Gewölbe. Die Köche sind ambitioniert, ihre Kreationen werden aber nicht immer den Erwartungen an teure Gourmetspeisen gerecht. Am besten hält man sich an schwedische Standardgerichte wie »sill och strömming« (Heringsplatte), »köttbullar« (Fleischklöße vom Wild) und »pannstekt hjälmargös« (gebratener Zander), die auf allerhöchstem Niveau zubereitet werden.

➤ Gamla Stan, S. 175, [e 3] ➤ [E 8] **Österlånggatan 51; Tel. 24 97 60; www.gyldenefreden.se; Mitte Juni–Mitte Aug. Di–Sa 17–23, sonst Mo–Fr 11.30–14.30 und 17–23, Sa 13–23 Uhr; U-Bahn Gamla Stan •••**

F12 ✪3

(→ Der gute Tipp von MERIAN, S. 102)

ESSEN UND TRINKEN

3 KÜCHENREBELL MIT AMBITIONEN

Innovative Fusionsküche mit Stern: das »F12«

Wenn Melker Andersson am frühen Morgen in Laufschuhen aus seiner Villa im noblen Vorort Saltsjö-Duvnäs sprintet, fällt es schwer, mit ihm Schritt zu halten. Und es wird nicht besser, denn der temperamentvolle Küchenchef, der eine Sportlerkarriere gegen den Herd eintauschte, bleibt auch nach seiner Aufwärmrunde am Ufer des Skurusund in ständiger Bewegung. Am Vormittag mustert der baumlange Nordschwede - Kaffeebecher in der Hand - Druckfahnen und Prachtfotos für zwei seiner neuen Kochbücher. Dann zieht es ihn weiter, in eine jüngst in der Altstadt eröffnete Lokalität. Andersson ruft ein kurzes »tjenare!« –»Hallo!« - hinein in die Küche, langt mit dem Finger in eine Saucenmischung, erklimmt eine Leiter im Speisesaal, wechselt eine defekte Glühbirne aus. Die Ohrschnecke vom Handy piepst: Es geht um die jüngste Folge seiner Fernsehshow. Andersson reist darin durch seine schwedische Heimat, bewertet die lokale Schulspeisung – mitunter »schlechter als Tierfutter«, schimpft der Gour-

WEGWEISER 3

F12

➤ Norrmalm, S. 8/9, [d 3] ➤ [D 7]

Fredsgatan 12; Tel. 8 24 80 52; www.fredsgatan12.com; Mo–Fr 11.30–14, 17–1, Sa 17–1 Uhr; U-Bahn T-Centralen •••

met. Schlagzeilen sind ihm gewiss, so wie im Frühjahr 2008, als er mit theatralischer Geste den durch Überfischung bedrohten, aber in Schweden überaus populären Ostseedorsch aus der Menükarte strich. Ob deftige Burger vom Holzkohlegrill oder ambitionierte französische Küche in pompöser Kulisse mit Plüschsofas, Blattgold und rotem Samt: Andersson ist der ewige Pionier seiner Profession, ein fast schon besessener Erneuerer mit feinem Gespür für Trends, Formen und Milieus. Flaggschiff seines schnell wachsenden Imperiums ist das 1995 eröffnete **Restaurant F12** im ehrwürdigen Gebäude der Königlichen Kunstakademie, benannt nach der Postadresse in der Fredsgatan, die quer durch das Regierungsviertel verläuft. Geschäftsleute in Anzug und Krawatte, gut betuchte Regierungsangestellte und die Politprominenz aus den umliegenden Abgeordnetenbüros des Reichstages zählen zu den Stammgästen. Das minimalistische Design des Speisesaals mit seinen transparenten Lampen und beige-grünen Farbtönen vermittelt einen Eindruck von smartem Luxus. Doch zugleich ist die Atmosphäre für einen Gourmettempel erfreulich entspannt und unprätentiös. Küchenchef Danyel Couet ist ein verspielter Kochkünstler, der sein Handwerk perfekt beherrscht, sich bei aller Raffinesse aber auch den Sinn für Humor bewahrt hat. In seiner mit einem Michelin-Stern belohnten Fusionsküche verschmelzen europäische und asiatische Aromen, Tradition und Innovation. Da ruht der Bretagne-Hummer auf einem Fels aus Eisenkraut und gegrilltem Chili. Zum Steinbutt gesellen sich Seeigel und Petersilie, zum Hofhuhn knuspriges Trüffel-Popcorn und Curry. Nicht minder exotisch sind die Mixturen an der Bar. An Sommerabenden verwandeln sich die Terrassen vor dem pompösen neoklassizistischen Eingangsportal in einen Nachtclub unter freiem Himmel, mit vielen Künstlern und der Elite schwedischer und internationaler DJs. Für das kosmopolitische, musikinteressierte Publikum wird jede Nacht ein anderes Programm geboten. Doch zum Tanzen steht dem Gastgeber Melker Andersson gewöhnlich nicht der Sinn. Für solch unproduktives Vergnügen bleibt dem rastlosen Visionär einfach keine Zeit.

Rechte Hand des Meisters Andersson:
Küchenchef Danyel Couet

Wedholms Fisk

In diesem Traditionshaus an Nybroviken werden Seezunge, Steinbutt und Lachs mit Präzision und Feingespür für die Aromen zubereitet. Zu Fisch und Schalentieren gesellen sich Zuckererbsen, Kartoffeln oder Spargel. Auf exotische Beilagen, fragwürdige Saucen und andere Eskapaden der Fusion-Küche wird bewusst verzichtet. Im klassischen Speisesaal mit seinen weißen Tischtüchern tafeln mit Vorliebe gut betuchte Feinschmecker aus der Stockholmer Finanzwelt. Die Bedienung ist ungewöhnlich aufmerksam, freundlich und sachkundig.

➤ Normalm ➤ [E 7] **Nybrokajen 17; Tel. 6 11 78 74; www.wedholmsfisk.se; Juli Mo–Sa 17–23, sonst Mo 11.30–14 und 18–23, Di–Fr 11.30–23, Sa 17–23 Uhr, So geschl.; U-Bahn Kungsträdgården •••**

Café Piastowska

Eine steile Treppe führt hinab in das höhlenartige Kellergewölbe dieses polnischen Lokals in der Vasastaden, Zufluchtsort für verkannte Dichter, Liebespaare und andere romantische Naturen. Chopins Klaviermusik tönt aus dem Halbdunkel, Kerzen flackern auf der mit giftgrünem Tischtuch bedeckten Holztafel. Überdies befördern alte Schiffsmodelle, vergilbte Fotos aus dem Familienalbum, Kasperlfiguren, Trockenblumen und allerhand Kuriosa in einem heillosen Durcheinander den nostalgischen Gesamteindruck. Ungefragt tischt die Bedienung dampfende Suppe aus Kartoffeln oder Roter Beete auf. Dieser traditionellen Eröffnung folgen rustikale Klassiker wie Schnitzel mit Sauerkraut. Auch das Bier fließt in Strömen. Mitunter schwingt sich jemand zu einer spontanen Gesangsdarbietung auf.

➤ Norrmalm ➤ [D 5] **Tegnergatan 5; Tel. 21 25 08; Mo–Sa 18–23 Uhr, So geschl.; U-Bahn Rådmansgatan ••**

Operakällarens

Das intime Lokal, zu dem ein exklusives Restaurant von Sternekoch Stefano Catenacci gehört (→ Spezial, S. 111), wird gerne von den Musikern und Diven der Königlichen Oper besucht. In lebhafter, geselliger und gepflegter Atmosphäre kommt abwechslungsreiche Hausmannskost mit internationalem Pfiff auf den Tisch. Ideal auch für den kleinen Hunger und für Alleinreisende.

➤ Norrmalm ➤ [E 7] **Opernhaus, Karl XII:s Torg; Tel. 6 76 58 00; www.operakallaren.se; Mo–Fr 11.30–23, Sa 12–22 Uhr, So geschl.; U-Bahn Kungsträdgården ••**

Herrenclub-Atmosphäre in »Operabaren«, ein Separé im »Operakällarens«

Thaiboat ④
(→ Der gute Tipp von MERIAN, S. 106)

Tennstopet ⑤
(→ Der gute Tipp von MERIAN, S. 108)

Zum Franziskaner
Angeblich das älteste Restaurant der Stadt am Ufer des Strömmen. Zwischen holzgetäfelten Wänden und einer beeindruckenden Sammlung von alten Bierkrüge werden ambitionierte Wild- und Fischgerichte sowie Klassiker aus Schweden wie »pytt i panna« (Hackfleisch mit Spiegelei und Roter Beete) serviert. Für das deutsche Erbe stehen Wiener Schnitzel und Bratwurst mit Sauerkraut. Gesellige Atmosphäre. Lobenswert: das kühle, naturtrübe Franziskaner Weißbier vom Fass.

➤ Gamla Stan, S. 175, [f 3] ➤ [E 8]
Skeppsbron 44; Tel. 4 11 83 30; www.zumfranziskaner.se; Mo–Fr 11–1, Sa 12–1 Uhr; U-Bahn Gamla Stan ••

VEGETARISCH

Lao Wai
Tofu-, Soja- und Reisgerichte mit authentischen Zutaten und nach chinesischer Rezeptur sind die Spezialität dieses puristischen Restaurants. Bei Lao Wei werden die Speisen frisch zubereitet, und in den Wok gelangen nur handverlesene, einwandfreie Bioprodukte. Ausgewählte Teesorten aus Japan, China und Taiwan. Spannend: der italienische Cappuccino mit Sojamilch.

➤ Norrmalm ➤ [D 5] **Luntmakarg 74; Tel. 6 73 78 00; www.laowai.se; Mo–Fr 11–14, Di–Sa 17.30–22 Uhr; U-Bahn Rådmansgatan ••**

Alles, außer gewöhnlich: das klassisch eingerichtete »Wedholms Fisk«

ESSEN UND TRINKEN

4 SPEISEN MIT DEN ZEHEN IM SAND

In dunklen Wintermonaten suchen die Schweden in Thailand Zuflucht. An den azurblauen Stränden der Andamanen See kann das Nordvolk wunderbar entspannen und die frostige Heimat ein paar glückselige Wochen lang vergessen. Kein Wunder folglich, dass geschäftstüchtige Asiaten ihrerseits zur Globalisierung beitragen. In Stockholm gibt es inzwischen eine Vielzahl von Thai-Restaurants, wovon einige mit Simulationen wie plätscherndem Tropenregen und exotischen Tierlauten vom Tonband aufwarten.

Doch nirgendwo ist die Szenerie so vollkommen wie auf dem **Thaiboat**, das am Kai vor dem neuen Yuppie-Stadtteil Hammarby-Sjöstad liegt. Das dickbauchige Wikingerschiff ist mit hölzernen Tischen und Bänken unter einem Pagodendach, muffigen Bastmatten und bunten Lichtern dekoriert. Daneben schwimmt ein Ponton mit perfekt nachgeahmter Urlaubsszenerie, komplett mit Liegestühlen, Palmen und einem Meeresstrand im Miniaturformat. Hier kann man an lauen Sommertagen seine Zehen in den Sand bohren, einen Mai Thai in der Hand, die Sonnenbrille auf der Nase, das glitzernde Wasser vor Augen.

Thaipop quäkt aus den Lautsprechern. Das Taxiboot braust mit neuer Kundschaft heran. Fröhlich schwatzende Kinder, langbeinige Blondinen und bleiche Sonnyboys im Seglerhemd entsteigen dem Gefährt. Unterdessen zaubern unten im Schiffsbauch aus Thailand eingeflogene Spitzenköche authentische Gerichte, die einem den Schweiß auf die Stirn treiben. Die bisweilen sichtlich überforderte aber durchaus hilfsbereite und stets lächelnde Bedienung serviert Klassiker der Thaiküche wie »gaeng phed moo« (Schweinefilet in rotem Curry, mit Kokosmilch, Auberginen und Thaibasilikum) oder »tom yam« (sauerscharfe Suppe mit Riesengarnelen).

Die Weinkarte ist der Rede nicht wert, besser löscht das Importbier Singha den Durst. Das Thaiboat besticht mit erstaunlich moderaten Preisen, von den überteuerten Vorspeisen einmal abgesehen. Zur fortgeschrittenen

WEGWEISER 4

Thaiboat

➤ Södermalm, S. 8/9, [d 4] ➤ [F 11]

Kajplats 300 (am Ende der Östgötagatan); Tel. 4 62 94 83; www.thaiboat.se; Mo–Fr 17–1 (Juni–Aug. 11–1), Sa und So 13–1 Uhr; U-Bahn Skanstull ••

AUTORENTIPP

Für kleinere Gruppen empfiehlt sich die Anreise mit dem Taxiboot. Stockholm Water Taxis; www.waonwa.se; Tel. 0 73-20 39 000 (120 Kronen/Person, Mindestpreis: 480 Kronen)

Strandatmosphäre am »Thaiboat«: bei coolen Drinks und exotischer Küche

Stunde füllt sich die Szene. Unter dem Palmendach herrscht nun drangvolle Enge. Mitunter muss man über eine schlecht platzierte Buddha-Statue steigen, um auf die Toilette zu gelangen. Sonntags ist die beste Gelegenheit zum Sehen und Gesehenwerden. Dann gibt es Afterbeach mit Livemusik am »Strand«.

ESSEN UND TRINKEN

5 DELIKATESSEN MIT SCHEREN

Wer im Spätsommer nach Stockholm kommt, der wird den feuerroten Flusskrebsen kaum entgehen. Sie zieren Schaufensterdekorationen, Restaurants und die Auslage in den Supermarkttheken. Man findet sie in jedem Kühlregal, an Buffets und natürlich oft auf dem Teller. »Kräftor«, wie die Flusskrebse auf Schwedisch heißen, sind eine typische Delikatesse. Ihr Geschmack erinnert ein wenig an Krabbe, ihr Aussehen an einen zu klein geratenen Hummer. Flusskrebse sind Süßwassertiere, und früher fischten die Schweden sie in großen Mengen aus ihren heimischen Gewässern. Die im 20. Jahrhundert aus den USA eingeschleppte Krebspest dezimierte die Bestände jedoch drastisch. Heute werden große Mengen der Schalentiere aus Kanada, der Türkei und China importiert.

Der Verzehr wird nach einer ausgefeilten Tradition zelebriert, die sich freilich je nach Festgesellschaft etwas unterscheiden kann. Zum Krebsessen trifft man sich mit der Familie zu Hause, aber auch mit den Arbeitskollegen oder Freunden im Restaurant. Zur klassischen »Kräftskiva« – dem Krebsfest – gehören meist Luftschlangen, kegelförmige Papphüte und ein Liederheft mit speziellen Krebs- und Schnapsweisen. Und natürlich gehört zum Schalentier auch Aquavit. Schweden erzählen gerne, dass es in alten Zeiten Brauch war, einen Schnaps pro Schere zu leeren. Dieses Ritual ist nicht mehr in Mode, aber auch heute noch gilt der Spruch: »Der Krebs will schwimmen.«

WEGWEISER 5

Tennstopet

➤ Vasastaden, S. 8/9, [c 3] ➤ [B/C 5]

Dalagatan 50; Tel. 32 25 18; Mo–Fr 16–1, an Wochenenden 13–1 Uhr; U-Bahn Odenplan ••

Flusskrebse und das entsprechende Zubehör werden im August in der ganzen Stadt in Restaurants angeboten. Einer der besten Plätze, um typisch schwedische Delikatesse zu kosten, ist **Tennstopet** in der Dalagatan. Die traditionsreiche Wirtschaft serviert das ganze Jahr über solide Hausmannskost in einem gutbürgerlichen Ambiente. Das Lokal kann auf eine über 100-jährige Geschichte zurückblicken. Unter anderem nimmt die Einrichtung für sich in Anspruch, in den 1950er-Jahren als erstes Lokal der Stadt das Dart-Spiel aus England importiert zu haben.

Angesichts der riesigen Teeauswahl ist man für freundliche Beratung dankbar.

Hermans

Hier schlemmen umweltbewegte Studenten, Familien mit Kindern und treue Stammgäste aus aller Welt. Das kleine Restaurant auf dem Felsen von Södermalm bietet bei moderaten Preisen eine hübsche Aussicht von der Sonnenterrasse. Das kosmopolitische Buffet, das Gaumenfreuden wie französische Ratatouille, mexikanischen Chili-Topf, Auberginen-Auflauf aus Nahost und Curry vereint, lässt keine Wünsche offen. Breite Auswahl gibt es auch unter den selbst gebackenen Kuchen.

➤ Södermalm ➤ [F 9] **Fjällgatan 23; Tel. 6 43 94 80; www.hermans.gastrogate.com; Mo–Fr 11–15 und 11–23, Sa–So 11–23 Uhr; U-Bahn Slussen •**

TEEHÄUSER

Chaikhana

Ein Angebot mit weit mehr als 200 Teesorten und eine gediegene Einrichtung im Kolonialstil sind die Markenzeichen des kleinen Salons in der Altstadt. Wem angesichts der Vielfalt die Wahl schwerfällt, der bekommt Hilfe vom fachkundigen Personal. Zum Tee serviert man hier französische Bistro-Gerichte, Salate oder Kuchen und Gebäck aus einer Stockholmer Konditorei.

➤ Gamla Stan, S. 175, [e 3] ➤ [E 8] **Svartmangatan 23; Tel. 24 45 00; www.chaikhana.se; Mo–Fr 11–19, Sa–So 12–18 Uhr; U-Bahn Gamla Stan •••**

PERLEN DER KOCHKUNST

Wo die Stockholmer Hautevolee Austern schlürft und postmoderne Gourmetküche genießt, ist man in bester Gesellschaft.

Einfaltslose Bauernkost und müde Plagiate gehören in schwedischen Restaurants längst der Vergangenheit an. Stockholmer Köche wurden in den letzten Jahren vielfach für ihre verspielt innovativen Kreationen prämiert. Auch bei internationalen Wettbewerben legen die Küchenmeister gerne mal einen Spurt ein. Nirgendwo in Skandinavien werden zurzeit so viele Sterne vergeben wie in der Metropole am Mälarsee. Das mitunter aberwitzige Preisniveau hat kaum Einfluss auf den Andrang. Frühzeitiges Reservieren ist deshalb ratsam. Den Herren seien zudem edler Zwirn und Krawatte empfohlen - und natürlich kleidet sich hier auch die Dame gerne passend schick.

Vorzeigelokale mit Kultstatus

Am edelsten residiert **Mathias Dahlgren**. Der erste Schwede, der den prestigevollen Titel der Kocholympiade Bocuse d´Or gewonnen hat, bittet in seinem gleichnamigen Restaurant im Grandhôtel (ein Michelin-Stern) zu Tisch. Seine anspruchsvolle europäische Küche richtet sich an Gourmets mit dickem Geldbeutel. Die Herzen der feinsinnigen Kritiker von der schwedischen Restaurant-Bibel White Guide eroberte der Kochkünstler im Sturm. Im kühlen Dekor von Ilse Crawford bietet sein im Mai 2007 eröffneter Treffpunkt der Reichen und Schönen stilvollen Luxus auf höchstem Niveau. Auf der Abendkarte stehen Kombinationen wie Beefsteak mit Austern und Räucherlachs an Ingwer. Die Muscheln kommen aus New Bedford, die Schokolade aus Bolivien. Kaum weniger raffiniert, aber deutlich günstiger sind die Gerichte, die mit einem Glas Champagner an der Bar serviert werden.

Zu den Vorreitern der neuen nordischen Küche gehört auch Gustav Ottenberg. Der jugendliche Maestro dirigiert das Küchen-Orchester des **Lejontornet** in der Altstadt und wurde für seine kulinarischen Kompositionen 2007 erstmals mit einem Michelin-Stern ausgezeichnet. In seinen Kochtöpfen landen nur erstklassige Rohstoffe aus biologischem Anbau. Ente und Lamm werden von

Alles erste Klasse: Bei Gustav Ottenberg vom »Lejontornet« erfreuen den Gaumen nur beste Zutaten - und das Auge isst mit.

örtlichen Bauern bezogen, Pilze und Beeren sammelt der Küchenchef persönlich im Wald. Aufgetischt wird in den dezent beleuchteten Kellergewölben eines mittelalterlichen Wehrturms.

Was gut ist für den König

Opulente Pracht und beeindruckender Prunk hingegen erwarten die Gäste des **Operakällaren** mit seinen üppigen Wandgemälden, vergoldeten Eichenholztäfelungen und gewaltigen Kronleuchtern. Als offizieller Hoflieferant darf das Edelrestaurant im Gebäude der Königlichen Oper den Monarchen zu seinen Stammgästen zählen. Sternekoch Stefano Catenacci serviert ausgefallene Gerichte, wie zum Beispiel Seezunge mit Bouillabaisse von Passionsfrüchten oder Rehsattel an Trompetenpilz. Im weitläufigen Kellergewölbe lagern 1350 außergewöhnliche Spitzenweine aus aller Welt, darunter ein Romanée-Conti 2005, der für gut 6000 Euro die Flasche auf den Tisch kommt.

Vergleichbar günstig schlägt da ein Besuch im **Pontus**! zu Buche. Die jüngste Schöpfung des Gourmetkochs Pontus Frithiof in der Altstadt lockt mit aufregendem Design und postmoderner asiatisch-europäischer Küche. Kleinere, originelle Gaumenfreuden wie Austern, Sushi und Dim Sum gönnt man sich mit einem Glas Champagner an der Bar. Ein besonderer Augenschmaus ist der farbenfrohe Speisesaal, der sich über drei Etagen entfaltet. Wallende Vorhänge, lederne Sofas und eine mächtige Bücherwand als Tapete steigern das Schlemmererlebnis. Wer in Frieden tafeln will, zieht sich an die kreisrunden Tische des Separée zurück, mit unerhofften Einblicken in den wohlgepflegten Weinkeller. Küchenchef Andreas Hedlund setzt auf fangfrischen Fisch und Wildgerichte

der Saison. Seine Gemüse-Kreationen verwandeln schnöde Beilagen in meisterlich vollendete Kunstwerke. Die Portionen lassen sich in drei Stufen an Magen und Geldbeutel anpassen. Auch ein Mittagstisch wird gedeckt.

Aufsteigende Sterne

Auch nach dem Abgang des legendären Gourmetkochs Christer Lingström lohnt sich der Abstecher zum **Edsbacka Krog** jenseits der nördlichen Stadtgrenze, noch immer das einzige Restaurant des Landes mit zwei Sternen in der Gastronomie-Bibel Guide Michelin. Der an der Bucht von Edsviken gelegene Gourmettempel mit hübschen Räumlichkeiten in einem schneeweißen Holzhaus aus dem Jahre 1626 verwöhnt mit erstklassiger Bedienung und einem gut gepflegten Weinsortiment. Aufgetischt werden schwedische und französische Köstlichkeiten wie gotländisches Milchlamm mit Möhren und Trüffeln oder Steinbuttfilet mit Morcheln und Zuckererbsen. Der als Kronprinz auserkorene Küchenchef Fredrik Pettersson müht sich, das stolze Erbe fortzuführen.

Zu einem kulinarischen Walhall hat sich auch der **Oaxen Skärgårdskrog** auf der gleichnamigen Insel im Schärenarchipel gemausert. Feinschmecker aus aller Welt nehmen die mehrstündige Anreise zur rund 70 Kilometer vor Stockholm gelegenen Insel in Kauf, um einen Abend lang im lukullischen Paradies zu schwelgen. Auf der Sonnenterrasse ihres preisgekrönten kulinarischen Laboratoriums servieren Magnus Ek und Agneta Green raffinierte Kombinationen wie auf Sandelholz geräucherten Steinbutt mit Steinkrabben und Trüffeln in einem Gelee aus Jasmintee. Oder wie wäre es mit konfiertem Schweinskopf mit Apfelterrine und einem Püree aus Sellerie, Gewürzzwiebeln und Kaviar? Die malerisch dekorierten, wenn auch auf den ersten Blick rätselhaft anmuten-

Geliebte und gelobte Herrscher des Herds: (links) Gustav Ottenberg vom »Lejontornet« und Stefano Catanacci vom »Operakällaren«

den Speisen zünden bei jedem Biss ein Feuerwerk der Aromen. Salat und Kräuter zieht das kongeniale Wirtspaar im eigenen Garten, die erlesenen Weine stammen von überwiegend französischen Gütern mit biologischem Anbau. Dem Aufwand entsprechend ist das Fünf-Gänge-Menü mit Weinpaket nicht unter 400 Euro zu haben. Auch die Übernachtung an Bord des Hotelschiffs M/S Florence, das in einer Bucht unterhalb des Anwesens dümpelt, ist möglich.

Die Adressen im Überblick:

Edsbacka Krog
Sollentuna vägen 220 (Sollentuna); Tel. 96 33 00; www.edsbackakrog.se; Mo–Sa 17.30–24 Uhr, Juli geschl. ••••

Lejontornet
Lilla Nygatan 5; Tel. 50 64 00 82; www.lejontornet.se; Mo–Fr 11.30–13.30 und 18–22, Sa 18–22 Uhr, Mitte Juni–Mitte Aug. geschl.; U-Bahn Gamla Stan •••

Mathias Dahlgren
Grand Hôtel Stockholm, Södra Blasieholmshamnen 6; Tel. 6 79 35 84; www.mathiasdahlgren.com; Mo–Fr 12–14, Mo–Sa 19–24 Uhr; U-Bahn Kungsträdgården ••••

Oaxen Skärgårdskrog
Schäreninsel Oaxen; Tel. 55 15 31 05; www.oaxenkrog.se; 30. April–31. Mai Sa 12.30–16.30 und Mi–So 17.30–20, 1. Juni–31. Aug. Sa–So 12.30–16.30, Di–So 17.30–20, 1. Sept.–30. Sept. Mi–Sa 17.30–20 (letzte Bestellung), 1. Okt.–31. Okt. Mi–Sa 17.30–20 Uhr (letzte Bestellung) ••••

Operakällaren
Opernhaus, Karl XII:s Torg, Tel. 6 76 58 00; www.operakallaren.se; Di–Sa 18–22 Uhr, Juli geschl.; U-Bahn Kungsträdgården ••••

Pontus!
Brunnsgatan 1; Tel. 54 52 73 00; www.pontusfrithiof.com; Mo–Fr 11.30–14, Mo 17–24, Di–Mi 17–1, Do 17–2, Fr 16–2, Sa 17–2 Uhr, So geschl.; U-Bahn-Gamla Stan •••

Am besten man vergisst den Geldbeutel! Was im »Asplund« an origineller Einrichtung und Zubehör angeboten wird, ist so verführerisch wie exklusiv - pure Wohnlust in klarem Stil.

MADE IN SWEDEN

An Designerläden, Hoflieferanten oder Kaufhäusern mangelt es der Stadt nicht. Manche Marke wurde zum Inbegriff schwedischer Kreativität, einige Lables sogar Kult. Und immer im Trend ist secondhand.

Filippa K, H&M, Ikea – Schweden ist im Ausland für seine großen Handelsketten bekannt. Auch in Stockholm findet man die natürlich an jeder Ecke. Aber jenseits der Massenware gibt es auch eine Menge kleiner Läden sowie (noch) unbekannte Marken zu entdecken. Besonders Liebhaber von Wohndesign und Mode werden begeistert sein. Es gibt drei wichtige Einkaufsgebiete in der Stadt: die Drottninggatan und deren Parallelstraßen in der City – dort findet sich eine große Auswahl an bekannten Ladenketten, die es mit dem Angebot in jeder anderen europäischen Innenstadt aufnehmen kann. Die exklusivsten Boutiquen finden sich dagegen im Stadtteil Östermalm, in der Gegend rund um Stureplan und Birger Jarlsgatan. In den vergangenen Jahren hat sich außerdem das ehemalige Arbeiterviertel Södermalm zu einem trendigen Shopping-Gebiet gemausert. Als Einkaufsmeile etabliert ist hier vor allem das nördliche Ende der Götgatan, wo sich mittlerweile auch bekannte Marken niedergelassen haben. Echte Geheimtipps finden sich eher südöstlich, im Gebiet zwischen Folkungagatan und Nytorget. Wer nach typisch-schwedischen Mitbringseln und Handarbeiten sucht, der sollte auf jeden Fall die Västerlånggatan in der Altstadt besuchen, hier gibt es tatsächlich noch interessante und ungewöhnliche Souvenirs zu entdecken.

DESIGN

Asplund

Der exklusive Laden bietet eine Auswahl an Möbeln und anderem Einrichtungszubehör. Es gibt eine eigene Kollektion, außerdem führt Asplund auch internationale Designer in seinem Sortiment. Für seine schlichten Entwürfe mit oftmals überraschenden Details ist die Marke mittlerweile auch international bekannt. Im Stockholmer Laden gibt es neben einem breiten Angebot auch Einrichtungsberatung, auf Wunsch wird sogar ein Kontakt zum Innenarchitekten hergestellt.

➤ Östermalm ➤ [E 6] **Sibyllegatan 31; Tel. 6 62 52 84; www.asplund.org; Mo–Fr 11–18, Sa 11–16 Uhr**

Designtorget

Die Grundidee war, eine schwer vermietbare Ladenfläche unter Kulturhuset am Sergels Torg zu einer Art Marktplatz zu verwandeln, auf dem Designer ihre Schöpfungen anbieten können. Das Konzept war ein Erfolg: Heute ist Designtorget eine Ladenkette mit mehr als einem Dutzend Filialen in Schweden und Norwegen. Erkennungszeichen ist immer noch ein bunt durcheinander gewürfeltes, oft wechselndes Sortiment. Hier gibt es alles, vom hypermodernen Picknickkorb bis zum Tablett mit aufgedruckter Netzkarte der Stockholmer U-Bahn.

➤ Norrmalm ➤ [D 6] **Sergelgången 29;**

www.designtorget.se; Mo–Fr 10–19, Sa 10–18, So 11–17 Uhr; U-Bahn T-Centralen; weitere Filialen unter anderem auf Östermalm (Nybrogatan) und Södermalm (Götgatan)

Funktion mit Witz: Die Zitronensaftpresse aus Designerhand gibt's im »Designtorget«.

EINKAUFSPASSAGEN

Gallerian

Direkt neben dem Kulturhaus am Sergels Torg befindet sich auch für den Kommerz ein großes Gebäude. Gallerian – die Gallerie – ist eine der populärsten Shopping-Malls der Stadt. Auf zwei Stockwerken reihen sich dort Geschäfte aneinander, deren Schaufenster eine bunte Mischung aus Technik, Mode, Spielzeug und Unterhaltung zeigen. Die Mitte der Passage bildet eine glasüberdachte Halle mit mehreren Café-Bars. Gallerian ist von der U-Bahnstation T-Centralen aus durch einen überdachten Gang zu erreichen, sodass die Einkaufspassage bei schlechtem Wetter eine trockene Alternative zum Schaufensterbummel durch die Innenstadt ist.

➤ Norrmalm ➤ [D/E 6] **Hamngatan 37; Mo–Fr 10–19, Sa 10–18, So 11–17 Uhr; U-Bahn T-Centralen**

Sturegalerian

Direkt am Stureplan hinter einer klassischen Fassade verbirgt sich die Einkaufspassage Sturegallerian. Besucher finden dort eine exklusive Auswahl an Modeboutiquen. Neben internationalen Marken gibt es auch Spezialgeschäfte, etwa für Krawatten oder Handtaschen. Etwas skurril aber sehenswert: das Perlengeschäft »Pärlshopen«. Dort werden Perlen in allen Farben feilgeboten. Wer will, kann sich Schmuck nach seinen eigenen Wünschen anfertigen lassen.

➤ Östermalm ➤ [E 6] **Stureplan; Tel. 4 53 50 67; Mo–Fr 10–19, Sa 10–18, So 12–17 Uhr; U-Bahn Östermalmstorg**

HANDWERK

Handcraft Swea

Wer von seinem Stockholm-Urlaub ein paar klassische schwedische Handwerksarbeiten mitbringen möchte, der sollte sich in der Västerlånggatan in der Altstadt umsehen. Dort gibt es eine große Auswahl an Läden, die einfache Souvenirs und aufwendige Qualitätsarbeit in allen Preisklassen anbieten. Handcraft Swea bietet eine schöne Mischung aus Holz, Textilien, Schmiedearbeiten. Klassische Mitbringsel aus Schweden sind zum Beispiel hölzerne Buttermesser, die berühmten Käsehobel sowie Knäckebrotständer zum Stapeln des runden Nationalgebäcks. Beliebt sind auch die Holzpferde aus Dalarna. Die gängigste Version ist rot, aber mittlerweile gibt es eine Menge anderer Spielarten.

➤ Gamla Stan, S. 175, [d 2] ➤ [E 8]
Västerlånggatan 24; Tel. 20 06 36; U-Bahn Gamla Stan

Iris Hantverk

Seit über 100 Jahren eine bekannte Adresse in der Stadt. Die Produkte werden in einer Blindenwerkstatt gemäß alter schwedischer Tradition hergestellt. Gegründet wurde der Betrieb am Ende des 19. Jahrhunderts von der Vereinigung der Sehbehinderten. Bekannt ist Iris vor allem für die handgefertigten Bürsten, die dort in allen erdenklichen Formen zu finden sind, von der Klobürste bis zum Staubwedel.

➤ Norrmalm ➤ [D 6] **Kungsgatan 55; Tel. 21 47 26; www.iris.se/hantverk; U-Bahn Hötorget; eine weitere Filiale in der Altstadt; Västerlånggatan 24; Tel. 6 98 09 73**

Orrefors Kosta Boda

Die Marken Orrefors und Kosta Boda stehen für international bekannte Glaskunst und außergewöhnliches Design. Die traditionsreichen Hütten gehören mittlerweile zu einem gemeinsamen Unternehmen. Kosta wurde in der Provinz Småland im Jahr 1742 gegründet und ist damit die älteste Glashütte Schwedens. Die Produktion umfasst heute witzige wie praktische

Die Bürsten, die Sehbehinderte herstellen, haben bei »Iris Hantverk« Tradition.

Gebrauchsgegenstände ebenso wie hochwertige Kunstobjekte in limitierter Auflage. Selbst die Kosmetikindustrie bezieht hier Flacons und Flaschen. Die Hütten beschäftigen ganze Teams von namhaften Designern, die jeden Herbst und jedes Frühjahr ihre neuen Kollektionen präsentieren. Neben dem unternehmenseigenen Laden finden sich Orrefors- und Kosta-Boda-Produkte auch in zahlreichen anderen Geschäften.

➤ Östermalm ➤ [E 6] **Birger Jarlsgatan 15; Tel. 6 11 21 20; U-Bahn Östermalmstorg**

KAUFHÄUSER

Åhléns

Åhléns ist eine altbekannte Kaufhauskette, die in den 60er-Jahren aus einem Postversand hervorgegangen ist. Sie findet sich heute in fast jeder schwedischen Stadt. Eines ihrer mit Abstand größten Kaufhäuser betreibt die Firma in der Stockholmer Drottninggatan gleich am Sergels Torg. Bekant ist es unter anderem für seine große Musikabteilung im Untergeschoss, in der sich zu fast jeder Laune und für fast jeden Geschmack die passende CD finden lässt.

➤ Norrmalm ➤ [D 7] **Klarabergsgatan 50; Tel. 6 76 60 00; www.ahlens.se; Mo–Fr 10–20, Sa 10–19, So 11–18 Uhr; U-Bahn T-Centralen**

Ikea Kungens Kurva

In keinem Land der Welt gibt es heute mehr Ikea-Warenhäuser als in Deutschland. Aber das größte der berühmten Einrichtungsgeschäfte befindet sich nach wie vor in der schwedischen Heimat bei Stockholm, im Vorort Skärholmen. Der vierstöckige Möbelpalast steht genau an der Stelle, wo 1965 mit der Eröffnung des ersten Stockholmer Ikea-Warenhauses der Siegeszug des Unternehmens begann, das zuvor eigentlich nur ein Postversandhandel mit Sitz in der südschwedischen Provinz war. Rund um den Möbelhändler hat sich mittlerweile eine Vielzahl von Großmärkten und Einkaufszentren angesiedelt, zusammen zählen sie jährlich 15 Millionen Besucher. Das Gewerbege-

Auch am Sonntag geöffnet: die Läden der Kaufhauskette »Åhléns«

Im »NK« schlägt das Herz der Stockholmer Einkaufswelt.

biet heißt Kungens Kurva – Kurve des Königs. Den Namen bekam die Gegend nach einem Verkehrsunfall 1946. König Gustav V war damals mit seinem Cadillac etwas zu schnell über die Schnellstraße E4 gefahren und an dieser Stelle von der Straße abgekommen und in den Graben geschlittert.

➤ Skärholmen, S. 8/9, [a 5] ➤ westl. [C 12]

Ekgårdsvägen 1; Tel. 0 20-43 90 50; Mo–Fr 10–20, am Wochenende 10–18 Uhr; zu Ikea fährt alle halbe Stunde ein Gratisbus von der Regeringsgatan 17, nahe der U-Bahn Kungsträdgården

NK 1

Wenn das Kaufhaus »Nordiska Kompaniet« - kurz NK genannt - zur Adventszeit seine Schaufenster in der Hamngatan enthüllt, dann ist Stau auf dem Gehsteig. Das hat Tradition, denn das bekannteste Kaufhaus der Stadt kann auf eine lange Geschichte zurückblicken. Das Gebäude im Stadtzentrum öffnete 1915 seine Pforten. Im Unterschied zu damals wird heute allerdings kaum noch eigene Ware verkauft, im Sortiment finden sich hauptsächlich international bekannte Marken – aber auch der eine oder andere Stockholmer Designer bietet hier seine Kreationen an. Insgesamt richtet sich das Angebot an ein Publikum mit etwas gehobenem Geschmack, Schnäppchenpreise gibt es bei NK eher selten. Die Buchabteilung im obersten der insgesamt fünf Stockwerke zählt zu den am besten sortierten der ganzen Stadt, sie bietet auch eine umfangreiche Auswahl an fremdsprachiger Literatur. Wer nach einem Einkaufbummel Lust auf etwas Süßes hat, sollte unbedingt die Konditorei im Untergeschoss mit ihrer verführerischen Auswahl hausgemachter Pralinen besuchen.

➤ Norrmalm, S. 8/9, [d 3] ➤ [D/E 6]

Hamngatan 18–20; Tel. 7 62 80 00; www.nk.se; Mo–Fr. 10–19, Sa 10–18, So 12–17 Uhr; U-Bahn T-Centralen

DIE SPRÖDE SCHÖNE

Södermalm galt als nicht präsentables Stockholm. Doch nun legen hier Trendsetter Hand an und bringen Veränderung.

Im »Tjallamalla« dreht sich alles um Schmuck und Kleidung - Hauptsache Design.

Einst schlug in Södermalm das industrielle Herz der Hauptstadt. Im 19. Jahrhundert wuchsen hier die Fabrikschornsteine in den Himmel, Arbeiter und Handwerker beherrschten die Straßen des Viertels. Heute ist das ehemals bodenständige Quartier zum flippigen Trendbezirk geworden. Designer-Läden und Modegeschäfte teilen sich mit Bars, Nachtclubs und Cafés die Ladenlokale in schmucken historischen Gebäuden. Vor einigen Jahren begann die Gegend rund um den Nytorget sich zum neuen Zentrum innerhalb des Szeneviertels zu mausern. Nytorget heißt übersetzt so viel wie »der neue Platz«. Er liegt am Fuß der Erhebung Vita Berget, des weißen Berges.

Vom »big apple« abgeschaut

Das Stadtmarketing versucht seit einigen Jahren, das Gebiet als »SoFo« bekannt zu machen. Der Name steht für »South of Folkungagatan«, und er soll natürlich an den berühmten New Yorker Stadtteil SoHo erinnern. Aber nicht alle Bewohner Södermalms finden diese Bezeichnung gelungen. Denn wer hofft, am Nytorget ein kleines Manhattan zu finden, der wird sicher enttäuscht. Das Viertel hat dagegen viele typisch schwedische Seiten und einen ganz eigenen Charme. Hier sind noch einige der alten Holzhäuser erhalten, die Södermalm in der Zeit vor der Industriellen Revolution prägten. Außerdem gibt es alte Fabrikgebäude, in denen heute Softwareentwickler, Künstler und Medienschaffende schuften. Wer bei gutem Wetter vom Nytorget aus nach Norden flaniert, bekommt eine guten Eindruck vom gemütlichen Flair des Viertels. In der Södermannagatan haben sich mehrere Läden angesiedelt, die eine bunte Mischung aus Antiquitäten, Kitsch, Büchern und Musik feilbieten. Das bekannteste von ihnen heißt »Grandpa«. Man kann es kaum verfehlen: Wenn es warm genug ist, stellen die Ladenbesitzer schon mal eine Couch und eine Zimmerpalme auf die Straße. In dem roten Holzhäuschen gegenüber haben Handwerker ihre Werkstätten und verkaufen dort unter anderem Keramik und Silberschmiedekunst.

Wer Spaß an Mode hat, sollte von der Södermannagatan unbedingt nach rechts in die Bondegatan einbiegen. Dort gibt es mehrere kleine Boutiquen, die vorzugsweise Entwürfe

In den Läden lautet die Devise: Hier wird nur verkauft, was man selber gerne trägt.

junger Modeschöpfer im Angebot haben. Bekannt ist zum Beispiel **Tjallamalla**, ein Laden, in dem etwa 200 bekannte und unbekannte Designer aus Schweden Kleidung und Schmuck präsentieren. Ein Vergleich mit den Nachbarn bietet sich an: Nur ein paar Häuser weiter verkauft Galleri Sorgenfri Modekreationen aus norwegischen Ateliers. Wem die neuen Klamotten nicht schräg genug sind, findet nordwestlich in der Åsögata sein Revier. Der Secondhand-Laden Beyond Retro – ein Ableger des gleichnamigen Geschäfts in London - importiert seine gebrauchte Ware direkt aus den USA. Sie ist stets ausgefallen und farbenfroh, von der Paradeuniform bis zum Ballettröckchen. In derselben Straße findet sich der Turnschuh-Tempel **Sneakersnstuff**. Das stadtbekannte Spezialgeschäft hat sich ganz der sportlichen Fußbekleidung verschrieben, gelegentlich kann man hier Sondermodelle erstehen, die nur in limitierter Auflage produziert werden.

Lange Nächte des Vergnügens

Eine Besonderheit im Trendviertel sind die »SoFo Nights« jeden letzten Donnerstag im Monat. Da haben viele Läden bis 21 Uhr geöffnet, sodass die Shoppingrunde nahtlos in den Kneipenbesuch übergehen kann. Vor allem unter den jungen Stockholmern ist die Gegend auch für ihr Nachtleben bekannt.

Infos unter: www.sofo.se; U-Bahn Medborgarplatsen oder Skanstull, von dort zu Fuß

PUB

Greta Garbo arbeitete hier an der Kasse, als sie noch Gustafsson hieß und ein unbekanntes Mädchen aus Stockholm war. Und Lenin kaufte sich hier bei einem Schwedenbesuch kurz vor der Revolution einen neuen Anzug. Das Kaufhaus PUB – benannt nach Paul U. Bergström, der es im 19. Jahrhundert gründete – ist eines der traditionsreichsten Modehäuser der Stadt. In den vergangenen Jahrzehnten erlebte das Geschäft zwischen Hötorget und Drottninggatan eine Phase des Niedergangs. Nach einer umfangreichen Renovierung und Neuausrichtung des Sortiments im Jahr 2008 zählt es aber nun wieder zu den besten Adressen der City. Ins Auge fällt vor allem die ungewöhnliche Gestaltung der Verkaufsräume mit alten Plüschmöbeln, abstrakter Kunst und flippigem Design. Die Umkleidekabinen im obersten Stockwerk haben die Form von übergroßen Tüll Röckchen. PUB ist im Gegensatz zu den anderen Kaufhäusern Stockholms ausschließlich auf Mode ausgerichtet. Neben international bekannten Marken findet man hier auch Kleidung aus den Ateliers eher unbekannter skandinavischer Modeschöpfer.

➤ Norrmalm ➤ [D 6] **Eingang Hötorget oder Drottninggatan; Mo–Fr 10–19, Sa 10–17, So 11–17 Uhr; U-Bahn Hötorget**

KURIOSES

Handtaste – The Viking Shop

Ein Rundumausstatter für Wikinger – hier findet sich alles von der handgeschmiedeten Bartschere über den runenverzierten Trinkpokal und die Lederrüstung bis hin zum Schwert. Der Laden führt vor allem aufwendig gefertigte Handwerksprodukte, die oft nicht ganz billig sind. Daneben bietet er aber auch eine Auswahl der üblichen Souvenirs, wie T-Shirts

Mode, Mode, Mode: Originell ist auch die Deko der Modepuppen im »PUB«.

Schlemmen hinter historischen Mauern: die »Saluhall«

und Plastikschwerter sowie Plüsch-Nordmänner für die Kleinen.

➤ Gamla Stan, S. 175, [e 4] ➤ [E 8] **Västerlånggatan 73; Tel. 21 07 20; www.handfaste.se; Mo–Sa 10–18, So 10–17 Uhr; U-Bahn Gamla Stan**

MÄRKTE

Hötorget

Die lauten Rufe der Verkäufer erinnern eigentlich eher an einen morgenländischen Basar als an Skandinavien. Trotzdem ist der Hötorget mitten in Stockholm – manche sagen sogar, er ist die Mitte. Am Nachmittag geben die Verkäufer oft große Rabatte auf frische Waren – je nach Saison sind dies zum Beispiel Rosen, Preiselbeeren, Kirschen, Pfifferlinge. Am Ostende des Platzes befindet sich ein Kellergewölbe, die sogenannten Hötorgshallen. Hier im Trockenen bieten kleine Lebensmittelhändler Delikatessen aus allen Ecken der Welt feil, von der Chorizo-Wurst aus Mexiko bis zum geräucherten Rentierfleisch aus Finnland. Jeden Sonntag weichen die Gemüsestände auf dem Hötorget dem bekanntesten Flohmarkt der Stadt.

➤ Norrmalm ➤ [D 6] **Hötorget; die Hötorgshalle ist Mo–Fr von 10–18, Sa von 10–15 Uhr geöffnet; die Marktstände schließen meist am späten Nachmittag; U-Bahn Hötorget**

Östermalms Saluhall

Der Klassiker unter den Stockholmer Markthallen ist bekannt für seine denkmalgeschützte Backsteinfassade. Im Inneren bieten zahlreiche Traditionsbetriebe alles, was der Feinschmecker begehrt. Frischen Fisch aus der Ostsee und Elchbraten gibt es hier ebenso wie französische Gänseleber oder italienische Salami. Viele der Stände bieten um die Mittagszeit auch sehr schmackhafte Mahlzeiten an, die an Stehtischen eingenommen werden können.

➤ Östermalm, S. 8/9, [d 3] ➤ [E 6] **Humlegårdsgatan 3; www.saluhallen.com; Mo–Do 9.30–18, Fr 9.30–18.30, Sa 9.30–16 Uhr; U-Bahn Östermalmstorg**

Söderhallarna

Die moderne Markthalle bietet ein breites Einkaufsspektrum auf einen Schlag: Gemüsestände, Metzger, Fischhändler, Molkereiprodukte – alle Waren sind selbstverständlich frisch. In dem hellen Gebäude verbindet sich dieses klassische Marktangebot aber zusätzlich mit dem

Seit Eröffnung 1991 auf Erfolgskurs: modische Basisteile von »Nitty Gritty«

eines Einkaufszentrums. Auf mehreren Etagen finden sich Bekleidungsboutiquen, ein Musikladen und ein großes Kino. Daneben laden Restaurants und Cafés zum Verweilen ein.

➤ Södermalm ➤ [E 9] **Medborgarplatsen 3; www.soderhallarna.com; Mo–Mi 10–18, Do–Fr 10–19, Sa 10–16 Uhr; U-Bahn Medborgarplatsen**

MODEBOUTIQUEN

Gudrun Sjödén

Die Stockholmer Designerin mit der runden Hornbrille ist seit den 70er-Jahren mit ihren eigenwilligen Kreationen erfolgreich. Gudrun Sjödéns Damenmode ist farbenfroh und verbindet gerne traditionelle Muster mit modernem Schnitt. Ihre Inspiration holt sich die Designerin dabei aus dem schwedischen Brauchtum, aber auch auf Reisen in ferne Länder wie etwa Südamerika. Sjödéns Schwester lebt in Deutschland und hat mit Boutiquen und einem Versandhandel die Marke auch dort bekannt gemacht. Besonderen Wert legt die Designerin auf die Verwendung umweltfreundlicher und strapazierfähiger Materialien.

➤ Norrmalm ➤ [D 7] **Regeringsgatan 30, U-Bahn T-Centralen; weitere Läden in der Götgatan 44, U-Bahn Medborgarplatsen und Stora Nygatan 33, U-Bahn Gamla Stan**

Nathalie Schuterman

Mitten im Herzen von Östermalm liegt diese gut sortierte Boutique, die als eine der besten Adressen der Stadt gilt, wenn es um Mode international bekannter Designer geht. Das Sortiment bietet fast alle Marken mit Rang und Namen, von Burberry bis Yves Saint Laurent – aufgeteilt auf Abteilungen für Damen, Herren und Kinder.

➤ Östermalm ➤ [E 6] **Birger Jarlsgatan 5; Tel. 6 11 62 01; www.nathalieschuterman.se; U-Bahn Östermalmstorg**

Nitty Gritty

Hier ist der Name Programm: In dem 1991 gegründeten Laden gibt es das »Wesentliche« an internationaler Markenkleidung, kombiniert – in einer bunten Mischung – mit einem Angebot an Musik und DVDs sowie einem hauseigenen Friseurladen. Das Konzept war so erfolgreich, dass Nitty Gritty das Ladenlokal bald zu klein wurde und sie noch ein paar Räume auf der anderen Straßenseite anmieten musste. Unter anderem ist dort nun auch ein Schuhgeschäft untergebracht.

➤ Södermalm ➤ [C 9] **Krukmakargatan 24–26; Tel. 6 58 24 40; www.nittygritty.se; Mo–Fr 11–18, Sa 12–17, So 12–16 Uhr; U-Bahn Zinkensdamm**

Tiger of Sweden

Das Traditionsunternehmen – es schneidert bereits seit 1903 Herrenanzüge – hat sich in jüngerer Zeit zum trendigen Tipp unter dem Nachwuchs der Stockholmer Geschäftswelt entwickelt. Zum Sortiment gehört auch Damenmode, letzter Schrei sind Röhren-Jeans mit Batikmuster. Tiger of Sweden hat seit einiger Zeit begonnen, ins Ausland zu expandieren, die Marke ist inzwischen auch in Deutschland mit Geschäften präsent.

➤ Östermalm ➤ [E 6] **Jakobsbergsgatan 8; Tel. 4 40 30 60; www.tigerofsweden.com; U-Bahn Östermalmstorg**

Whyred

Whyred ist ein junges Label für typisch skandinavische Herren- und Damenmode in einem sportlich-schlichten Stil. Gegründet wurde das Unternehmen 1999 von dem Modedesigner Roland Hjort und einigen seiner ehemaligen Kollegen, die er bei einer früheren Anstellung in Schwedens größtem Modekonzern H&M kennengelernt hatte. Bei der Dekoration der Filialen holt sich Whyred manchmal Unterstützung von schwedischen Nachwuchskünstlern. Die Firma betreibt zwei eigene Läden, die Kollektion ist aber auch in einigen Kaufhäusern und Modegeschäften zu finden.

➤ Norrmalm ➤ [D 6] **Whyred North, Mäster Samuelsgatan 5; Tel. 6 60 01 70; www.whyred.se; U-Bahn T-Centralen; weiterer Laden Whyred South, Götgatan 36; Tel. 7 14 80 50; U-Bahn Slussen**

Wer im »Systemet« (→ S. 126) seine Weinsorte nicht findet, trinkt keinen Alkohol.

SPIRITUOSEN UND WEIN

Systembolaget

Der Verkauf alkoholischer Getränke ist in Schweden eine Staatsangelegenheit. Denn nur der Staat darf in seiner Ladenkette Systembolaget – kurz: »Systemet« – Schnaps, Wein und Bier feilbieten. Supermärkte führen wenn überhaupt nur eine kleine Auswahl von Leichtbier und alkoholarmem Cider. Das Sortiment des »Systembolaget« zählt dafür zu den größten der Welt.

AUTORENTIPP Da Alkohol von vielen Schweden als etwas Schlechtes angesehen wird, will Systembolaget seinen Kunden Anonymität garantieren. In den Filialen herrscht darum Foto-Verbot.

Ein Einkauf in so einem staatlichen Getränkemarkt ist ein ganz besonderes Erlebnis, allein die ausführlichen, fast schon liebevollen Produktbeschreibungen auf Schwedisch und Englisch an den Regalen sind einen Besuch wert. In älteren Läden muss der Kunde noch eine Wartenummer ziehen. Dann wählt er unter den in Glasvitrinen ausgestellten Alkoholika seine Bestellung aus und gibt diese an einer Theke ab. Ein Mitarbeiter holt die hoch besteuerte Ware schließlich aus einem Hinterzimmer. Mittlerweile sind allerdings viele Läden modernisiert, man kann dort die gewählten Flaschen selbst aus dem Regal nehmen. Systembolaget betreibt in Stockholm insgesamt mehr als 20 Filialen.

➤ Gamla Stan, S. 175, [d 3/4] ➤ [E 8]
Lilla Nygatan 18; Tel. 0 20-85 85 00; www.systembolaget.se

SÜSSIGKEITEN

Karamellaffären

Die Schweden lieben alles, was bunt und süß ist, beim Pro-Kopf-Verbrauch von Zuckerkram liegen sie an der Spitze der EU-Statistik. Ein wichtiger Grund dafür ist »Lösgodis« – Süßigkeiten, die man sich selbst in eine Tüte schaufelt und dann nach Gewicht bezahlt. Regale voll mit Dosen und Gläsern von Bonbons, Fruchtgummi, Lakritze und anderen Leckereien findet man in fast jedem Supermarkt. Aber die Sortimente dort sind oft nur eine Diät-Version verglichen mit der beeindruckenden Auswahl in den einschlägigen Spezialgeschäften. »Karamellaffären« in der Drottninggatan ist ein solches Spezialgeschäft. Neben »Lösgodis« in allen Formen und Farben sowie traditionellen Zuckerwaren wie zum Beispiel »Polkargrisar« – das sind rot-weiß geringelte Zuckerstangen aus Südschweden – findet sich dort auch eine breite Palette an bunten und schön verpackten Kalorienbomben aus aller Welt. Belgische und Schweizer Schokolade teilt sich den knappen Platz auf den Regalen mit Pralinen und Gebäck. Nebenbei ist Karamellaffären auch Kiosk und Gemischtwarenladen und verkauft Obst, Gemüse, Milchprodukte sowie die wichtigsten Dinge des täglichen Bedarfs – denn selbst Schweden können nicht von Zucker allein leben.

➤ Norrmalm ➤ [D 7] **Drottninggatan 14; Tel. 20 00 25; U-Bahn T-Centralen**

Schweden mögen's süß und bunt: Zuckerstangen von »Karamellaffären«

Im »Blue Hamam« vom Nordic Blue Hotel beginnt die Entspannung bei einer ausführlichen, im Stil der türkischen Dampfbäder gestalteten Körperpflege.

ZUM WOHL VON GEIST UND SEELE

Die Stockholmer sind bewusste Genießer. Das beginnt bei den kulinarischen Angelegenheiten und dem Lifestyle und reicht bis zur Pflege der Schönheit sowie des körperlichen Gesamtwohlbefindens.

Spas, Saunen und Wellness-Oasen sind in Schwedens Hauptstadt ein großes Thema. Zum Wasser ist es auch nie weit. Die oft idyllisch gelegenen Naturbäder sind ideal zum Entspannen. Badegäste schätzen aber ebenso die Inseln des Schärenarchipels. Sie sind perfekte Orte für den Sommer. Im Winter zieht das sportliche Volk hinaus auf die zugefrorenen Seen und Buchten, um sich auf Skiern, Schlitten und Kufen auszutoben. Wer es luxuriöser mag, hat eine Vielzahl von Thermen und Hotels mit großzügigen Spa-Anlagen zur Auswahl. Viele dieser in schlichter Eleganz und klaren Formen gestalteten Wellness-Tempel haben finnische Sauna, Massage und Fitness im Angebot. Auf spontane Besucher sind allerdings - nicht anders als bei uns - die wenigsten Häuser eingestellt. Behandlungen sollte man deshalb frühzeitig vorbestellen. Einige Spas haben eine Altersgrenze von 16 Jahren.

DAMPFBAD

Blue Hamam

Genießen wie ein Pascha: Das Nordic Blue Hotel, an einer bewaldeten Bucht auf der Insel Lidingö gelegen, ist solch ein Ort. Hier entspannt man in einem türkischen Hamam. Dampfwolken wabern durch die mit schlichter Ornamentik geschmückte Marmorhalle. Energisches Abschrubben und kalte Güsse bringen die Blutzirkulation in Gang. Nach der Seifenmassage mit Olive oder Lavendel kann man sich in die Kissen einer orientalischen Lounge kuscheln. Dazu werden Früchte, Säfte und türkischer Kaffee gereicht. Das Wellness-Programm des Designhotels ergänzen zudem Massagen, Yoga und eine Sauna mit Meerbad.

➤ Lidingö, S. 8/9, [e 2] ➤ nordöstl. [K 6] Elfviks Udde; Tel. 50 56 37 00; www.nordicbluehotel.se; Mi–Do 9–12 und Fr–Sa 9–18 Uhr (Di 7–12 Uhr nur für Frauen); U-Bahn Ropsten, weiter mit Bus 204 bis Haltestelle Elfvik, dort der Beschilderung folgen; Eintritt inkl. Bodyscrub und Seifenmassage 750 Kronen, Hotelgäste haben freien Zutritt

DAY-SPAS

Axelsons Spa

Perfekt für die Verschnaufpause nach dem Einkaufsbummel: Die Angebote reichen von klassischer Massage, Mineralbädern und Aromapackungen bis hin zu Pediküre und Make-up. Für das Wohlbefinden zu Hause werden Pflegeprodukte und Kosmetika von Kerstin Florian feilgeboten.

➤ Norrmalm ➤ [D 6/7] Gallerian, Hamngatan 37; Tel. 4 40 80 80; www.axelsonsspa.se; Mo–Fr 10–19, Sa 10–18, So 11–17 Uhr; U-Bahn Kungsträdgården; ab 400 Kronen

Weiter auf S. 132

WELLNESS

6 TEMPEL DES WOHLGEFÜHLS

Reinigung für Körper und Geist

Wer mit dem Dampfer in die Inselwelt der Schären hinausfährt, erblickt nach kurzer Fahrt hoch oben auf den Klippen von Hasseludden das japanische Kurbad **Yasuragi**. Die Idylle mit Ausblick auf die dunklen Wasser der Ostsee ist ein beliebter Zufluchtsort für verspannte Schweden und ein Geheimtipp für Besucher aus aller Welt. Im Badetempel hüllt man sich der Tradition gemäß in den Baumwollkimono Yukata, die Füße stecken in Pantoffeln, das Handtuch kommt später in den Weidenkorb. Yasuragi steht für innere Harmonie – und der Weg zur Selbstfindung beginnt mit der Reinigung von Körper und Seele.

Der Gast sitzt auf einem Schemel und leert einen Holzzuber über sein Haupt. Das erfordert Mut, bewirkt aber im Organismus wahre Wunder. Solcher Art belebt, schlappt man hinaus in die minimalistisch gestaltete Badehalle. Der Beckenrand des blau schimmernden Pools ist mit Granit ausgekleidet. Tageslicht und Spots zaubern hier kunstvolle Stimmungsbilder. Überall schwappt und gluckert das Wasser, untermalt von Meditationsmusik. Einige Gäste lassen sich in der heißen Quelle im Freien treiben, andere zieht es zum Meditieren in eine Pagode aus Fichtenholz. Nebenan üben sich die Gäste in der Kunst des Schattenboxens. In einer Halle mit gedämpftem Licht und Reismatten am Boden wird zur klassischen japanischen Shiatsu-Massage eingeladen. Die Therapeutin drückt und knetet so lange mit ihren kräftigen Fingern, bis die Energie wieder in Fluss kommt. So entspannt kann man glücklich in einen Liegestuhl sinken und durch die aufragende Fensterfront dem Spiel von Wind und Wellen zuschauen. Die Architektur mit ihren perfekt inszenierten Raumkompositionen appelliert an die Urgefühle des Menschen, die Verbundenheit mit der Natur, mit Wasser und Stein. Der japanische Architekt Yoji Kasajima schuf die Anlage im Jahr 1972, zunächst als Schulungszentrum des Gewerkschafts-Dachverbandes LO. Im Frühjahr 1997 eröffnete das japanische Bad in dem mit viel Aufwand und Feingespür für Details umgestalteten Komplex. Auch an das leibliche Wohl wurde gedacht. Im Restaurant Teppanyaki bereiten Spitzenköche japanische Speisen zu. Unmittelbar nach der Bestellung reisen die frisch zubereiteten Häppchen auf einem Fließband zum Gast. Zum Nachspülen führt das Yasuragi zudem eine Auswahl an erlesenem Reisschnaps im Sortiment. Den Kimono braucht man währenddessen übrigens nicht abzulegen.

WEGWEISER 6

Yasuragi Hasseludden

➤ Saltsjö-Boo, S. 8/9 [f 3] ➤ östl. [G 5]

Hamndalsvägen 6; Tel. 7 47 64 00; www.yasuragi.se; Bus 471 von Slussen, Station Hamndalsvägen; einfache Tageskarte (8–16 Uhr) 790 Kronen, Abendkarte (14–22 Uhr) 990 Kronen (Fr–So etwas teurer)

Zum Lustwandeln bietet sich anschließend der Naturgarten an. Da hier kaum jemand wieder weg will, hält der Badetempel für seine Gäste 162 Zimmer und Suiten bereit. Stilgerecht ist das Interieur von schlichter Eleganz: Futons, Tatamimatten und Schiebetüren aus Reispapier erwecken den Eindruck vollendeter Harmonie. Solcher Luxus hat freilich seinen Preis: Übernachtungspakete liegen um die 1500 bis 3700 Kronen (ca. 140 bis 350 Euro). Badekleider und Kimono dürfen dafür aber nach dem Besuch mitgenommen werden, genauso wie Tee, Früchte, Lunch oder Abendessen sowie Aktivitäten wie Do In, Zen und Qi Gong dazugehören. Nur für Gesichtspflege und Massagen zahlt man extra. Insbesondere die Behandlungen sollte man frühzeitig reservieren.

Centralbadet

Das altehrwürdige Bad in bester Innenstadtlage überrascht mit einer feinen Saunalandschaft und einer üppig dekorierten Badehalle im Jugendstil. Nach eingehender Beratung kann man zwischen fernöstlichen und skandinavischen Programmen und Anwendungen wählen: Thaimassage, Akupunktur oder Kräuterbad im Holzzuber.

➤ Norrmalm ➤ [D 6] **Drottninggatan 88; Tel. 54 52 13 15; www.centralbadet.se; Mo–Fr 6–20, Sa 8–20, So 8–17 Uhr; U-Bahn T-Centralen; Eintritt 120 Kronen; Behandlung ab 300 Kronen**

Njuta spa

Aromadüfte betören die Sinne, behaglich bullert der Kachelofen: Das hübsche Spa in einem Holzhaus auf dem Felsen über Nacka Strand erfreut mit familiärer Atmosphäre. Nach Massage, Pediküre und Fußbad kann man im Heißwasser-Zuber, dem Hotpot, auf der Sonnenterrasse in aller Seelenruhe den vorbeiziehenden Schiffen nachschauen. Angebote für Paarbehandlungen möglich.

➤ Nacka ➤ östl. [K 9] **Fabrikörsvägen 16, Nacka Strand; Tel. 21 21 68; www.njutaspa.se; Bus: 443 (von Slussen) bis Haltestelle Nacka Strand oder mit der Fähre von Nybrokajen (Fahrplan/Tidtabell unter www.nackastrand.se und www.strommakanalbolaget.se); tgl. 9–18, Di und Do 10–19 Uhr; ab 440 Kronen**

Storkyrkobadet

Entspannung in den uralten Kellergewölben des Schwarzbrüder-Ordens: Nach einem Bummel durch die Gassen von Gamla stan bietet ein Bad zu klassischer Musik und im Kerzenschein Abwechslung. Vor dem Saunagang badet der Gast in einer Porzellanwanne. Auch Massagen werden angeboten. Das Gewölbe aus dem Jahre 1750 diente einst als Weinkeller der Mönche. Mit der Modernisierung des umliegenden Altstadtviertels in den 80er-Jahren nahm der Zustrom an Badegästen ab, heute wird das charmant-altertümliche Bad von einer Bürgerinitiative am Leben erhalten.

➤ Gamla Stan, S. 175, [e 3] ➤ [E 8] **Svartmangatan 20–22; Tel. 20 90 27; www.storkyrkobadet.se; tgl. 17–20.30 Uhr (Damen Mo und Do, Herren Di, Fr und So); U-Bahn Gamla Stan; 40 Kronen, ermäßigt 30 Kronen**

Sturebadet

Entspannende Wohltaten wie Aromapackungen, Eukalyptuskuren und Bäder mit Thalassoalgen erwarten die Gäste des luxuriösen Refugiums am Stureplan. Das Bad, aufwendig im Jugendstil restauriert, bot bereits in den 1930er-Jahren auch ein Fitness-Programm an. Zusätzlich können heute Kosmetikanwendungen gebucht werden. Zu Bade- und Wandelhalle aus dem Jahre 1905 gehört auch ein Nomadenzelt der Saami für Birkenöl-Massagen bei Jojk-Gesängen.

➤ Östermalm ➤ [E 6] **Sturegallerian 36; Tel. 54 50 15 00; www.sturebadet.se; Mo–Fr 6.30–22, Sa–So 9–19 Uhr; U-Bahn Östermalmstorget; Eintritt ab 18 Jahren; ab 400 Kronen**

Yasuragi Hasseludden 6

(→ Der gute Tipp von MERIAN, S. 130)

Neue Energie gewinnt man im besten und schönsten Bad der Stadt, im »Sturebadet«.

FRISEUR

Björn Axén

Der ehemalige Hoflieferant frisierte bis 1996 das Haar der Königsfamilie. Heute empfängt der elegante Salon unter neuer Besetzung im Obergeschoss des Kaufhauses Ahléns neben Prominenten auch normale Tageskundschaft - natürlich immer noch zu entsprechenden Preisen. Bei einer Tasse Kaffee kann man sich von den Haarkünstlern auch in Sachen Styling und Make-up beraten lassen. Unterdessen wird im Schwester-Salon Urban im Untergeschoss an den neuesten Trendfrisuren für die jugendliche Zielgruppe gefeilt.

➤ Norrmalm ➤ [D 7] **Ahléns City, Klarabergsgatan 50; Tel. 54 52 73 50; www.bjornaxen.se; Mo–Fr 10–19, Sa 10–16:30 Uhr, So geschl.; U-Bahn T-Centralen (Ausgang Sergels torg); ab 400 Kronen**

NATURBAD

Badeinsel Grinda

Der Strömkajen vor dem Grand Hôtel ist Liegeplatz für Schnellfähren und Holzdampfer, die am Vormittag zu Kreuzfahrten in die Schären auslaufen. Ein bis zwei Stunden dauert die Reise zur Badeinsel Grinda, ein schwedisches Sommeridyll mit Wäldern, Wiesen und Felsbuchten. Nach einem langen Tag am Strand lockt das Grinda Värdshus mit seiner Sonnenterrasse, auf der edle Weine sowie Wild, Fisch und Meeresfrüchte serviert werden.

➤ Grinda ➤ östl. [C 1] **Entf. ca. 30 km; www.grinda.se; Grinda Värdshus (Vorbestellung); Tel. 54 24 94 91; Anreise mehrmals tgl.; Fahrpläne unter www.axholmsbolaget.se; Tickets ab 40, 5-Tageskarte ab 420 Kronen**

Hellasgården

Der urwüchsige Wald rund um Kjälltorpssjön im Südosten Stockholms ist ein Paradies für Spaziergänger und Freizeitsportler. Einige der farblich markierten Laufstrecken erfordern allerdings die Kletterkünste einer Gebirgsziege. Im Winter wird auf dem zugefrorenen See eine sieben Kilometer lange Eisbahn angelegt, bei der man für ein paar Kronen auch Schlittschuhe ausleihen kann. Freiwillig ins Eiswasser stürzen sich hartgesottene Badende nach dem Saunagang. Die gemütliche Anlage am Seeufer ist wie die benachbarte Kaffeestube ganzjährig geöffnet.

➤ Nacka, S. 8/9, [e 4] ➤ südöstl. [K 9]
Hellasgården; Tel. 7 16 39 61; www.hellasgarden.se; Di 11–20.30, Mi 15–19.30, Do 12–19.30, Fr 15–18.30, Sa–So 11–16 Uhr; U-Bahn Skarpnäck (in Björkhagen aussteigen und der Beschilderung folgen), Bus 401 (von Slussen); Eintritt 50 Kronen

SCHWIMMBÄDER

Eriksdalsbadet

Dieses gepflegte, städtische Schwimmbad im Stockholmer Stadtteil Södermalm bietet auf einem riesigen Areal ein Fitnessstudio, zwei große Hallenbäder und ein Abenteuerbad für Kinder. Im Sommer ist der Außenpool mit Liegewiese beliebter Familientreffpunkt und dementsprechend gut besucht.

➤ Södermalm ➤ [E 11]
Hammarby Slussväg 20; Tel. 50 84 02 58; www.eriksdalsbadet.se; Mo–Do 6.30–21, Fr 6.30–20, Sa 9–17, So 9–18 Uhr; U-Bahn Skanstull; 75 Kronen, ermäßigt 50 Kronen

Liljeholmsbadet

In einem schwimmenden Badehaus zu baden war früher die große Attraktion. Der auf dem Wasser treibende weiße Holzpavillon aus dem Jahre 1929 bietet einen kleinen Pool (Wassertemperatur immer 30 Grad). Das behäbige Tempo seiner Besucher erlaubt jedoch keine sportlichen Großleistungen. Dafür kann man nach dem Saunagang an der Reling frische Luft schnappen.

➤ Södermalm ➤ [A 9] **Bergsunds Strand 2; Tel. 6 68 67 80; www.stockholm.se; Mo 7–19 (nur Frauen), Di–Mi 7–16, Do 7–17, Fr 7–19, Sa 8–14 Uhr, 21. Juni–17. Aug. geschl.; U-Bahn Hornstull; 60 Kronen, ermäßigt 40 Kronen**

AUTORENTIPP Bootfahren zählt in Stockholm zu den Entspannungsmaßnahmen. Es erfordert bei einigen Touren allerdings gewisse nautische Vorkenntnisse, denn die Fahrwasser rund um die Innenstadt-Inseln Djurgården und Kungsholmen sind stark befahren – und Finnlandfähren weichen nur ungern aus. Djurgårdsbrunns Sjöcafé vermietet Tretboote, Paddelboote, Kajaks und Kanus.
Galärvarvsvägen 2; Tel. 6 60 57 57; März/April-Sept./Okt. tgl. 9–21; Informationen zu weiteren Verleihstellen in Stockholm und in den Schären beim Stockholm Tourist Centre, Sverigehuset, Hamngatan 27; Tel. 50 82 85 08 sowie unter www.stockholmtown.com oder www.kanotguiden.com

Jugendstildekor und Ambiente wie auf dem Kreuzfahrtdampfer: im »Centralbadet« (→ S. 132)

Rund um das neue Stadtzentrum »Stureplan« (→ S. 222) reihen sich einige der angesagtesten Bars und Clubs, wie die »Sky Bar« oder das »Sturecompagniet« (→ S. 139).

LUST UND LAUNE RUND UM DIE UHR

Was verbindet Nachtschwärmer, Flaneure und Genießer in Stockholm? Sie dürfen sich über viele ausgewählte Plätze freuen, wo jeden Tag und jede Nacht ein anderes Programm für das Publikum geboten wird.

Bier oder Champagner? Rock oder Jazz? Entscheiden Sie selbst - die Stockholmer Clubszene ist so schillernd wie das Publikum selbst. Die wichtigsten Zentren des Nachtlebens befinden sich im trendigen Södermalm zwischen Slussen und dem Medborgarplatsen sowie im noblen Östermalm, dort vor allem rund um den Stureplan. Einige Besonderheiten sollten Gäste jedoch beachten, bevor sie zur nächtlichen Tour durch die Metropole aufbrechen. Mit der Sperrstunde etwa nehmen es Stockholms Clubbesitzer sehr genau. In den meisten Lokalen ist um drei Uhr Schluss, nur in einigen wenigen darf bis in die frühen Morgenstunden gefeiert werden. Strenge Alkoholgesetze verbunden mit den hohen Steuern sorgen überdies für satte Getränkepreise auch in einfacheren Etablissements.

BARS UND CLUBS

Aladdin

Großer Nachtclub mit Restaurant, fünf Bars und drei Tanzflächen. Gespielt wird ein bunter Stilmix, in der Studiobar lässt der DJ die Disco-Ära hochleben, daneben gibt es eine Schlagerbar. Das Publikum ist etwas älter (Mindestalter ab 25 Jahren).

➤ Norrmalm ➤ [C 6] **Barnhusgatan 12; Reservierung für das Restaurant Tel. 10 09 32 (Mo–Fr 11–17, Fr und Sa auch ab 17 Uhr); www.aladdin.nu; Fr und Sa 20–3 Uhr; U-Bahn Hötorget**

Café Opera

Treffpunkt der Reichen und Schönen, Anlaufstelle der Prominenten, wenn sie mal in der Stadt sind: Das Café Opera ist stolz darauf, dass es schon Gäste wie Jennifer Lopez, Robert De Niro oder Luciano Pavarotti bewirten durfte. Neben Nachtclub und Bar befindet sich in dem Etablissement direkt an der Oper auch eine Brasserie in einem mit herrlichem Stuck und Deckenmalereien verzierten Raum aus der Zeit Ende des 19. Jahrhunderts. Beeindruckend sind auch die pompösen Kristallkronleuchter.

➤ Norrmalm ➤ [E 7] **Opernhaus/Karl XII:s Torg; Reservierung für das Restaurant Tel. 6 76 58 07 (werktags 10–21, Sa 14–21, So 16–21 Uhr); Reservierung für den Nachtclub nattclubparcafeopera.se; www.cafeopera.se; Di–Sa 18–3, So 19–3 Uhr; U-Bahn Kungsträdgården; ab 22 Uhr 180 Kronen Eintritt; gepflegte Kleidung**

Debaser 7

(→ Der gute Tipp von MERIAN, S. 138)

Patricia

Der schwimmende Nachtclub direkt am Verkehrsknotenpunkt Slussen ist seit Jahren ein beliebter Treffpunkt. Die M/S Patricia stand ehemals in britischen Diensten und wurde im Zweiten Weltkrieg vom Militär genutzt. Der Dampfer war unter anderem an der Evakuierung von

AM ABEND

7 AMBIENTE UNTER ASPHALT

Nachwuchsband oder Musiklegende – Hauptsache sie ist einmal im **Debaser** aufgetreten! Der Rockclub, der direkt unter einer der meist befahrenen Straßen der Stadt liegt, hat sich binnen weniger Jahren einen internationalen Ruf erspielt und ist mittlerweile eine Einrichtung in der Stockholmer Musikszene. Sogar Bob Dylan stand hier schon mal auf der Bühne. Besonders zur warmen Jahreszeit ist ein Konzertabend dort ein ganz besonderes Erlebnis, denn Debaser verfügt über eine Freischankfläche direkt an der Ostsee. An einem lauen Sommerabend füllt sich der Karl Johans Torg zwischen Slussen und der Altstadt bereits kurz nach Ladenschluss mit jungen Menschen, die dort am Wasser ihren Feierabend beginnen. Später setzt sich das Freizeitvergnügen oft bei heißen Rhythmen in den Räumen des Clubs fort, der direkt unter der mehrspurigen Verbindungsstraße liegt, die von der City aus nach Södermalm führt. Von der Bar und dem dazugehörigen Biergarten bietet sich bei schönem Wetter ein fantastischer Blick auf die Ostsee, in der sich die Lichter der Stadt spiegeln. Hier kann man bei einem Bier oder einem Cocktail den Abend ausklingen lassen – für Hungrige werden am Tresen auch kleinere Mahlzeiten serviert.

Im Debaser gibt es fast jeden Tag Livemusik zu hören, nach dem Konzert verwandelt sich das Lokal manchmal in einen Nachtclub, in dem noch bis spät in die Nacht getanzt wird. Das Publikum ist gemischt – wer das Debaser besucht, hängt stark von den Musikern ab, die am jeweiligen Abend auftreten. Die Bandbreite reicht vom Studenten bis zum Abteilungsleiter. Knapp 2000 Menschen haben im Zuschauerraum Platz, für Konzerte bekannter Künstler sollte man deshalb rechtzeitig Karten bestellen. Das Lokal ist aber auch eine beliebte Adresse für schwedische Nachwuchsbands – selbst Newcomer aus dem Ausland sind hier oft zu sehen. Sogar die eine oder andere Band aus Deutschland leistet hier manchmal ihren Beitrag zum Stockholmer Nachtleben. Wegen des großen Erfolgs haben die Betreiber des Debaser mittlerweile unter gleichem Namen zwei Filialen eröffnet – eine kleinere Konzertbühne am Medborgarplatsen in Stockholm (Debaser Medis) und ein Musiklokal im südschwedischen Malmö.

WEGWEISER 7

Debaser

➤ Gamla Stan, S. 8/9, [d 3] ➤ [E 8]

Karl Johans Torg 1; Tel. 30 56 20; www.debaser.se; Öffnungszeiten und Eintrittspreise variieren je nach Veranstaltung; Tickets bei den üblichen Vorverkaufsstellen; U-Bahn Slussen

Dunkerque und der Landung der alliierten Truppen in der Normandie beteiligt. Man kann heute noch einige alte Einschusslöcher bestaunen. Mittlerweile steht die Patricia ganz im Dienst der Stockholmer Partyszene. Maschinen- und Frachtraum sind zu lauten und stimmungsvollen Tanzschuppen umgebaut worden, in denen auch öfter Livemusik gespielt wird. Auf dem oberen Deck befindet sich ein Restaurant. Im Sommer werden auf dem Vor- und Achterdeck Freiluftbars eingerichtet.

➤ Södermalm ➤ [E 8] **Stadsgårdskajen 152; Tel. 7 43 05 70; www.patricia.st; Mi–Do 17–0, Fr–Sa 18–5, (Nachtclub ab 23 Uhr), So 18–3 Uhr (Gaynight); U-Bahn Slussen; gepflegte Kleidung**

AUTORENTIPP Stockholms Diskothekenbesitzer sind stolz auf ihre strengen Türsteher. Darum kann es abends manchmal lange Schlangen vor den Nachtclubs geben. In manchen Etablissements ist es aber möglich, vorab einen Tisch zu reservieren. Wenn der Türsteher einen nicht reinlassen möchte, gilt: keine Diskussionen, denn die bringen meistens nichts. Geben Sie Ihr Geld am besten einfach woanders aus.

Sturecompagniet

Einer der größten Nachtclubs Stockholms liegt mitten im Herzen von Östermalm am Stureplan, in unmittelbarer Nachbarschaft von einer Reihe weiterer Bars und Diskotheken. Die »Sturecompagniet« bietet vier Tanzflächen auf zwei Ebenen und einen schönen Innenhof. Das Publikum zählt eher zu der jüngeren Generation. Die Sturecompagniet gehört dem Gastronomieunternehmen Stureplansgruppen, das in Stockholm noch eine Reihe weitere ähnlicher Etablissements betreibt.

➤ Östermalm ➤ [E 6] **Sturegatan 4; Tischreservierung Tel. 54 50 76 01; www.stureplansgruppen.se; geöffnet 22–3 Uhr (Do–Sa 17–1 Uhr); U-Bahn Östermalmstorg**

JAZZ

Jazzclub Fasching

Die bekannteste Jazzkneipe der Stadt bietet fast jeden Tag Livemusik, daneben gibt es einen Klub mit regelmäßigen Tanzabenden und Disc Jockey. Bekannt ist die Soul-Nacht, die seit Anfang der 1990er-Jahre jeden Samstag stattfindet. Seit 1977 der Jazz in die Gaststube einzog, ist das Etablissement schon ein paar Mal am Konkurs vorbeigeschrammt. Dass es trotzdem überlebte, hat es vielen engagierten Musikern und einem Förderverein zu verdanken, der mit viel Herzblut für den Erhalt der Bühne kämpft. Den Namen »Fasching« übernahm die Jazzkneipe übrigens von dem Vergnügungslokal, das zuvor in den gleichen Räumen untergebracht war. Dort experimentierte man gegen Ende der 60er-Jahre mit einem Bier-und-Lederhosen-Konzept, deshalb benannte man die Gaststätte nach dem süddeutschen Karneval. Die Lederhosen verschwanden später, aber den Jazzmusikern gefiel der Name.

➤ Norrmalm ➤ [D 6] **Kungsgatan 63; Tickets bei www.ticnet.se; Tel. 0 77-1 70 70 70; U-Bahn T-Centralen**

Mosebacke Etablissement 8
(→ Der gute Tipp von MERIAN, S. 141)

Stampen
Der urige Jazz-Laden in der Altstadt hat sich vor allem auf eher traditionelle Stilrichtungen wie Blues und Swing spezialisiert, gelegentlich ist auch 50er-Jahre-Rock zu hören. Auf zwei Bühnen wird fast täglich Livemusik geboten. Bekannt ist die eigenwillige Dekoration – unter der Decke hängt ein buntes Sammelsurium mit ausgestopften Tieren und alten Musikinstrumenten. Das Gebäude hat eine bewegte Geschichte: Bis ins späte 19. Jahrhundert wurde es von französischen Calvinisten als Gotteshaus genutzt, danach beherbergten Keller und Erdgeschoss einen Pfandleiher.
➤ Gamla Stan, S. 175, [d 3] ➤ [D/E 8]
Stora Nygatan 5; Tel. 20 57 93; www.stampen.se; U-Bahn Gamla Stan

KINO

Skandia
Nach mehreren Fusionen hat die Firma SF Bio ein Fast-Monopol, wenn es ums Betreiben von Kinos in Stockholm geht. Mehr als 15 Filmtempel besitzt das Unternehmen mittlerweile in der Hauptstadt, darunter einige Multiplex-Kinos mit mehreren Leinwänden, aber auch Klassiker wie das Skandia, das von dem bekannten Architekten Gunnar Asplund eingerichtet wurde und heute oft von Firmen für Aktionärsversammlungen gemietet wird. Wer aktuelle internationale Filmproduktionen ansehen möchte, der findet im Angebot dieser Kette meistens, was er sucht. Filme sind in Schweden so gut wie nie synchronisiert und werden meist in Originalsprache mit schwedischen Untertiteln gezeigt. Die Ausnahme sind Kinderfilme, von denen es manchmal auch eine schwedische Version gibt.
➤ Norrmalm ➤ [D 6] **Apelbergsgatan, Sergel Filmstad; Infotel. 56 26 00 00; U-Bahn Hötorget**

AUTORENTIPP Weitere Kinos:
Filmstaden Söder, Folkungatrappan 2, U-Bahn Medborgarplatsen; Biografen Grand, Sveavägen 45, U-Bahn Hötorget; Park, Sturegatan 18, U-Bahn Östermalmstorg; Rigoletto & Saga, Kungsgatan 16/24, U-Bahn T-Centralen; Skandia, Drottninggatan 82, U-Bahn Hötorget; Victoria, Götgatan 67, U-Bahn Medborgarplatsen

Zita
Stockholms ältestes Filmtheater war zwischenzeitlich einmal ein runtergekommenes Pornokino, wurde aber im Jahr 1993 von der gemeinnützigen Vereinigung »Folkets Bio« übernommen. Seitdem sind Schmuddelfilme dort tabu, man setzt auf Qualität. Folkets Bio (Kino des Volkes) versucht einen Gegenpol zu dem oft von Hollywoodfilmen dominierten kommerziellen Programm der Multiplex-Zentren zu bilden. Gezeigt werden Kurzfilme, Dokumentationen und kleinere europäische Produktionen. Ans Zita ist auch ein kleines Café angeschlossen, das nach dem Kinobesuch zum Verweilen einlädt.
➤ Östermalm ➤ [D 6] **Birger Jarlsgatan 37; Tel. 23 20 20; U-Bahn Östermalmstorg**

AM ABEND

VERGNÜGEN MIT AUSSICHT

8

300 Jahre alt: Das »Mosebacke« ist Vergnügungsplatz für Musikfreaks, Biertrinker und Kleinkunstliebhaber.

Gedämpfter Jazz schallt durch den Biergarten, während am Brunchbuffet gerade der Kaffe serviert und weit unten langsam ein paar Schärengartenboote Richtung Ostsee schippern. Im **Mosebacke Etablissement** ist wieder ein Sonntag angebrochen, und wer seinen Tag hier beginnt, der sammelt die nötige Gemütsruhe für eine hektische Einkaufstour oder lange Nacht. Seit etwa 300 Jahren lassen sich die Stockholmer gerne auf dem Mosebacke unterhalten. Der Name bedeutet so viel wie »Moses Hügel«, und er geht angeblich auf den Müller Anders Jönsson Moses zurück, der Mitte des 17. Jahrhunderts hier im Stadtteil Södermalm seinem Beruf nachging. Schon wenige Jahrzehnte später wich das Mehl der Mahlzeit und dem Branntwein, als auf dem Mosebacke ein Wirtshaus eröffnete. Seitdem ist die Erhebung, von der aus man einen fantastischen Blick über Hafeneinfahrt und Altstadt genießt, eine Adresse für alle, die Unterhaltung und Entspannung suchen.

WEGWEISER 8

Mosebacke Etablissement

➤ Södermalm, S. 8/9, [d 3/4] ➤ [E 9]

Mosebacke Torg 3; Tel. 55 60 98 90; www.mosebacke.se; Mo–Di 17–23, Mi–Do 17–1, Fr 17–2, Sa 10.30–2, So 10.30–1 Uhr; Eintrittspreise variieren je nach Veranstaltung; U-Bahn Slussen

Im Laufe des 19. Jahrhunderts mauserte sich die Gegend zum regelrechten Vergnügungsviertel. Um 1850 errichtete ein Unternehmer das »Södra Teatern«, das kurz darauf niederbrannte und dann wieder aufgebaut wurde. Das inzwischen mehrfach erweiterte Theatergebäude ist auch heute noch Kern des Mosebacke Etablissements. Auf der Terrasse, die heute einer der schönsten Biergärten der Stadt ist, befand sich zeitweilig ein kleiner Vergnügungspark. Im Jahr 1890 war sie Schauplatz eines schlimmen Unglücks. Der russischstämmige Artist Victor Wladimir Rolla beeindruckte die Stockholmer dort, indem er mit einem Heißluftballon in die Höhe stieg. Aber bei einer Vorführung am 29. Mai riss sich der Ballon los und trieb in Richtung Schärengarten hinaus. Ein Fischer konnte Rolla am kommenden Tag nur noch tot aus der Ostsee bergen.

Für das Etablissement auf dem Mosebacke bedeutete es zunächst einen schweren Umsatzeinbruch. Nach einigen Jahren lief der Betrieb aber wieder. In der ersten Hälfte des 20. Jahrhunderts war das Theater für seine Revuen berühmt. Und der Platz Mosebacke Torg auf dem Gipfel des Hügels wurde von den Stockholmer gerne mit der Pariser Place Pigalle verglichen. Ähnlich wie Montmartre war auch die Gegend um den Mosebacke in dieser Zeit Treffpunkt für viele Künstler, Musiker und Schriftsteller. Sie waren es auch, die in den 50er-Jahren mit ihren Protesten den Abriss des traditionsreichen Vergnügungslokals verhinderten, das damals einem Büroneubau weichen sollte.

AUTORENTIPP Wer sich den Anstieg auf den Hügel von der U-Bahnstation Slussen aus sparen will, der kann den Lift nehmen. Der »Katarinahissen« (Katarinaaufzug) bringt einen für 10 Kronen bis zum Gipfel. Er befindet sich gleich beim Haupteingang der U-Bahn.

Programm und Ausrichtung des Etablissements wurden seitdem immer wieder verändert und dem Zeitgeschmack angepasst. Heute ist Mosebacke vor allem in der Musikszene ein fester Begriff. Der Jazzbrunch mit Livemusik und wechselnder Bandbesetzung lockt jeden Sonntag scharenweise Gäste an. Und auch an anderen Tagen finden oft Konzerte statt in allen möglichen Stilrichtungen von Blues über Reggae bis hin zu Rock und Punk. Zum Lokal gehört auch eine eigene Bar, in der man neben dem Drink auch die Aussicht über die Altstadt genießen kann. Wer es lieber etwas ruhiger mag, kann sich stattdessen sein Essen im Restaurant servieren lassen, das im Sommer auch die große Terrasse als Freischankfläche nutzt.

KLASSIK

Berwaldhallen

Das Schwedische Radio Symphonie Orchester ist international ein Begriff – seine Konzerte werden manchmal in bis zu 20 Länder übertragen. Live erleben kann man das Orchester und den Schwedischen Radio Chor in der Berwaldhalle. Der moderne, 1979 eingeweihte Konzertsaal, der nach dem Komponisten Franz Berwald (1796-1868) benannt ist, liegt unweit des Rundfunkgebäudes in der Nähe des noblen Strandvägen. Das Orchester experimentiert gern und richtet sich mit besonderen Veranstaltungen – etwa der konzertanten Aufführung von Computerspiel-Musik – manchmal auch gezielt an ein jüngeres Publikum. Ein Highlight im Spielplan ist das Ostsee-Festival, bei dem jedes Jahr im Sommer Musiker aus dem ganzen Ostseeraum zu Gast sind.

➤ Östermalm ➤ [H 6] **Dag Hammarskjölds väg 3; Tel. 7 84 18 00 (Tickets), 7 84 50 00 (andere Fragen); www.sr.se/berwaldhallen; Tickets auch an den üblichen Vorverkaufsstellen oder an der Konzerthalle; Mo–Fr 12–18 Uhr; U-Bahn Karlaplan oder Buslinien 4, 56, 69, 76**

Nordische Version eines griechischen Tempels im Stil des Neoklassizismus: das Konserthuset

Konserthuset

Einmal im Jahr steht die Heimat der Königlichen Philharmoniker im Mittelpunkt des Weltgeschehens – dann werden hier die Nobelpreise verliehen. An den meisten anderen Tagen des Jahres steht das blaue Gebäude am Hötorget auch Normalbürgern offen. Neben dem großen Konzertsaal für Orchester gibt es auch kleinere Räume, in denen zum Beispiel Kammermusik vorgetragen wird. Die Königlichen Philharmoniker sind ein Ensemble von internationalem Ruf – in Konserthuset sind außerdem auch öfter berühmte Orchester aus anderen Städten zu Gast. Das blaue Gebäude am Hötorget hat der Architekt Ivar Tengbom entworfen, es wurde 1926 eingeweiht. Die Möbel im Gebäude stammen von dem bekannten schwedischen Designer Carl Malmsten.

Sehenswert ist auch die auffällige Skulpturengruppe »Orfeus« des Bildhauers Carl Milles vor dem Haupteingang.

➤ Norrmalm ➤ [D 6] Hötorget 8; Tel. 50 66 77 88; www.konserthuset.se; Ticketvorverkauf an den üblichen Vorverkaufsstellen und am Hötorget; Mo–Fr 11–18, Sa 11–15 Uhr, Restkarten zwei Stunden vor Konzertbeginn; U-Bahn Hötorget

MUSICAL

Cirkus

Das traditionsreiche Vergnügungslokal direkt beim Freilichtmuseum Skansen ist die Stockholmer Bühne, auf der die ehemaligen ABBA-Stars Benny Andersson und Björn Ulvaeus ihre international erfolgreichen Musicals zeigen. Die beiden haben nach dem Ende der Disco-Ära eine sehr erfolgreiche Karriere als Komponisten-Duo begonnen. Ihr Musical »Kristina aus Duvemåla« lief ebenso im Cirkus wie »Mama Mia!« und »Chess«. Wenn gerade kein Musical auf dem Programm steht, bietet das Lokal Varieté-Kunst und Comedy. Die Aufführungen sind oft in Schwedisch. Darüber hinaus kann man dort auch ordentlich essen.

➤ Djurgården ➤ [G 8] Djurgårdsslätten 43–45; Tickets an den üblichen Vorverkaufsstellen oder an der Kasse; Öffnungszeiten Mo–Fr 11–17.30 Uhr; Tel. 6 60 10 20; Buslinien 44, 47 oder Fähre ab Slussen oder Nyborkajen (nur im Sommer)

Cullberg Ensemble 9

(→ Der gute Tipp von MERIAN, S. 146)

Göta Lejon

Das ehemalige Kino war lange eine Musikbühne, selbst Weltstars der Rockszene traten hier auf. Heute bietet das Etablissement ein hochwertiges Programm von Kleinkunst, Varieté und Musicals. Auch international bekannte Produktionen gastieren hier von Zeit zu Zeit.

➤ Södermalm ➤ [E 9] Götgatan 55; Tickets an den üblichen Vorverkaufsstellen und an der Kasse; Öffnungszeiten 11–18 Uhr; Tel. 6 43 67 00; U-Bahn Medborgarplatsen

Maxim

In dem Gebäude befand sich früher ein Studio, in dem der schwedische Rundfunk in den 50er-Jahren einige beliebte Unterhaltungsprogramme produzierte. Heute bietet die Bühne modernes Entertainement. Neben schwedischer Kleinkunst werden auch gelegentlich Musicals gezeigt.

➤ Östermalm ➤ [F 6] Karlaplan 4; Tickets an

Im königlichen Opernhaus wird seit 1773 gespielt.

den üblichen Vorverkaufsstellen, am Theater nur Abendkasse; Tel. 6 63 40 23; U-Bahn Karlaplan

OPER

Folkoperan

Die Volksoper wurde 1976 als junge Alternative zur traditionellen Königlichen Oper gegründet. Sie setzt auch heute noch auf Nachwuchstalente, die Aufführungen sind meist mit einem sehr schlichten Bühnenbild inszeniert und finden in einem alten Kinosaal statt, der eine große Nähe zwischen Künstlern und Zuschauern ermöglicht. Zum Repertoire zählen eine Reihe bekannter Werke. Um dem schwedischen Publikum den Zugang zu erleichtern, sind die Vorführungen stets auf Schwedisch.

➤ Södermalm ➤ [D 9] Hornsgatan 72; Tickets bei den üblichen Vorverkaufsstellen oder an der Kasse; Tel. 6 16 07 50; www.folkoperan.se; U-Bahn Slussen

Kungliga Operan

Die Geschichte der Königlichen Oper ist eng mit dem Schicksal Gustavs III. verbunden. Der theaterbegeisterte König brachte die Kunstform in Schweden zur Blüte. Bei einem Maskenball im Opernhaus fiel er dann 1792 einem Attentat zum Opfer. Die gustavianische Oper wurde später abgerissen, das heutige Gebäude stammt aus dem Jahr 1898.

Zum Ensemble gehört auch das königliche Ballett, das regelmäßig in der Oper auftritt. Die Königliche Hofkapelle gehört zu den ältesten Orchestern der Welt, ihre Wurzeln reichen bis in das Jahr 1526 zurück. Die Oper bietet eine breite Palette an Konzerten, Tanzvorstellungen und Opernaufführungen. Ausländische Werke werden oft in der Originalsprache mit schwedischen Texten aufgeführt.

➤ Norrmalm ➤ [E 7] Gustav Adolfs Torg; Tickets in den üblichen Vorverkaufsstellen oder an der Oper selbst, Öffnungszeiten der Ticketkasse Mo–Fr 12–18, Sa 12–15 Uhr; Tel. 7 91 44 00; www.operan.se; U-Bahn Kungsträdgården

AUTORENTIPP Vor der Vorstellung kann man im plüschigen Salon-Café der Oper einen Tisch auf seinen Namen bestellen. In der Pause stehen dann Kaffee oder Sekt und Knabberkekse bereit.

AM ABEND

9 TANZTRUPPE MIT STOLZEM ERBE

Als sich Birgit Cullberg 1967 mit acht ausgewählten Tänzern den Traum von der eigenen Kompanie verwirklichte, war die Choreografin bereits im stolzen Alter von 59 Jahren. Und doch wurde die schnell wachsende Truppe mit ihrem psychologischen Ausdrucksballett in Kürze eine der berühmtesten Formationen des Modern Dance. Der internationale Durchbruch gelingt Cullberg in den 50er-Jahren. Ihre Version von Strindbergs Bühnenklassiker »Fräulein Julie«, in der sie die erotischen Spannungen meisterlich in Szene setzte, gilt als Ursprung des modernen schwedischen Tanzdramas. »Das moderne Ballett wurde damals psychologischer. Ich habe die Figuren des klassischen Balletts genutzt, um das Aristokratische darzustellen, die dynamische moderne Technik steht für die Bediensteten und Bauern«, erläuterte Cullberg damals im Schwedischen Rundfunk. Viele ihrer Choreografien schuf sie direkt für das neue Medium Fernsehen.

Cullberg starb 1999, doch die Kompanie hat ihre hoch geachtete Gründerin überlebt. Bereits 1985 hatte sie die künstlerische Leitung an ihren Sohn Mats Ek übergeben, der sie mit seinem eigenwilligen Tanztheater bald auch kreativ überflügelte. Skandalerfolge wurden seine revolutionären Interpretationen von Ballettklassikern wie »Schwanensee« (1987) und »Dornröschen« (1996). Bis 2008 trug Johan Inger das schwere Erbe. Der international erfahrene Tänzer genoss eine Ausbildung an der Ballettschule der Königlichen Oper, bevor er 1990 seine Berufung beim Nederlands Dans Theater fand, wo er als Choreograf debütierte und seine kreative Begabung entdeckte. Eine vorerst letzte Visitenkarte gab Inger mit seinem Stück »Position of Elsewhere« ab, mit dem er auch die prekäre Gefühlslage aufgrund der unbestimmten Zukunft der Formation in Szene setzen wollte. Die Bühne in monochronem Grau. Der Schein eines Kronleuchters bildet Ringe auf dem Boden, die an die geometrisch gemusterten Kostüme im Stil von Piet Mondrian aus den 60er-Jahren erinnern. Die Tänzer erobern die Szenerie in kleinen Gruppen und mit synchronisierten Bewegungen. Andeutungen klassischer Ballettpositionen sind zu sehen, doch dann lösen sich die ersten Ausreißer aus der Formation, und auch das Licht ändert seinen Einfallswinkel. Inzwischen haben auch renommierte Kollegen wie Jiri Kylián oder William Forsythe

Choreografin von Weltruf: Birgit Cullberg

Inszenierung der »Giselle« mit dem Cullberg Ballett

(Frankfurter Ballett) Stücke für Cullberg entwickelt. Englisch ist dabei die Arbeitssprache, denn das eifrig tourende Cullberg Ballett, mit bald 300 Aufführungen in über 40 Jahren, war von Beginn an ein internationales Ensemble, mit Talenten u.a. aus den USA, Kanada und Japan.

Getanzt wird auf der Gastspielbühne von Dansens Hus, einem 1991 am nahen Hauptbahnhof eingeweihten Komplex mit unscheinbarer Fassade. Es gibt eine große Bühne mit 830 Sitzplätzen und eine kleinere Studiobühne. Die abendfüllenden Programme der berühmten Tanztruppe seien nicht nur Kennern der elitären Kunst empfohlen. Bei Cullberg geht es mitunter sogar volkstümlich zu, witzig wie anrührend. Da schweben durchtrainierte Leiber durch kunstvoll ausgeleuchtete Kulissen, und bisweilen geht man sich durchaus zwischen die Beine. Ein kurzweiliges Vergnügen auf höchstem künstlerischen Niveau.

WEGWEISER 9

Cullberg Ensemble

➤ Norrmalm, S. 8/9, [d 3] ➤ [C 6]

Barnhusgatan 14; Tel. 50 89 90 90; www.dansenshus.se; Kartenverkauf Mo–Fr 14–18, Sa 14–19 Uhr (nur bei Vorstellungen) und an den bekannten Vorverkaufsstellen; U-Bahn Hauptbahnhof, dann 10 Minuten zu Fuß

WELT DER DINNER SHOWS

Der Showman Hasse Wallman gilt als Erfinder der Speise-Oper. Sein kreatives Konzept lässt jede Salon-Party zum Erlebnis werden.

Vom Kellner zum Bühnenstar – und wieder zurück. Solche Karrieren erlebt das Publikum bei einem Abend im Vergnügungslokal **Wallmans Salonger** gleich mehrfach. Wer einem in der einen Minute das Essen bringt, kann schon im nächsten Moment eine Ballade oder einen Blues anstimmen und vor dem Dessert noch schnell ein Duett mit dem Kollegen von der Tischreihe nebenan trällern. Das Drei-Gänge-Menü wird auf diese Weise zum echten Erlebnis.

Vergnügen um des Vergnügens willen

Dinner Shows haben in Stockholm mittlerweile Tradition, seit Wallmans Salonger Anfang der 90er-Jahre seine Pforten in der Teatergatan öffnete. An fünf Abenden in der Woche kann das Publikum dort zwischen zwei verschiedenen Darbietungen und mehreren Menüs wählen. Die Shows entführen ihre Gäste mal in die glitzernde Welt des Zirkus, mal an den Broadway. Das Motto der Veranstalter lautet »Vergnügen um des Vergnügens willen«, und sie legen besonderen Wert darauf, dass die Vorstellungen den Geschmack eines breiten Publikums treffen. Nach Ende der Show verwandelt sich der Salon in einen Nachtclub. Die Aufführungen bestehen meist aus einem bunten Potpourri mit vielen bekannten Melodien, die allerdings durchaus niveauvoll vorgetragen werden. Bei den singenden Kellnern handelt es sich oft um Nachwuchskünstler – so mancher, der später als Star oder Sternchen in Schwedens Musikszene Karriere machte, hat hier seine ersten Auftritte absolviert und sich die notwendige Routine angeeignet, ohne die man auf den großen Bühnen der Welt nicht bestehen kann.

Auch der Namensgeber und Gründer des Lokals hat einmal klein angefangen. Hasse Wallman begann in den 50er-Jahren seine Karriere mit der Organisation von Silvester-Partys. Später arbeitete er im Vergnügungspark Gröna Lund, wirkte als Regisseur, Drehbuchautor und Schauspieler bei einigen Unterhaltungsfilmen mit und leitete schließlich selbst einige Restaurants, bevor er Wallmans Salonger eröffnete. Sein Konzept war so ausgefeilt wie kreativ, sodass er es mittlerweile erfolgreich in den ganzen Norden exportiert hat. Wallmans Salonger gibt es auch in Oslo und Kopenhagen. In Schweden ist Hasse Wallman einer der bekanntesten Originale des Showbusiness. Obwohl er schon lange das Rentenalter erreicht hat, mischt er immer noch aktiv im Management seiner zahlreichen Gaststätten und Theater mit.

Wo Gäste zu Statisten werden

In Stockholm gibt es inzwischen auch Nachahmer seines erfolgreichen Salon-Konzepts. Die wohl originellste Abwandlung der klassischen Dinner Show zeigt das Opernrestaurant **Regina**. Dort wird das Menü von Arien

Die Themenpalette der Dinner Shows reicht von Broadway Musicals bis zur großen Oper.

begleitet – wer zu Rotwein und Pasta gerne Meisterwerke von Puccini oder Mozart hört, der ist hier genau richtig. In der Gaststube vor der kleinen Bühne herrscht eine familiäre Atmosphäre, und das Publikum muss stets damit rechnen, von den Künstlern für kleinere Statistenrollen eingesetzt zu werden. Die besondere Stimmung ist sicher ein wichtiger Grund dafür, dass das Regina während seines schon mehr als zehnjährigen Bestehens eine treue Fangemeinde aufbauen konnte. Die Freunde der Speise-Oper unterstützen den Betrieb sogar mit einem eigenen Förderverein und ermöglichen etwa den Kauf eines neuen Flügels mit Spenden.

Die Adressen im Überblick:

Wallmans Salonger

Teatergatan 3; Tel. 6 11 90 38; www.wallmans.com; Aufführungen Di–Sa, im Sommer Mitte Juni–Mitte Aug. geschl.; U-Bahn Kungsträdgården

Regina Operamathus

Drottninggatan 71 A; Tel. 4 11 63 20; wechselndes Programm und Öffnungszeiten, Tickets für beide Lokale in den üblichen Vorverkaufsstellen; U-Bahn Hötorget

Als Fest aller Feste gilt der »Midsommarafton«, ein fröhliches Zusammentreffen von Freunden und Verwandten. Wer in Stockholm bleibt, besucht das Freilichtmuseum Skansen (→ S. 204).

WENN DER DUNKLE WINTER WEICHT

Die vielen Veranstaltungen in Stockholm verteilen sich über das ganze Jahr. Am häufigsten wird jedoch im Sommer gefeiert, gerne auf traditionelle Art, und nicht selten lassen sich dabei auch die »Royals« blicken.

APRIL

Valborgsmässoafton

Die Walpurgisnacht, der letzte Tag im April, ist eines der fröhlichsten Feste im Norden. Sie markiert den Frühlingsanfang. In vielen Stockholmer Parks wird Valborg am Abend mit einem großen Freudenfeuer gefeiert. Besonders wichtig ist der Tag außerdem für die Studenten Schwedens, die ihn mit ganz eigenen Traditionen begehen. In Bildungs-Hochburgen wie Uppsala ist der letzte Tag im April Anlass für einen regelrechten Partymarathon, der die ganze Stadt erfasst. Zum Brauch gehört - neben dem Konsum großer Mengen von Champagner und Ähnlichem –, dass Studenten an diesem Tag ihre Studentenmützen tragen. Die weiße Kappe mit schwarzem Schirm bekommt man in Schweden zum Schulabschluss verliehen. Sie ist ein Zeichen für akademische Reife – auch wenn das in der Walpurgisnacht nicht immer zu erkennen ist (→ Sehenswertes, S. 186).

JUNI

Midsommarafton

Das Schwedischste aller Feste findet stets an dem Freitag statt, der in die Zeit zwischen 19. und 25. Juni fällt. Die Feier in der hellsten Nacht des Jahres hat Wurzeln, die bis in vorchristliche Zeit reichen. Heute ist sie für die meisten Schweden ein Familienfest, das gemeinsam mit Freunden und Verwandten auf dem Land gefeiert wird – gerne im eigenen Sommerhäuschen. In Stockholm werden für Daheimgebliebene in einigen Parks und auch im Freilichtmuseum Skansen (→ Sehenswertes, S. 204) Mittsommerfeste veranstaltet. Neben dem Tanz um einen mit Laubkränzen geschmückten Baumstamm gehört zu einem richtigen Mittsommerabend auch das passende Essen: eingelegter Hering, gekochte Kartoffeln, Bier und »Snaps«, schwedischer Branntwein. Midsommarafton ist zwar kein offizieller Feiertag, dennoch schließen an diesem Freitag die meisten Geschäfte, Museen und Gaststätten früher als sonst – wenn sie überhaupt öffnen. Der Tag ist für viele Beginn der Sommerferien, weshalb er meistens von langen Verkehrsstaus begleitet wird.

FEIERTAGE

01.01.	Neujahr
06.01.	Dreikönigstag
01.05.	Tag der Arbeit
06.06.	Nationalfeiertag
01.11.	Allerheiligen
25./26.12.	Weihnachten
31.12.	Silvester
Bewegliche Feiertage	
	Karfreitag
	Ostermontag
	Samstag zwischen dem 20. und 26. Juni Mittsommer

Skärgårdsbåtens Dag

Der Tag der Schärengartenboote findet seit den 60er-Jahren traditionell am ersten Mittwoch im Juni statt. Er beginnt nachmittags mit einer Bootsparade, die am Strömkajen vor dem Grand Hotel startet und von dort aus nach Vaxholm fährt, dem zentralen Ort des Stockholmer Archipels. Dort verbringen die Gäste dann ein paar Stunden in den Cafés und Geschäften, bevor es wieder zurück in die Hauptstadt geht. Ein ganz besonderes Erlebnis ist die Fahrt mit einem alten Dampfschiff.

U-Bahn Östermalmstorg oder Kungsträdgården; Tickets für die Boote gibt es an der Anlegestelle Strömkajen. Eine Fahrt mit dem Motorschiff kostet 100 Kronen, mit dem Dampfer 170 Kronen.

Smaka på Stockholm

»Stockholm schmecken« - unter diesem Motto laden die Restaurants der Stadt seit 1991 zu einer Verkostung unter freiem Himmel ein. Etwa 30 Gastwirte verwandeln für einige Tage Anfang Juni den Park Kungsträdgården in der Stadtmitte in eine riesige Freischankfläche. Im Jahr 2007 empfingen sie dort eine halbe Million Gäste, die insgesamt 282 000 Mahlzeiten verspeisten. Die Veranstaltung soll den Stockholmern die Möglichkeit geben, auf kleinem Raum für nicht allzu viel Geld, das Beste von den verschiedenen Speisekarten der Stadt zu testen. Einige Kostproben gibt es oft schon für weniger als 30 Kronen. Begleitet wird der Schmaus von Livemusik und einem großen Unterhaltungsprogramm. Unter anderem wird bei jedem Restaurantfestival das »Nationalgericht des Jahres« gekürt. Die bekanntesten Köche des Landes konkurrieren mit ihren Kreationen um diesen Titel.

U-Bahn Kungsträdgården; www.smakapastockholm.se; Eintritt frei

JULI

Stockholm Jazz Festival

Dizzy Gillespie, BB King, Chet Baker – sie alle sind schon einmal beim Stockholmer Jazzfestival aufgetreten. Jedes Jahr im Juli bringt die Veranstaltung mit ihren Klängen trotz Sommerferien die Stadt in Schwung. Die Hauptbühne steht auf der Insel Skeppsholmen, unterhalb des Modernen Museums und direkt vor dem Wasser. Außerdem gibt es Veranstaltungen in verschiedenen Konzerthallen und

Jazzkneipen der Stadt. Geboten wird immer eine bunte Mischung. Experimentelles und Modernes finden sich ebenso im Programm wie bodenständiger Big-Band-Swing, zu dem man teilweise auch selbst das Tanzbein schwingen darf. Im Jahr 2008 feierte das Festival sein 25-jähriges Bestehen und ist damit eines der ältesten in Schweden.

Tickets gibt es bei allen Vorverkaufsstellen, mit einem Festivalpass bekommt man Zugang zu allen Veranstaltungen, sofern noch Platz ist; www.stockholmjazz.com

Pride Festival

Jeden Sommer, Ende Juli oder Anfang August, übernehmen Stockholms Schwule und Lesben für eine ganze Woche das Kommando in der Stadt. Ihr Pride-Festival wird dort seit 1998 gefeiert und ist seitdem stetig gewachsen. Die Regenbogen-Veranstaltung ist heute eines der größten und beliebtesten Feste der Hauptstadt, eine Menge namhafter Künstler wirken daran mit. Höhepunkt ist stets die farbenfrohe Parade durchs Zentrum. Daneben findet in der Festwoche eine ganze Reihe von Veranstaltungen in Museen, Cafés und Bars statt. Der zentrale Veranstaltungsort mit Hauptbühne und vielen Ständen ist Tantolunden, ein Park im Stadtteil Södermalm.

U-Bahn Zinkensdamm (für den Hauptveranstaltungsort Tantolunden); www.stockholmpride.org; manche Veranstaltungen kosten Eintritt, Tickets bei allen Vorverkaufsstellen

Schrill , schön, schaurig: das »Pride-Festival«

AUGUST

Stockholms Kulturfestival

Bücher, Musik, Theater, Kunst – das offizielle Kulturfestival der Stadtverwaltung bietet für jeden etwas. Im August verwandelt sich der Platz Gustav Adolfs Torg in eine Freilichtbühne. Er ist zentraler Veranstaltungsort.Aber auch im Rest der Stadt gibt es einiges zu sehen und zu erleben – zum Beispiel öffnen Galerien und Künstlerateliers ihre Türen. Besucher sollten sich nicht wundern, wenn sie während der Zeit des Kulturfestivals bei einem abendlichen Stadtspaziergang plötzlich in ein äthiopisches Konzert oder in eine karibische Nacht geraten.

U-Bahn Kungsträdgården (für den zentralen Veranstaltungsort); www.kulturfestivalen.stockholm.se; Eintritt zu den Konzerten gratis

Weiter auf S. 158

KNÄCKEBROT UND SPIELE

Im Sommer verwandeln Künstler die Stadt in Freilichtbühnen, die hellen Sommernächte werden dann zum einmaligen Kulturerlebnis.

Sieben Wochen nach Walpurgis beginnt in Schweden die Ferienzeit. »Wir sehen uns nach dem Sommer!«, versprechen sich dann die Bewohner des Landes. Und das darf man durchaus wörtlich nehmen. Plötzlich sind sie alle verschwunden, untergetaucht, niemand ist zu sprechen. Museen, Galerien und Restaurants sind verwaist, und auch das Kulturleben kommt beinahe völlig zum Erliegen, weil fast alle Künstler, Schauspieler und Musiker in ihren Hütten auf dem Lande sitzen oder in wärmere Gefilde gefahren sind.

Während also Freunde der Hochkultur in der Sommersaison eher darben, kommen Naturliebhaber in der scheinbar entvölkerten Stadt voll auf ihre Kosten. Am Strand von Långholmen und auf den Klippen von Brunnsviken sieht man sie in der Sonne liegen. Segelboote setzen Kurs auf die Schärenwelt. Und allerorten werfen passionierte Boule-Spieler mit schweren Eisenkugeln nach kleinen Schweinen.

Trost für Daheimgebliebene und in Stockholm urlaubende Besucher spendet in den Sommermonaten (von Juni bis September) auch das Festival **Parkteatern**, das von den städtischen Bühnen angeboten wird. In den verschiedenen Grünflächen Stockholms, wie etwa Rålambshovsparken (Kungsholmen), Långholmen oder Under Eken (Djurgården), geht dann ein vielfältiges und oftmals auch hochkarätiges Programm über die Bühne, mit Theater, Konzerten, Kabarett und Tanzdarbietungen. Der Eintritt ist frei. Ein Umstand, der

Der Schauspieler Bashkim Neziraj bei einem Auftritt in Almqvists Stück »Det går an«

zur ungeheuren Popularität des Parktheatern beiträgt. Weit über 100 000 Besucher strömen im Verlauf der Festwochen zu den meist idyllisch gelegenen Freilichtbühnen.

Einen besonders hübschen Rahmen bietet das Amphitheater in Vitabergsparken im Stadtteil Södermalm. Es ist an den Hang eines Hügels gebaut und von hohen Bäumen umgeben. Bereits eine halbe Stunde vor Vorstellungsbeginn sind die Reihen rappelvoll. Das

Sänger und Statisten bei der Probe zur Puccini-Oper »Gianni Schicchi« im Vitabergspark

Publikum sitzt dicht gedrängt auf Holzbänken. Während unten auf der Bühne die Musik ertönt, wird oben im Olymp das Picknick bereitet. Aus dicken Weidenkörben kommen Hühnerbeine, Salate und Törtchen zum Vorschein. Der Kaffee dampft im Plastikbecher.

Bier und Wein sollte man aber möglichst diskret zu sich nehmen, denn das Trinken von Alkohol in der Öffentlichkeit ist noch immer mit dem Makel schlechten Benehmens behaftet. In einigen Parks ist Alkohol nach 22 Uhr sogar verboten. Wem der Picknickkorb zu schwer ist, kann sich vor der Vorstellung an Imbissständen mit Snacks und (alkoholfreien) Getränken ausstatten. Auch Decken oder Sitzkissen können die Zuschauer dort leihen oder kaufen. Da die Stockholmer Abendstunden auch im Sommer manchmal recht kühl sein können, empfiehlt sich in jedem Fall warme Kleidung. Bei Regen fällt die Vorstellung aus. Wenn die Wetterlage unsicher ist, entscheidet die Theatertruppe kurz vor Beginn der Vorstellung, ob sie spielt oder nicht.

Ihre Festivaltradition, die mit der ersten Vorstellung von Parkteatern im Jahre 1942 begann, haben die Stockholmer übrigens dem Architekten und Landschaftsplaner Holger Blom (1906-1996) zu verdanken. Er entwickelte noch in den 30er-Jahren die Idee, die vielen Parks der Metropole für Freiluftkunst zu nutzen.

Genaue Termine sowie ein aktuelles Programm findet man in den Tageszeitungen und an den Ticketschaltern der städtischen Bühnen im Kulturhuset am Sergelstorg, U-Bahn T-Centralen; Tel. 50 62 02 00

FESTE UND EVENTS

10 SCHWEDEN ZUM MITSINGEN

Die Schlagerbegeisterung der Schweden ist groß.

Ob Krebsfest, Geburtstag oder Advent - Lieder gehören in Stockholm zu jeder Feier. Das Repertoire ist erstaunlich groß: Es gibt eigene Musikstücke für Mittsommer, Weihnachten oder das Luciafest, manche Lieder werden nur zum Aquavit, andere nur zum Wein angestimmt, mal wird der König, dann die Jugend oder einfach nur das Leben an sich besungen.

Anders als in vielen anderen Ländern hat das Fernsehen diese volkstümliche Musiktradition nicht verdrängt, sondern ihr so richtig zum Durchbruch verholfen. Eine der beliebtesten Fernsehsendungen ist ein Musikquiz mit dem Titel »Så ska de låta« (So soll es klingen). Und die alljährliche Vorausscheidung für den internationalen Grand Prix d'Eurovision im Mai ist ein echter Straßenfeger. »Melodifestivalen«, wie der Schlagerwettbewerb in Schweden heißt, ist eine nationale Großveranstaltung an fünf Samstagen im Frühjahr. In fünf Runden wählt das Fernsehpublikum den Barden, der das Land dann beim europäischen Gesamtwettbewerb vertreten darf. Alle fünf Vorrunden werden live zur besten Sendezeit am Samstagabend ausgestrahlt. Fast die Hälfte aller Schweden hängt dann vor dem Fernseher. Die Schlagerbegeisterung der Schweden wurde immerhin schon mit bisher vier Siegen belohnt.

Der Höhepunkt des schwedischen Liederjahres ist schließlich das Musikspektakel **Allsång**, das immer Ende Juni bis Anfang August an sieben Wochenenden im Freilichtmuseum Skansen stattfindet. Die Veranstaltung auf der Freilichtbühne Solliden lockt stets Tausende Besucher an, ihre Tradition reicht bis in die 1930er-Jahre zurück. Zu sehen sind Stars und Sternchen der schwedischen Musikszene. Das Besondere ist, dass alle mitmachen, ob Techno-Gurus oder Schlagersänger. Berühmtester Gast ist seit Jahren Ex-ABBA-Mitglied Benny Andersson, der meist an einem, Abend mit seinem Orchester auftritt. Die Künstler singen immer ein paar Werke aus ihrem aktuellen Repertoire, aber auch Volkslieder und Evergreens, in die dann das gesamte Publikum einstimmt. Das sitzt nicht nur in Skansen, sondern in ganz Schweden, denn seit 1979 wird auch diese Veranstaltung live im Fernsehen übertragen.

Den besten Kontakt zur schwedischen Gesangskultur bekommt freilich, wer sich selbst zur Freilichtbühne Solliden aufmacht und singt. Zumindest vorsichtiges Mitsummen ist selbst für Anfänger problemlos möglich, denn bei der Veranstaltung werden selbstverständlich auch gleich Liederheftchen verteilt.

WEGWEISER 10

Allsång

➤ Djurgården, S. 8/9, [d 3] ➤ [G 7]

Skansen, Djurgårdsslätten 49-51; Tel. 4 42 80 00; www.skansen.se; immer Di Ende Juni-Anfang Aug. offen für alle Besuchern in Skansen (→ Sehenswertes, S. 204); Eintritt (gesamtes Museum): 120 Kronen, kein Kartenvorverkauf; Veranstaltungsbeginn ca. 19.30 Uhr, Livesendung ab 20 Uhr; den ganzen Di über frei zugängliche Proben auf der Freilichtbühne, Generalprobe ab 17 Uhr

Benny Andersson: Der Sound des bekannten Ex-ABBA-Mitglieds ist unverwechselbar.

DEZEMBER

Luciafest

Das Kirchenfest am 13. Dezember wird manchmal auch Lichterfest genannt. Vor der Einführung des gregorianischen Kalenders im 18. Jahrhundert fiel es auf die Wintersonnwende, die dunkelste Nacht des Jahres. Man ehrt an diesem Tag die heilige Lucia. Gefeiert wird in Kirchen, Schulen aber auch auf öffentlichen Plätzen. Höhepunkt ist immer der Einzug der »Lucia«. Sie wird meist von einem jungen Mädchen gespielt, heutzutage auch manchmal von einem Jungen. »Lucia« trägt stets eine Lichterkrone mit Kerzen auf dem Kopf und wird von einer Helferschar begleitet, die sie beim Singen unterstützt. In den Familien werden am Luciatag die Eltern morgens von ihren Kindern geweckt – mit Liedern, Kaffee und Luciabroten. Diese bestehen aus Hefeteig, der mit Rosinen dekoriert und mit sehr viel Safran gewürzt ist. Luciabrote werden oft schon viele Wochen vor dem 13. Dezember in den Konditoreien und Kiosken Schwedens als Adventsspezialität angeboten.

Advent

Auch in Schweden ist Advent eine besondere Zeit. Die Stockholmer dekorieren in den Wochen vor Weihnachten ihre Stadt liebevoll mit Lichtern und Lampen. Ein Höhepunkt des Advents ist das Luciafest (s.o.), aber auch an den anderen Tagen ist eine Menge geboten. Einen großen, zentralen Weihnachtsmarkt hat die Hauptstadt zwar nicht - dafür gibt es aber eine Reihe von kleineren, mit teilweise recht originellem Angebot. Wer nach klassischem Flair mit Glühwein und Plätzchen sucht, der sollte den Markt auf Stortorget (→ Sehenswertes, S. 222) in der Altstadt besuchen. Ein besonders breites Sortiment an Kunsthandwerk bietet der Weihnachtsmarkt im Freilichtmuseum Skansen (→ Sehenswertes, S. 204), der größte der Stadt. Dieser Markt ist allerdings nur am Wochenende geöffnet, Besucher müssen eine Eintrittskarte fürs Museum lösen. Gratis ist der Adventsmarkt am Kungsträdgården, der sich mitten im Shopping-Trubel des Zentrums befindet und sogar über eine Eislaufbahn verfügt.

Zu einem »Julmarknad« gehört mindestens ein Ausschank mit Glögg, die schwedische Variante des Glühweins, sowie Stände mit Pfefferkuchen und Würstchen. Meist wird schwedischer Christbaumschmuck aus Holz verkauft sowie die typischen Adventskerzenständer: Statt in einem Kranz stehen die vier Lichter in Schweden in einer Reihe. Eine Spezialität sind samische Produkte, die von der Urbevölkerung Lapplands oft aus Geweihen, Knochen und Fell der Rentiere hergestellt werden. Besonders Touristen aus Großbritannien und den USA lieben diese Andenken – schließlich kommt ihr Santa Claus stets in einem Rentierschlitten angesaust.

Weihnachtsmarkt Gamla Stan: U-Bahn Gamla Stan, tgl. 11–18 Uhr; Weihnachtsmarkt Kungsträdgården: U-Bahn Kungsträdgården, tgl. ab 11 Uhr bis Ladenschluss; Weihnachtsmarkt Skansen: Djurgårdsslätten 49, Djurgården; Tel. 4 42 80 00; www.skansen.se; Bus 44, 47, Sa/So 10–16 Uhr; Eintritt 100 Kronen

Lichterfeier in der »Storkyrkan«
(→ S. 197) am Festtag der hl. Lucia

SEHENSWERTES

Stockholm wird gerne als »Venedig des Nordens« bezeichnet. Und die Metropole hat den Titel auch verdient. An keiner Stelle der Stadt ist man weit vom Wasser entfernt, alle Sehenswürdigkeiten sind gut mit öffentlichen Verkehrsmitteln erreichbar, und die Vielzahl an großartigen Bauwerken, Museen und interessanten Galerien bietet anspruchsvolle Abwechslung.

Lesen Sie hier außerdem weitere Empfehlungen unserer Autoren: Die guten Tipps von MERIAN ★, ab Seite 182.

Das »Nobelmuseet« (→ S. 207) veranschaulicht Leben und Wirken des Preisstifters.

Das »Königliche Dramatische Theater« ist ein imposanter Jugendstilbau aus hellem Kolmårdenmarmor, einem Naturstein aus der gleichnamigen schwedischen Bergregion.

WELTSTADT AUF DEM WASSER

Die auf 14 Inseln schwimmende Metropole ist ein »Schatzkästchen«: 750 Jahre Stadtgeschichte haben viele beeindruckende Gebäude hervorgebracht, und in den Museen gibt es großartige Kunst zu entdecken.

Wer Schweden kennenlernen möchte, muss Stockholm besuchen. Nirgendwo sonst eröffnen sich dem Besucher so vielfältige Einblicke in Kultur und Gesellschaft des Landes – aber die Metropole bietet noch viel mehr als das. Denn ehemals war hier das Zentrum einer europäischen Großmacht. Die Schlösser mit ihren Ballsälen und der prunkvollen Einrichtung zeugen vom einstigen Ruhm, ebenso wie großzügige Parkanlagen und zahlreiche Museen, die zum Teil Sammlungen von Weltruf beherbergen. Seine internationale Bedeutung aber hatte Stockholm freilich nicht bloß diesen schönen Dingen zu verdanken. Wichtiger war der strategisch günstige Standort zwischen Mälarsee und Ostsee, geschützt durch die vielen tausend Inseln des Schärengartens. Dieses einzigartige Umland und die Lage am Wasser machen heute den besonderen Reiz der Stadt aus.

ZUR ORIENTIERUNG

Karten und Skizzen

Hier die Rubriken auf einen Blick: Die Reihenfolge der Sehenswürdigkeiten innerhalb der Rubriken ist alphabetisch.

BAUWERKE

Dramaten

Das Königliche Dramatische Theater wurde 1908 mit der Uraufführung des Strindberg-Stücks »Meister Olof« eingeweiht. Die Fassade des Musentempels im Jugendstil ist mit hellem Marmor verkleidet, an der Gestaltung des Foyers wirkten namhafte Künstler wie Carl Larsson, Gustaf Cederström und der Malerprinz Eugen mit. Schwedens Nationalbühne hat weltberühmte Schauspieler wie Greta Garbo, Max von Sydow und Bibi Andersson hervorgebracht und war künstlerische Heimat von Regie-Legende Ingmar Bergman. Nur wenige wissen, dass die Gelder für den Bau einst aus Lotterieeinnahmen stammte, die allerdings so üppig waren, dass der Architekt Frederik Liljekvist aus dem Vollen schöpfen konnte.

➤ Östermalm ➤ [E 6] Nybroplan; Tel. 6 65 61 00; www.dramaten.se; Führungen im Juni und Juli tgl. um 15, sonst Sa 15 Uhr; U-Bahn Kungsträdgården; Eintritt 40 Kronen

Weiter auf S. 166

IM LUSTSCHLOSS DER ROYALS

Es ist eines der fünf schwedischen UNESCO-Kulturdenkmäler und der Wohnsitz der Bernadottes: Drottningholms slott.

Der Wohnsitz des Königspaares, elf Kilometer außerhalb der Stadt auf der Insel Lovön am Mälarsee gelegen, gilt als eines der schönsten Schlösser Skandinaviens und wurde als erstes schwedisches Kulturdenkmal in die UNESCO-Liste des Weltkulturerbes aufgenommen. Nicodemus Tessin der Ältere entwarf das »schwedische Versailles« Ende des 17. Jahrhunderts im Auftrag der Königin Hedvig Eleonora. Diese regierte damals als Vormund ihres minderjährigen Sohnes Karl XI. einen der mächtigsten Staaten Europas und suchte ein standesgemäßes Domizil in behaglichem Abstand zur Hauptstadt.

Aus der Epoche des frühen Barock stammen das prachtvolle Treppenhaus sowie die Schlafgemächer. Königin Lovisa Ulrika und die ihr folgenden Bewohner des Lustschlosses orientierten die Bibliothek sowie weite Teile des Interieurs später mehr am Rokoko. Sehenswert ist vor allem der chinesische Salon mit einem imposanten Kachelofen sowie direkt aus der Manufaktur des Möbelmeisters Louis Cresson in Paris gelieferten Stühlen. Nach französischen Vorbildern wurde auch der symmetrische Barockpark mit seinen Terrassen, Heckenlabyrinthen und Fontänen gestaltet. Die Bronzeskulpturen schuf der bedeutendste Bildhauer der nordeuropäischen Renaissance, Adrian de Vries. Dem Holländer ist in den ehemaligen Stallungen der Dragoner eine eigene Ausstellung gewidmet.

➤ Drottningholm, S. 8/9, [a 3] ➤ westl. [A 8]

Tel. 4 02 62 80; www.kungahuset.se; Okt.-April Sa und So 12-15.30, Mai-Aug. tgl. 10-16.30, Sept. tgl. 12-15.30 Uhr; U-Bahn Brommaplan, danach Weiterfahrt mit den Buslinien 301-323; Boote von Strömmakanalbolaget pendeln im Sommerhalbjahr (Mai-Sep) stündlich zwischen Stadshusbron und Drottningholm; www.strommakanalbolaget.com; Tel. 58 71 40 00; Fahrtzeit: 1 Stunde, Retourticket 130 Kronen, Kombiticket mit Eintritt zum Schloss 210 Kronen, Eintritt inkl. 50 Min. Führung mit Guide (in der Sommersaison tgl. um 10, 12, 14 und 16 Uhr) 70 Kronen

DROTTNINGHOLMS SLOTTSTEATER

Damit sich die Herrscher in ihrer Sommerresidenz nicht langweilen mussten, ließ Königin Lovisa Ulrika auf dem Schlossgelände ein Theater errichten – sie war als Prinzessin am preußischen Hof aufgewachsen und an reiches Kulturleben gewöhnt. Mit seinem hölzernen Salon und den liebevoll restaurierten Originalkulissen aus dem Jahre 1766 gilt das Theater auf Drottningholm heute als eines der am besten bewahrten Barocktheater Europas. Ausgefallen ist die Bühnentechnik: Mit purzelnden Steinen und summenden Drehtrommeln lassen sich Wind und Wetter simulieren. Von Mai bis September locken Opern- und Ballettvorstellungen aus heimischer Produktion sowie ausländische Gastspiele von Weltruf.

Umgeben von einem prächtigen Barockgarten: Schloss Drottningholm auf der Insel Lovön

➤ Drottningholm, S. 8/9, [a 3] ➤ westl. [A 8]

Tel. 6 60 82 25; www.dtm.se; Mai 12-16.30, Juni-Aug. 11-16.30, Sept. 13-15.30 Uhr; U-Bahn Brommaplan, danach Weiterfahrt mit den Buslinien 301-323; Tickets zwischen 165 und 610 Kronen; Vorbestellungen sind zu empfehlen. In den Sommermonaten kann das Theater in halbstündigen Führungen auch in deutscher Sprache besichtigt werden; Eintritt 60 Kronen

KINA SLOTT

Im Jahre 1753 überraschte König Adolf Fredrik seine Gemahlin, Königin Lovisa Ulrika, mit einem ausgefallenen Geburtstagsgeschenk: Im urwüchsigen Teil der Parkanlage ließ er ein chinesisches Lustschloss errichten. In ganz Europa schwärmte der Hochadel zu dieser Zeit vom ebenso fernen wie verschlossenen Reich der Mitte, mit dem es erste zaghafte Handelsverbindungen gab. Das Schloss und die umliegenden Pavillons für besinnliche Schäferstündchen vereinen die Ideale des europäischen Rokoko mit der tiefen Sehnsucht nach dem Exotischen. Die rot lackierten Seitenwände sowie die kunstvoll in den Wandschmuck eingepassten Lackpaneele mit Szenen aus der Handelsmetropole Kanton am Perlfluss gelten als durchaus gelungene Imitate chinesischer Baukunst. Das Schloss lockt überdies mit einer beeindruckenden Sammlung von chinesischem und japanischem Porzellan und Kunsthandwerk, das überwiegend aus dem 18. Jahrhundert stammt und mit den Schiffen der Ostindienkompanie nach Schweden gelangte.

➤ Drottningholm, S. 8/9, [a 3] ➤ westl. [A 8]

Tel. 6 60 82 25; www.kungahuset.se; Mai-Aug. tgl. 11-16.30, Sept. tgl. 12-15.30 Uhr; U-Bahn Brommaplan, danach Weiterfahrt mit den Buslinien 301-323; Eintritt inkl. 45 Min. Führung in deutscher Sprache (in der Sommersaison tgl. um 11, 13 und 15 Uhr) 60 Kronen

Die überdachte Halle des »Globen« ist seit 1989 ein neues Wahrzeichen Stockholms.

Estoniamonument

In der Nacht zum 28. September 1994 versank die Fähre Estonia auf ihrer Fahrt von Tallinn nach Stockholm in der Ostsee. Die zwischen dem Vasamuseum (→ Spezial, S. 211) und dem alten Seemannsfriedhof gelegene Gedenkstätte erinnert an die 852 Opfer der Katastrophe, deren Ursache bis heute nicht restlos geklärt ist. Der polnische Künstler Miroslaw Balka schuf das Denkmal aus drei Granitmauern, die symbolisch einen Bug bilden, der sich zum Meer hin öffnet. Darauf sind die Namen fast aller Opfer eingemeißelt.

➤ Djurgården ➤ [F 7] **Galärkyrkogården; Bus 44, 47 und 69 oder Fähre ab Nybroplan (nur im Sommer)**

Globen

Die Sport- und Konzertarena in der Form eines überdimensionalen Golfballs prägt die Stadtsilhouette des Stockholmer Südens. Das 85 Meter hohe, kugelrunde Gebäude leuchtet am Abend in den Farben des Regenbogens. Nur im Rahmen einer Führung zu besichtigen.

➤ Johanneshov, S. 8/9, [d 4] ➤ [F 12]
Globentorget; www.globearenas.se; Öffnungszeiten unter Tel. 7 25 10 00 erfragen; U-Bahn Globen oder Gullmarsplan; Führungen Juni–Aug. Mo–Fr stündlich zwischen 10–16 Uhr; Eintritt 70 Kronen, ermäßigt 35 Kronen

Kaknästornet

Der 155 Meter hohe Fernsehturm aus dem Jahre 1967 ist eines der höchsten Gebäude Skandinaviens. Vom Restaurant und der Aussichtsterrasse im 30. Stock aus erhält man völlig neue Aussichten über Djurgarden, Altstadt und die Inselwelt der Schären. An klaren Tagen kann man bis zu 60 Kilometer weit ins Land schauen.

➤ Norra Djurgården, S. 8/9, [e 3] ➤ [J 6] **Kaknäsvägen; Tel. 6 67 21 05; www.kaknastornet.se; Mo–Sa 10–21, Sa 10–18, Juni–Aug. Mo–So 9–22 Uhr; Bus 69 (von Sergels Torg); Eintritt 30 Kronen, Kinder 15 Kronen**

Kungsgatan

Im Jahr 1887 beschloss die Stadt, eine neue Straße durch den eiszeitlichen Wallberg, den Brunkebergsåsen, zu bauen, der die nördlichen Stadtteile durchquert. Vorher verlief ein Straßenzug mit dem Namen Lutternsgatan über den steilen Wall. Mit reichlich Sprengstoff wurde zwischen 1905 und 1911 eine Schneise durch den Granit des Hügels getrieben. Von der Verlangerung der Kungsgatan nach Osten zwischen Sveavägen und Stureplan hatte sich die Geschäftswelt eine Belebung des Quartiers erhofft. Frühe Meisterwerke der Baukunst sind auch die beiden Bürohochhäuser Södra und Norra Kungstornet, die über eine Brücke verbunden sind. Die 60 Meter hohen Gebäude mit der markanten Granitfassade entstanden zwischen 1919 und 1925 nach Vorbild amerikanischer Wolkenkratzer. In den festlich illuminierten Turmspitzen gab es anfänglich Restaurants. Heute verbieten Verordnungen zum Brandschutz das Tafeln in den Wolken.

➤ Norrmalm ➤ [D 6] **U-Bahn Hötorget oder Östermalmstorg**

Raoul Wallenbergs torg

Auf dem Raoul-Wallenberg-Platz am Nybrokaj befinden sich zwölf Steinskulpturen und ein Namenszug von Raoul Wallenberg. Das Mahnmal soll die Rettungsaktion des schwedischen Diplomaten für Tausende von Juden im von den Deutschen besetzten Budapest während des Zweiten Weltkriegs symbolisieren.

➤ Östermalm ➤ [F 7] **Raoul Wallenbergs torg, U-Bahn Kungsträdgården**

Riddarhuset

Im Ritterhaus trat früher der schwedische Adel zusammen. Reichskanzler Axel Oxenstierna forderte 1641 einen standesgemäßen Sitz für die Edlen, doch die Bauarbeiten zogen sich lange hin. Im Disput um seine Pläne kam der erste Baumeister, der Franzose Simon de la Vallée, in einem Duell ums Leben. Sein Sohn Jean und zwei weitere Architekten setzten das Werk fort. »Arte et Marte«, so lautet der Leitspruch über dem Eingangsportal des Prachtbaus in holländischem Barock. Dem Krieg fühlen sich die rund 26 000 Mitglieder des Hauses heute weniger verpflichtet als der Förderung der schönen Künste. Ohnehin musste der Ritterstand 1865 auf jeglichen politischen Einfluss verzichten. Abgesehen vom kostbaren Interieur ist vor allem der Rittersaal mit den Wappen der Adelsfamilien sehenswert. Vor dem Gebäude steht das älteste öffentliche Denkmal der Stadt: Die Statue Gustav Vasas von Pierre L'Archevêque wurde 1773 enthüllt.

Weiter auf S. 170

SCHAUPLATZ AM WASSER

Gestalt, Ausstattung und Lage von Schloss Gripsholm sind einzigartig. Sie inspirierten auch Tucholsky zu seinem gleichnamigen Roman.

Malerisch leuchten die roten Ziegel des Mauerwerks: Schloss Gripsholm mit seinen runden Kuppeln gilt nicht nur eingefleischten Royalisten als Augenschmaus. Das dickbauchige Schloss mit seinen vier imposanten Wehrtürmen thront rund 65 Kilometer westlich von Stockholm auf einem kleinen Holm im Mälarsee. Der Renaissancefürst Gustav Vasa (1496-1560) ließ das Bauwerk 1537 als Verteidigungsanlage und repräsentativen Wohnsitz in seiner heutigen Form errichten, eine Burg gab es hier jedoch schon im Mittelalter. In der Großmachtszeit wurden im Auftrag von Königin Hedvig Eleonora umfangreiche Umbauten vorgenommen. Seine Glanzzeit erlebte Gripsholm unter dem musischen Regenten Gustav III., der hier zwischen 1773 und 1785 alljährlich Hof hielt.

Kurt Tucholsky hat zwar nie im Schloss gewohnt, wie der deutsche Literat frech behauptete, doch seine berühmte Novelle »Schloss Gripsholm« aus dem Jahre 1931 lockt belesene Reisende noch immer in Scharen herbei. Im Buch dient das Gemäuer als Kulisse für so manches Schäferstündchen. Allerdings ging dem Dichter mit seinen Zoten über die Schweden und ihre kauzigen Könige bisweilen arg die Fantasie durch. Zu »Gustav Adolph dem Verstopften« ist in den Schlossanalen jedenfalls keine Aufzeichnung zu finden. Politische und religiöse Gefangene hat es indessen sehr wohl gegeben.

Mit Hinblick auf die vielen prominenten Inhaftierten, die im Rüstungsturm gesessen haben, war Gripsholm schon immer ein sehr fesselndes Schloss. Der letzte war Gustav IV. Adolf, der hier im Katastrophenjahr 1809 auch seine Abdankung unterzeichnen musste. Der König hatte sich während der Napoleonischen Kriege in einen aussichtslosen Kampf mit dem Franzosenkaiser gestürzt, dabei die finnischen Besitztümer verspielt und die Großmachtsträume der Schweden beendet. Im Kerker schmachtet heute niemand mehr. Stattdessen beherbergt Schloss

Die Schlossanlage von Gripsholm liegt am Ortsrand von Mariefred am Mälarsee. Im Sommer verkehrt ein altes Dampfschiff dorthin.

Gripsholm die älteste Porträtsammlung der Welt. Hier hängen Bildnisse aller Personen, die in Schweden einmal Rang und Namen hatten. Der Naturforscher Carl von Linné ist ebenso vertreten wie die amtierende Königsfamilie, die John-Erik Franzén 1985 in Öl bannte. Schon Schlossherr Gustav Vasa soll leidenschaftlich gern Porträt gestanden haben. Die Sammlung verrät viel über die Schönheitsideale im 16. und 17. Jahrhundert: Lange Nasen und übergroße Augen galten damals als typische Insignien für Adelige und gekrönte Häupter.

Geschichten auf der Spur

In den durch ungezählte Treppen und Stiegen verbundenen Prunksälen sind Möbel und Kunstwerke aus vier Jahrhunderten zu bewundern. Besonders sehenswert ist das Theater, das Gustav III. 1781 zur Unterhaltung seiner Gesellschaft einrichten ließ. Der raffiniert in den südlichen Turm eingepasste Zuschauerraum wartet mit unerwartet monumentalen Kulissen auf. Der König und seine Gäste saßen in bequemen Logen, während die Bediensteten bei Vorstellungen in die niederste Bankreihe drängten.

Im Anschluss an die Besichtigung lohnt der kurze Spaziergang durch den Schlosspark hinüber ins idyllische Hafenstädtchen Mariefred mit seinen Cafés, Kunstgalerien und roten Holzhäusern. Gegenüber vom Schloss liegt »Gripsholms Värdshus« (→ Übernachten, S. 90), der älteste Gasthof Schwedens, dessen Anfänge bis ins Jahr 1609 zurückreichen. Das Haus ist aber nicht nur bekannt für seine lange Tradition und sein königliches Ambiente, sondern auch für seine exzellente Küche, die mitunter mit exotischen Kreationen wie süß-sauren Kreationen von Wild, Fisch und Schalentieren aufwartet.

Auf dem kleinen Friedhof nordöstlich vom Zentrum liegt Kurt Tucholsky begraben. Unglücklich waren die letzten Jahre im Exil. Abgeschnitten vom deutschen Publikum, von den Nazis und ihren schwedischen Mitläufern mit Häme überzogen, litt Tucholsky wohl auch unter der emotionalen Kühle seiner Gastgeber. So richtig warm ist der große Spötter mit den Schweden nie geworden. Und so sind es vor allem die vielen deutschen Besucher, die auf seiner schlichten Grabplatte (»Alles Vergängliche ist nur ein Gleichnis«) Blumen, Steine und handgeschriebene Zeilen niederlegen.

➤ Mariefred ➤ westl. [A 9]

Tel. 01 59-1 01 94; www.kungahuset.se; Mitte Mai–Mitte Sept. tgl. 10–16 Uhr, Führungen in der Sommersaison um 12 und 14 Uhr in Schwedisch, um 13 Uhr auf Englisch; Eintritt 70 Kronen, unter 18 Jahren 35 Kronen

AUTORENTIPP Weiß wie ein Schwan pflügt die »Mariefred« durch die Wasser des Mälarsees. Schwarzer Rauch quillt aus dem Schornstein des über 100 Jahre alten Schiffes. Stilgerecht ist die Anreise mit dem Holzdampfer, der seine Passagiere für 220 Kronen in dreieinhalb Stunden vom Stadshuskajen nach Mariefred bringt. Die Fähre verkehrt im Sommer außer Mo immer um 10 Uhr ab Stadshusbron, letzte Rückfahrt 20 Uhr; Fahrplan/Turlista unter www.mariefred.info

Blick auf das neue Reichstagsgebäude. Von 1980 bis 1983 dauerte der Ausbau, der das alte Haus nach Nordwesten hin vergrößerte.

➤ Riddarholmen, S. 175, [c 2] ➤ [D 8]

Riddarhustorget 10; Tel. 7 23 39 90; www.riddarhuset.se; Mo–Fr 11.30–12.30 Uhr, bei tel. Anmeldung werden auch Führungen angeboten (Tel. 7 23 39 99); U-Bahn Gamla Stan; Eintritt 50 Kronen

Riksdagen

Der schwedische Reichstag residiert in zwei Gebäuden, die 1897 bis 1905 vom Architekten Aron Johansson im historisierenden Stil auf der Insel Helgeandsholmen errichtet wurden. Im westlichen, ursprünglich Sitz der Reichsbank, sind heute Abgeordnetenbüros und Verwaltung untergebracht. Die mit Skulpturen verzierte Ostfassade des Parlamentsgebäudes zeigt Mutter Svea und zu ihren Füßen die männliche Figur der Wachsamkeit und die weibliche der Besinnung. Darunter sind die vier Stände versammelt: Adel, Klerus, Bürger und Bauern. Zu besichtigen sind altehrwürdige Sitzungssäle, das bombastische Treppenhaus sowie der rustikale Plenarsaal. Der Reichstag unterhält in Storkyrkobrinken 7 ein Informationszentrum.

➤ Helgeandsholmen ➤ [D 7]

www.riksdagen.se; im Sommer tgl. Führungen, um 14 Uhr auf Deutsch, im Winter nur an den Wochenenden; U-Bahn T-Centralen; Eintritt frei

Rosendals slott

König Karl XIV. Johann, erster Bernadotte auf dem schwedischen Thron, sehnte sich nach einem Refugium, in dem er sich von den aufwühlenden Regierungsgeschäften erholen könnte. Im Herzen des Königlichen Tierparks Djurgården ließ er zu diesem Zwecke von dem Festungsbaumeister Fredrik Blom das Lustschloss Rosendal in Fertigbauweise errichten. Mit dem früheren Haudegen Napoleons und seiner Gemahlin Désirée zog 1823 auch die neueste Pariser Mode ein. Antike Ornamentik im Empirestil, Mahagonimöbel und plüschige Gardinen in teils gewagter Farbenpracht prägen das bis heute im Originalzustand bewahrte Interieur. Der Speisesaal ist dem Zelt eines Feldmarschalls nachempfunden.

➤ Djurgården ➤ [J 7] Rosendalsvägen 49, Kungliga Djurgården; Tel. 4 02 61 30; www.kungahuset.se; das Schloss kann von Juni–Aug., Di–So in Führungen mit Guide, besichtigt werden (12, 13, 14 und 15 Uhr); Bus 47 von Sergels Torg bis zur Endstation Waldemarsudde, anschließend rund 700 m zu Fuß der Beschilderung folgen; Eintritt inkl. 45 Min. Führung 60 Kronen

Stadsbiblioteket

Die Stadtbibliothek mit ihrer monumentalen Rotunde und der rotbraunen Fassade ist eines der ersten Bauwerke des schwedischen Funktionalismus. Das 1928 eröffnete Gebäude gilt als eines der bedeutsamsten Werke des Architekten Gunnar Asplund. Vom quadratischen Untergeschoss gelangt man über eine Treppe in die zylindrische Halle, an deren Wänden ringsum die Bücherregale stehen. Der gut sortierte Zeitungs- und Zeitschriftenlesesaal befindet sich in einem Anbau.

➤ Vasastaden ➤ [C 5] Sveavägen 71–73; Tel. 50 83 11 00; www.biblioteket.stockholm.se; Mo–Do 9–21, Fr 9–19, Sa und So 12–16 Uhr, im Sommer eingeschränkte Öffnungszeiten; U-Bahn Rådmansgatan; Eintritt frei

Strandvägen

Mit der Anlage von Nybrokajen, anlässlich der Industrie- und Architekturausstellung von 1897, wandelte sich ein marodes Hafenquartier zur feinsten Adresse der Stadt. Monumentale Wohnpaläste und exklusive Geschäfte säumen den zur Feierabendzeit chronisch verstopften Prachtboulevard. Am Kai liegen neben schmucken Luxusjachten auch betagte Wohnkähne vertäut. Zwischen Djurgården und Norrmalmstorg verkehrt im Sommer eine Museumsstraßenbahn.

➤ Östermalm ➤ [F 7] www.sparvagssallskapet.se/deutsch/; Mitte Mai–Ende Aug. tgl. 10.40–19 Uhr; 30 Kronen, ermäßigt 15 Kronen

Weiter auf S. 176

Die Stadtbibliothek des Architekten Asplund zählt zu den architektonischen Highlights der Stadt.

WIE PHÖNIX AUS DER ASCHE 4

Kungliga slottet, das Königliche Schloss, zählt zu den größten Palästen der Welt. Das große Feuer von 1697 ist längst vergessen.

Als der alte Palast »Tre Kronor« 1697 abbrannte, machte sich Architekt Nicodemus Tessin der Jüngere umgehend an den Entwurf einer neuen Residenz. 1754 wurde der gewaltige Barockbau auf der Altstadt-Insel Gamla Stan vollendet. Die ebenmäßige Fassade und die schnörkellose Architektur geben dem Schloss den Anschein einer mächtigen Trutzburg. Während der älteste Teil im französischen Klassizismus eingerichtet ist, atmet ein Großteil der Räumlichkeiten den Geist des Rokoko und des Empirestils. Adolf Fredrik und seine Gemahlin Lovisa Ulrika waren das erste Königspaar, das im Schloss wohnte. Auch die amtierende Königsfamilie hat dort gewohnt, bis man 1981 mit Rücksicht auf die Kinder nach Drottningholm (→ Spezial, S. 164) umzog. Heute dient der Palast mit seinen 608 Räumen nicht nur als Stadtresidenz, sondern auch als Verwaltungssitz des Königs, wo er ausländische Staatsgäste empfängt und verdiente Untertanen mit Orden dekoriert.

Der Rundgang schließt den Reichssaal mit dem silbernen Thron der Königin Lovisa Ulrika sowie den Ballsaal Vita Havet (Weißes Meer) mit ein, in dem Staatsbankette gehalten werden. Er bietet auch Gelegenheit, die in einem Prachtsaal im Nordwestflügel untergebrachte Familienbibliothek der Bernadottes zu besichtigen. Der junge August Strindberg hat hier einige Jahre lang als Sekretär über die 100 000 Bücher und Musikalien des Bestandes gewacht. Sehenswert ist auch die größte private Fotosammlung des Landes, mit Porträtbildern und Fotografien aus dem Leben der Königsfamilie.

➤ Gamla Stan, S. 175, [e 1/2] ➤ [E 7]
Slottsbacken 1, Gamla Stan; Tel. 4 02 61 30; www.kungahuset.se; Mitte Mai–Mitte Sept. tgl. 10–16, Juni–Aug. 10–17, Mitte Sept.–Mitte Mai Di–So 12–15 Uhr; U-Bahn Gamla Stan; Eintritt 90 Kronen inkl. 45 Min. Führung mit Guide (Kombikarte für alle Sammlungen 130 Kronen); Vorbestellungen sind zu empfehlen

MUSEUM TRE KRONOR

Bereits im Jahr 900 errichteten die Wikinger am strategisch wichtigen Übergang des Mälarsees in die Ostsee erste Pfahlbauten, um 1100 gab es hier eine befestigte Burganlage. Durch eine fünf Meter dicke Verteidigungsmauer aus dem 13. Jahrhundert gelangt man in die Ausstellung, die den Anfängen des Schlosses gewidmet ist. Anhand von Modellen sowie einigen nach dem verheerenden Schlossbrand von 1697 geborgenen Gegenständen wird die Entwicklung der alten Burg »Tre Kronor« zum heutigen Renaissancepalast aufgezeigt.

➤ Gamla Stan, S. 175, [d 1] ➤ [E 7]
Eingang Slottskajen; Tel. 4 02 61 30; www.kungahuset.se; Mitte Mai–Mitte Sept. tgl. 10–16, Juni und Aug. 10–17 Uhr; Eintritt 90 Kronen inkl. 45 Min. Führung in deutscher Sprache, Nachlass für kombinierte Karte

GUSTAV III. ANTIKMUSEUM

Auf seiner Italienreise von 1783 bis 1784 fühlte sich der kunstsinnige König Gustav III. inspiriert, in seiner kühlen nordischen Heimat ein Forum für antike Skulpturen einzurichten. In zwei Galerien im Nordostflügel des Schlosses lassen sich die 200 aus Italien herbeigeschafften Souvenirs bestaunen, darunter Apollo im Kreise der neun Musen, ein Abbild des Gottes Pan aus der Villa Medici und Büsten antiker Kaiser. Prachtstück der Sammlung ist die Figur des Endymion, ein im Mondschein schlummernder Jüngling, von der Göttin Diana in ewigen Schlaf versetzt.

➤ Gamla Stan, S. 175, [e 1] ➤ [E 7]

Eingang Lejonbacken; Tel. 4 02 61 30; www.kungahuset.se; Mitte Mai–Mitte Sept. tgl. 10–16, Juni und Aug. 10–17 Uhr; Eintritt 90 Kronen inkl. 45 Min. Führung mit Guide, Nachlass für kombinierte Karte

SKATTKAMMAREN

In den königlichen Kellergewölben werden mit den Reichsregalien die wichtigsten Symbole der schwedischen Monarchie aufbewahrt, unter anderem das Schwert des Nationalhelden Gustav Vasa, der Krönungsmantel Oscars II. sowie die mit Brillanten besetzte Krone der Königin Lovisa Ulrika. Im silbernen Taufbecken von 1707 wurde zuletzt die jüngste Tochter des amtierenden Königs auf den Namen Madeleine getauft.

➤ Gamla Stan, S. 175, [e 1/2] ➤ [E 7]

Eingang Slottsbacken; Tel. 4 02 61 30; www.kungahuset.se; Mitte Mai–Mitte Sept. tgl. 10–16, Juni und Aug. 10–17 Uhr; Eintritt 90 Kronen inkl. 45 Min. Führung mit Guide, Nachlass für kombinierte Karte

Zur Wachablösung zieht die Kavallerie mit blankpolierten Pickelhauben und Blechmusik durch den Schlosshof in der Altstadt.

Die Leibrüstkammer des Schlosses zeigt wahre Schätze der Monarchen, wie die Hochzeitskarosse von König Adolf Frederik.

SLOTTSKYRKAN

Um höheren Beistand bat schon König Magnus Ladulås im späten 13. Jahrhundert in seiner Schlosskapelle. Der Reformator Gustav Vasa holte sich lutherische Priester ins Haus. Seit dem frühen 17. Jahrhundert gibt es auch eine eigene Gemeinde, die aus der königlichen Familie und Mitarbeitern des Hofes besteht. Beim sonntäglichen Gottesdienst sowie bei Orgel- und klassischen Konzerten sind aber alle Besucher willkommen. In der Sommersaison kann das von Nicodemus Tessin dem Jüngeren entworfene und mit prachtvollen Deckenmalereien geschmückte Gotteshaus an zwei Tagen in der Woche besichtigt werden.

➤ Gamla Stan, S. 175, [e 1] ➤ [E 7]

Eingang Slottsbacken; Tel. 4 02 61 30; www.kungahuset.se; ganzjährig geöffnet zu den Gottesdiensten So 11 Uhr; Besichtigungen Juni–Aug. Mi und Fr 12–15 Uhr

LIVRUSTKAMMAREN

In der Leibrüstkammer sind Waffen, Karossen und Kurioses, wie etwa das Kostüm des »Theaterkönigs« Gustav III. sowie das ausgestopfte Schlachtross Streiff, zu sehen, auf dem Gustav II. Adolf bei Lützen nahe Leipzig ins Verderben ritt. Der König wurde dort 1632 in der Schlacht von einer Kugel tödlich getroffen. Auch das letzte Gewand des »Löwen aus Mitternacht« wird hier aufbewahrt: Die blutigen Tücher und Hemden zählen zu den ältesten Artefakten dieser Art.

➤ Gamla Stan, S. 175, [e 1] ➤ [E 7]

Slottsbacken 3; Tel. 4 02 30 30; www.livrustkammaren.se; Di–So 11–17, Do 11–20 Uhr; U-Bahn Gamla Stan; Eintritt 60 Kronen, unter 19 Jahre frei; Führung um 14 Uhr

Gamla Stan
0 90 m
Kungliga slottet
Logården
Livrustkammaren
Slotskyrkan
Skattkammaren
Gustav III. Antikmus.
Inre Borggården
Yttre Borggården
Mus. Tre Kronor
Gustav III
Logårdstrappan
Skeppsbron
Slottskajen
Slottsbacken
Obelisken
Finska kyrkan
Svenska Institutet
Tessinska Palatset, Kungliga Myntkabinettet
Storkyrkan St. Nikolai
Börsen Nobelmus.
Stortorget
Stadsmissionen
Tyska kyrkan
Tyska Brunnsplan
Storkyrkoskolan
Västerlånggatan
Österlånggatan
Köpmangatan
Köpmantorget
Bränd Tomten
Baggensgatan
Prästgatan
Skomakargatan
Kindstugatan
Tour 3
Järntorget
Von der Linde Haus
General-tullstyrelsen
Kornhamnstorget
Munkbroleden
Munkbron
Centralbron
Gamla Stan
Riksdagshuset
Stallkanalen
Riksdagens ledamotshus
Riksdagens förvaltn.hus
Högsta domstolen
Arbetsdomstolen
Riddarhuset
Riddarholmskanalen
Vasabron
Strömsborg
Riddarholmen
Riddarholmskyrkan
Kommerskollegium
Svea Hovrätt
Regeringsrätten
Kammarrätten
Kammarkollegiet
Birger Jarls Torn
Evert Taubes terrass
Mälardrottningen
Riddarfjärden
Strömmen
Tullhus
Postmus.
Stora Nygatan
Lilla Nygatan
Mynttorget
Högvaktsterrassen
Trångsund
Brunnsgränd
Skottgränd
Johannesgränd
Packhusgränd
Munkbrohamnen
Järnvägsbron

Ulriksdals slott

So prachtvoll geriet das Bauwerk, das sich der mächtige Feldherr Jacob de la Gardie am Strand von Edsviken im Norden Stockholms errichten ließ, dass Königinwitwe Hedvig Eleonora im Jahre 1650 von hier aus den Triumphzug zu ihrer pompösen Krönung startete. Eine Rekonstruktion ihrer mit edlen Textilien geschmückten Ekipage ist in den königlichen Stallungen zu besichtigen.

1669 entschloss sich die Regentin zum Kauf und betraute den Architekten Nicodemus Tessin den Älteren mit dem barocken Umbau des Schlosses. 1923 wurde das Gebäude ein letztes Mal umdekoriert, für den Kronprinzen und späteren König Gustav VI. Adolf. Möbel und Kunsthandwerk aus der umfangreichen Sammlung des Regenten zeugen von der Wohnkultur des frühen 20. Jahrhunderts.

Am Eingang zum Schlosspark mit seinen Lindenalleen liegt Confidencen, das älteste Theater des Landes. Königin Lovisa Ulrika ließ das einstige Wirtshaus 1753 nach Zeichnungen von Carl Fredrik Adelcrantz als Theater einrichten. Bis heute werden hier im Sommer Theater-, Opern- und Ballettinszenierungen dargeboten.

➤ Solna, S. 8/9, [c 1] ➤ nördl. [A 1]

Bergshamra, Solna; www.kungahuset.se; Tel. 4 02 61 30; Juni-Aug. Di-So Führungen 12, 13, 14 und 15 Uhr; U-Bahn Bergshamra, zu Fuß etwa 500 m der Beschilderung folgen; Eintritt 60 Kronen

BESONDERE ORTE

Birka, die Wikingerstadt

Gesäumt von malerischen Schilfgürteln liegt mitten im Mälarsee die grüne Insel Björkö. Diesen strategisch günstigen Ort nutzten die Wikinger, um dort eines der bedeutendsten Handelszentren des Ostseeraums zu errichten. Von hier aus fuhren die berühmten Langboote über die Ostsee nach Russland und ins Baltikum. Die Siedlung wird zuweilen als Vorläufer des heutigen Stockholm bezeichnet. Sie wurde aber etwa im Jahr 1000 von ihren Bewohnern verlassen. Warum genau, ist nicht bekannt. Sicher ist aber, dass das nahe gelegene Sigtuna die Rolle des regionalen Zentrums übernahm. Dank moderner Archäologie kann man heute auf Björkö wieder die Spuren einstiger Größe erkennen. Ein Museum gibt einen guten Überblick über die Geschichte der Wikinger in der Gegend des heutigen Stockholm. Die Ausstellung zeigt anhand von archäologischen Fundstücken, wie die Menschen in Birka gelebt haben, welche Götter sie verehrten und wie sie sich ernährten. Die Bevölkerung bestand im Wesentlichen aus Händlern und Handwerkern. Krieger waren nur zum Schutz der Siedlung da. Seeräuberei, wie man sie von Wikingern eigentlich erwartet, spielte in Birka keine Rolle. Lohnend ist ein Spaziergang durch Björkös hügelige Landschaft. Dort kann man Spuren alter Festungsanlagen und Gräberfelder entdecken. Für Interessierte gibt es Inseltouren mit Fremdenführern in traditioneller Wikinger-Tracht. Auf der Nachbarinsel Adelsö - nur eine kurze Bootsfahrt von Björkö entfernt – steht außerdem eine alte Burgruine. Im sogenannten »Hovgården« residierten früher die Könige, wenn sie Birka besuchten.

Weiter auf S. 181

»Ulriksdals slott« mit seinen schönen Barockfassaden aus dem 18. Jahrhundert, vom Schlosspark aus gesehen

SOMMERNACHTSTRÄUME

Der Schärengarten südlich von Stockholm ist Teil des großen Ostsee-Archipels und gilt als Inbegriff der schwedischen Sommerfrische.

Die »Norrskär« stampft gemächlich an den schilfgesäumten Ufern entlang, ihr weißer Bug durchpflügt das glitzernde Wasser. Über der Gischt baumeln Holzstämme, die dort zum Schutz des Rumpfes vertäut sind. Ein pummeliger Junge hat es sich achtern unter Deck in einem der roten Plüschsessel des Salons gemütlich gemacht. »Das ist der beste Platz im ganzen Boot.« Er strahlt über sein sonnenverbranntes Gesicht. Dann zieht er eine Plastikflasche aus dem Rucksack, öffnet sie und hält sie seinem Gegenüber vors Gesicht. »Das beste Wasser der Welt«, sagt er und fügt mit ernster Stimme hinzu: »Sagt mein Papa auch. Ist aus unserem eigenen Brunnen.« Der Junge ist gerade am Holzsteg der Insel Grinda mit einem ganzen Pulk Sommerfrischler an Bord gegangen. Die Begegnung im Salon der »Norrskär« ist typisch für das Ferienleben, das in der warmen Jahreszeit den Archipel vor der Hauptstadt beherrscht. Das Meer in der Insellandschaft vor den Stadttoren ist sanft, die Landschaft idyllisch. Zumindest im westlichen küstennahen Teil des Schärengartens. Je weiter man sich in die Ostsee hinausbegibt, desto felsiger und wilder werden die Inseln. Je nach Distanz zum Festland unterscheidet der Stockholmer darum zwischen den inneren, mittleren und äußeren Schären. Fast jeder Bewohner der Hauptstadt hat auf einer der Inseln seinen Lieblingsplatz. Viele – wie etwa der Junge von der »Norrskär« – verbringen im Sommer ganze Wochen und Wochenenden in abgelegenen Sommerhäusern. Oft sind sie nur mit dem eigenen Boot zu erreichen, Süßwasser ist meist nur aus einem hauseigenen Brunnen zu holen. Im Winter, wenn die Ostsee zufriert, sind diese Refugien manchmal gänzlich von der Außenwelt abgeschnitten. Die Sommerfrischler sind dann längst weg. Aber eine kleine Schar von 12 000 Menschen trotzt im Schärengarten der Natur zu jeder

Landsort hat einige Häuser, aber nur wenige ständige Bewohner.

Vor den Schären verläuft ein viel befahrener Seeweg.

Jahreszeit. Seit den 60er-Jahren hat sich ihre Zahl verdoppelt. Der Service für die Dauerbewohner ist gut ausgebaut: Auch kleine Inseln bekommen regelmäßig Besuch von einem Postboten – sind die Wasserwege vereist, kommt er mit dem Luftkissenfahrzeug. Zu einigen größeren Häfen wird außerdem selbst im Winter der Linienverkehr mithilfe von Eisbrechern garantiert. Für Touristen sind diese regelmäßigen Schiffsverbindungen eine hervorragende Möglichkeit, den Schärengarten auch im Herbst, Winter oder Frühjahr zu erkunden. Während der Hauptsaison gibt es zudem ein reiches Angebot an Kreuzfahrten und Besichtigungstouren. Der Schärengarten war für die Stockholmer nicht nur als Ausflugsziel wichtig. Er lieferte in früheren Jahrhunderten Lebensmittel und andere Rohstoffe für die Großstadt. Trockenfisch, Eisenerz, Kalk und Brennholz sind nur einige Beispiele. Wer sich für Kultur und Geschichte des Archipels interessiert, dem sei ein Besuch auf der Insel Vaxholm empfohlen. Der Ort ist heute noch Zentrum für den Schärengarten, und es gibt dort ein gutes Heimatmuseum mit alten Holzbooten, die einen Eindruck vom oft kargen Leben auf den Schären vermittelt. In Vaxholm steht auch eine alte Festung, deren Geschichte bis ins 16. Jahrhundert zurückreicht.

Der Schärengarten mit seinen vielen tausend Inseln hält für jeden etwas bereit: Wer nach anstrengendem Sightseeing einen Badetag einlegen möchte, für den bietet sich ein Besuch auf Grinda an. Die Insel bietet mehrere Strände, idyllische Spazierwege und ein nettes Wirtshaus. Besucher, die etwas mehr Trubel lieben, sollten sich nach Sandhamn begeben. Der Hafen der Insel ist im Sommer Treffpunkt der exklusiven Stockholmer Yacht-Szene. Hier finden sich einige Restaurants, die für ihre gute Küche berühmt sind.

Wer ein bisschen Zeit für seinen Stockholm Besuch hat, der sollte auf jeden Fall einen längeren Trip in die Inselwelt einplanen. Es lohnt sich, gezielt nach einer Fahrt mit einem der alten Dampfer zu suchen, die viel mehr Charme haben als die modernen Schnellboote. Viele Einheimische bevorzugen ebenfalls die historischen Kähne. Auch deshalb, weil es im Salon so gemütlich ist und man dort fast immer nette Leute kennenlernt.

➤ Schärengarten ➤ südöstl. [F 12] Es gibt im Sommer unzählige Angebote für Kreuzfahrten und organisierte Touren durch den Schärengarten. Die meisten starten am Nybroplan und am Strömkajen, mitten in der City nahe der U-Bahnhaltestelle Kungsträdgården. Bei den Anlegestellen gibt es Infostände der unterschiedlichen Reedereien. Eine der größten ist Strömma Kanalbolaget, Tel. 58 71 40 00; www.stromma.se; die meisten Linienverbindungen in die Inselwelt werden von dem Unternehmen Waxholmsbolaget betrieben; Tel. 6 79 58; www.waxholmsbolaget.se

AUTORENTIPP Wenn Sie an einer Landungsbrücke eine bunte Holzkelle sehen: Versichern Sie sich, dass diese ausgeklappt ist, falls Sie ein Boot besteigen möchten. Die Kelle signalisiert dem Kapitän, dass an der Brücke Fahrgäste auf ihn warten. Ohne dieses Signal wird er vorbeifahren und Sie aufs nächste Boot warten lassen, selbst wenn der Fahrplan eigentlich einen Stopp vorsieht.

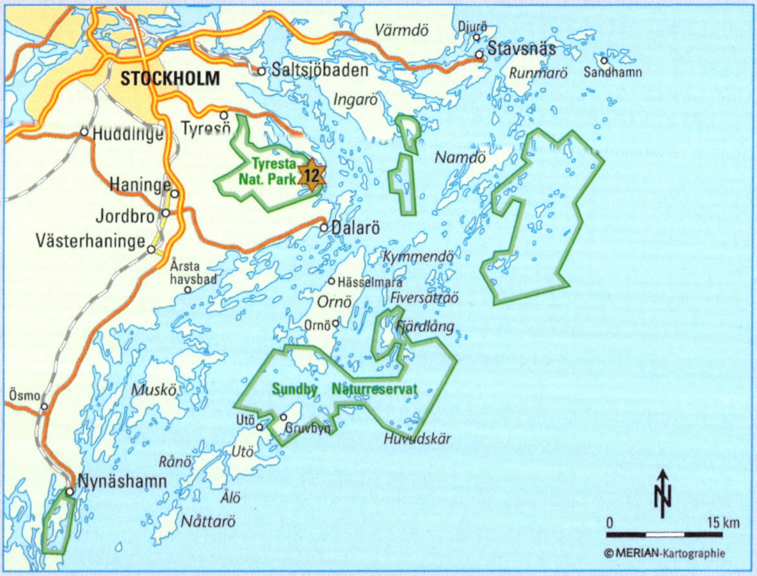

➤ Birka ➤ westl. [A 8] Birka Vikingastaden; Tel. 56 05 14 45; www.raa.se/birka; geöffnet Mai–Sept.; mit dem Boot mehrere Abfahrten tgl. von der Anlegestelle Stadshusbron vor dem Rathaus, die Fahrt dauert knapp zwei Stunden. Hovgården auf Adelsö ist das ganze Jahr über mit dem Bus 312 ab Brommaplan zu erreichen

Fjäderholmarna 5

Die Fjäderholmarna, zu Deutsch: »Inseln in der Bucht«, sind das Stockholm am nächsten gelegene Ausflugsziel im Schärengarten. Sie erheben sich direkt in der Wasserstraße, durch welche die großen Kreuzfahrtschiffe und Finnlandfähren zu den Häfen der Hauptstadt fahren. Die vier kleinen Inseln sind von der Innenstadt in 30 Minuten mit dem Boot zu erreichen. Die kurze Überfahrt gewährt zumindest einen flüchtigen Eindruck von der faszinierenden Inselwelt vor der schwedischen Ostküste, weshalb ein Besuch der Fjäderholmarna sich gut als Schärengarten-Ausflug für Eilige eignet. Die Fjäderholmarana locken in jedem Sommer Tausende Besucher an. Auf der Hauptinsel Stora Fjäderholmen gibt es mehrere Gasthäuser und ein Fischrestaurant. Seit einigen Jahren betreibt der schwedische Schnapsproduzent Mackmyra auf der Insel ein Whiskey-Lager, das auch Verkostungen anbietet. Auch haben sich dort mehrere Handwerker angesiedelt. Glas- und Schmiedekunstarbeiten werden ebenso verkauft wie Holzskulpturen und Töpferware. Wer sich für die Kulturgeschichte des Schärengartens interessiert, sollte auf jeden Fall die Holzboot-Ausstellung besuchen. Dort werden auch historische Motoren und Fischereigeräte gezeigt. Die Fjäderholmarna haben eine bewegte Geschichte. Erstmalig werden sie in einem Dokument aus dem Jahr 1381 erwähnt. Damals gab es an der Stelle allerdings nur eine Insel. Die restlichen drei befanden sich noch unterhalb des Wasserspiegels, sie kamen erst in den kommenden Jahrhunderten langsam an die Oberfläche. Der Norden Europas wurde während der letzten Eiszeit vom Gewicht der Gletscher zusammengepresst. Seit dem Abschmelzen der Eismassen hebt sich ganz Skandinavien jedes Jahr um einige Zentimeter. Bereits im 19. Jahrhundert wurden die Fjäderholmarna zum Ausflugsziel, auf der Hauptinsel gab es ein Restaurant und einen Aussichtsturm. Viele der alten Einrichtungen wurden allerdings niedergerissen, als die Marine 1918 die Inseln übernahm und zu einem Stützpunkt ausbaute. Bis zum Jahr 1976 waren die Fjäderholmarna militärisches Sperrgebiet, noch heute sind die Spuren der Befestigungsanlagen überall zu sehen. Erst in den 80er-Jahren übernahm die Königliche Parkverwaltung die Inselgruppe und öffnete sie erneut für Besucher.

➤ Fjäderholmarna, S. 8/9, [f 3] ➤ östl. [K 8] 6 km östlich von Stockholm; Tel. 7 18 40 55 (allgemeine Informationen); www.fjaderholmarna.se; Geschäfte und Restaurants nur von April–Sept. geöffnet, manche bieten darüber hinaus in der Adventszeit klassisches Weihnachtsbuffet an; während der Sommersaison Abfahrt der Boote stündlich von Slussen (Fjäderholmlinjen) oder vom Nybroplan (Strömma Kanalbolaget); Fahrpreis 90 Kronen

Weiter auf S. 190

BESONDERE ORTE

11 NOBLE PRACHT IM BLAUEN SAAL

Festbankett während der Nobelpreisverleihung

Wer am Abend der Nobelpreisverleihung zum Galadiner im Stockholmer **Rathaus** eingeladen ist, darf sich mit Fug und Recht den höchsten Kreisen der schwedischen Kultur zugehörig fühlen. 1300 Gäste in schimmernden Chiffon-, Satin- und Seidenkleidern oder im nachtschwarzen Frack, geschmückt mit funkelnden Orden, Brillanten, Diamanten und anderem Geschmeide, Kandelaber aus napoleonischer Zeit, poliertes Silberbesteck und auf den Millimeter genau platziertes Porzellan, feinste Kristallgläser, Blumen aus San Remo, erlesene Speisen und sündhaft teurer Champagner: Das Nobelbankett im berühmten Blauen Saal (Blå hallen) ist ein Augen- und Gaumenschmaus! Schon beim Bau des Rathauses, das zwischen 1911 und 1923 nach Plänen des Architekten Ragnar Östberg entstand, wurden weder Kosten noch Mühen gescheut. Acht Millionen roter Ziegel wurden in diesem Meisterwerk der schwedischen Nationalromantik verbaut, an dessen Ausschmückung bedeutende Künstler wie der Maler Prinz Eugen und der Bildhauer Carl Eldh beteiligt waren. Längst ist es zum Wahrzeichen der Stadt geworden.

106 Meter hoch ragt der mächtige Turm in den Himmel, gekrönt vom goldenen Reichswappen Tre Kronor. Ost- und Südflügel umfassen zwei

WEGWEISER 11

Stadshuset

➤ Kungsholmen, S. 8/9, [c/d 3] ➤ [C 7]

Ragnar Östbergs Plan 1; Tel. 50 82 90 58; www.stockholm.se/cityhall; Eintritt nur zu Führungen, Dauer 45 Min.; Führungen auf Englisch Juni–Aug. tgl. 10, 11, 12, 13, 15 und 16, sonst tgl. 10 und 12 Uhr; Führungen auf Deutsch nur Juni–Aug. tgl. 10, 12 und 14 Uhr; Eintritt 70 Kronen, ermäßigt 60 Kronen, Kinder von 12 bis 17 Jahren 40 Kronen; Turmbesteigung Juni–Aug. tgl. 9–17, Sept. tgl. 10–16 Uhr; Eintritt 30 Kronen

Innenhöfe, von denen einer, Blå hallen, überdacht ist. Mit seinen Säulengängen, Marmortreppen und Stuckaturen erinnert die kunstvoll durch ein hoch liegendes Fensterband beleuchtete Halle an eine italienische Piazza. Bei festlichen Anlässen ertönt hier die gewaltige Orgel aus dem Jahr 1925: Mit ihren 10 271 Pfeifen und 138 Registern ist sie die größte Skandinaviens. Blau ist der Saal allerdings ganz und gar nicht: Als die Backsteinwände fertig waren, gefielen sie dem Architekten so gut, dass er spontan auf die vorgesehenen blauen Ziegel zur Dekoration verzichtete. Der Goldene Saal (Gyllene salen) hingegen macht seinem Namen alle Ehre, mit dem funkelnden Mosaik »Mälardrottningen« (1923) von Einar Forseth, das die aufblühende Metropole symbolisiert. Das monumentale Kunstwerk ist aus 18 Millionen Glasplättchen zusammengefügt.

Im Turm gibt es Köpfe, Figuren und Symbole aus der 750-jährigen Geschichte Stockholms zu bestaunen, arrangiert zu Füßen des Stadtpatrons St. Erik. Wer die 365 Stufen hochsteigt, wird mit einer herrlichen Aussicht über die Dächer von Riddarholmen, Södermalm und der Altstadt belohnt. Bei all der Pracht könnte man leicht vergessen, dass hinter der Fassade hart gearbeitet wird: Rund 200 Beamte und Politiker wirken im Magistrat. Bürger Stockholms können im Rathaus auch standesamtlich heiraten. Wer einmal dasselbe Menü essen will wie der König beim Empfang der Nobelpreisträger, dem sei Stadshuskällaren empfohlen. Der Ratskeller gehört zu den elegantesten und teuersten Lokalen der Stadt.

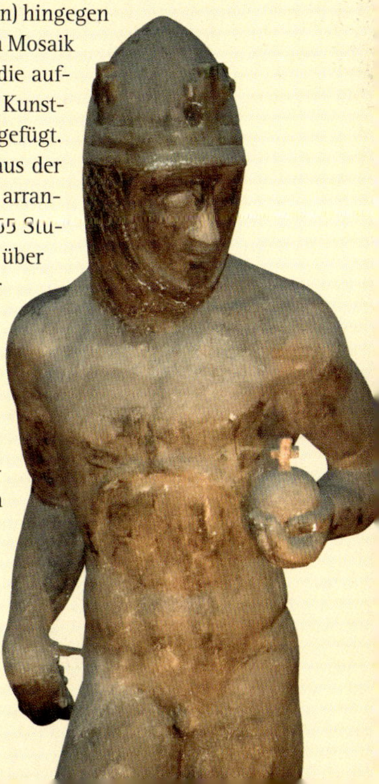

Riesige Terracotta-Figur aus dem Inneren des Rathausturms

BESONDERE ORTE

12 URWALD AM STADTRAND

Größtes zusammenhängendes Waldgebiet im Süden Schwedens: der »Tyresta Nationalpark«

Mehr noch als für die Schlösser und Museen seiner Hauptstadt ist Schweden für endlose Wälder und unberührte Natur berühmt. Bücher wie Astrid Lindgrens »Ronja Räubertochter« oder Selma Lagerlöfs »Gösta Berling« haben die raue Schönheit der nordischen Landschaft auch in südlicheren Ländern einem breiten Publikum nahegebracht. Wer seinen Stockholmbesuch um ein ganz besonderes Naturerlebnis erweitern möchte, der sollte unbedingt einen Ausflug in den **Nationalpark Tyresta** unternehmen. Das südlich der Hauptstadt gelegene Schutzgebiet ist bequem mit dem Linienbus zu erreichen, von der Haltestelle bis in die Wildnis sind es dann nur noch ein paar Schritte. Der Nationalpark vereint auf einer Fläche von 2700 Hektar sowohl Urwald als auch eine jahrhundertealte Kulturlandschaft. Besonders der Urwald ist eine einmalige Sehenswürdigkeit in der Gegend von Stockholm. Der Tyresta-Park umfasst das größte zusammenhängende Waldstück im ganzen Süden Schwedens. In den 1930er-Jahren bewahrte es die Stadtverwaltung in letzter Minute vor dem Kahlschlag und richtete hier ein Naherholungsgebiet ein, das schließlich zu einem Nationalpark wurde. Hier findet der Spaziergänger ausgedehnte Laub- und Kiefernwälder mit uralten Baumriesen. Vogel- und Tierfreunde können mit etwas Glück seltene Spechtarten, Auerhähne, Rotwild oder gar einen Elch beobachten. Eine Attraktion ist das Waldbrandgebiet: 1999 wütete ein zerstörerisches Feuer im Nationalpark. Die Parkverwaltung beschloss, möglichst wenig in die natürlichen Abläufe einzugreifen, und überließ das Brandgebiet weitgehend sich selbst. Lediglich einige Pfade wurden für Besucher gesichert. Heute kann man dort immer noch die Narben erkennen, die das Feuer hinterlassen hat.

Im Nationalpark liegen einige kleinere Seen, die sich gut als Ausflugsziel eignen. Außerdem gibt es eine Reihe von markierten Wanderwegen. Ein »Kinderwagenpfad« erlaubt selbst den Besuchern ein Urwald-Erlebnis, die zur Fortbewegung auf Hilfsmittel angewiesen sind. Bester Ausgangs- und Endpunkt für einen Ausflug in die Wildnis ist der Parkplatz beim Tyresta By, dem Dorf Tyresta. Die Geschichte der kleinen Siedlung reicht bis ins frühe Mittelalter zurück. Heute sind dort einige Bauernhöfe und ein Café, auch Landwirtschaft wird noch betrieben, insbesondere Schafszucht. Die schiefen Holzhäuser und Viehzäune, die noch von Hand aus Baumstämmen gebaut werden, vermitteln einen Eindruck davon, wie es im Schweden des frühen 19. Jahrhunderts einmal ausgesehen hat. Im Dorf gibt es auch einen Landhandel. Er verkauft allerlei Süßigkeiten, selbst gemachten Honig und schmackhafte Bratwürste, die man an einer Feuerstelle vor dem Laden gleich grillen kann. Aber Tyresta ist nicht nur Urwald und Kulturlandschaft, wegen seiner Nähe zur Hauptstadt ist der erst 1993 eingerichtete Park gleichzeitig auch eine Art Schaufenster für die Naturschönheiten des ganzen Landes geworden. Gleich neben dem Dorf Tyresta liegt das grasbewachsene »Haus des Nationalparks«. Der Grundriss des Gebäudes entspricht dem Umriss Schwedens im Maßstab 1:31 000. Im Inneren präsentieren sich alle 28 Nationalparks des Königreichs. Der Besucher bekommt auf diese Weise einen guten Überblick über die Geografie, die Flora und die Fauna des Landes, von den eisigen Bergen Lapplands bis zu den Sandstränden Schonens.

WEGWEISER 12

Tyresta Nationalpark

➤ Tyresö, S. 180 ➤ südöstl. [F 12]

Tel. 7 45 33 94; www.tyresta.se; Haus des Nationalparks: Di–Fr 9–16, Sa und So 11–17, Nov.–Feb. Sa und So 10–16 Uhr; Bus 807, 809 (von Gullmarsplan), Bus 834 von der Pendeltåg-Station Haninge bis Svartbäcken, von dort ausgeschilderter Fußmarsch (20 Min.) bis Tyresta By; einmal pro Stunde fahren die Busse der Linien 807 und 834 bis zum Haupteingang des Parks; Eintritt frei

STADT DER STUDENTEN

Uppsala, rund 45 Minuten nördlich von Stockholm gelegen, ist ein Besuchermagnet - dank Wissenschaft und Architektur.

Die Universitätsstadt im Norden von Stockholm war lange das geistig-kulturelle Zentrum Schwedens. Berühmt ist vor allem der Naturforscher Carl von Linné, der hier im 18. Jahrhundert sein System für die Ordnung von Flora und Fauna entwickelte. Auch heute wird in Uppsala wegweisende Forschung betrieben. Die Stadt ist mit 180 000 Einwohnern viertgrößte Metropole des Landes, und sie ist wegen ihrer vielen historischen Gebäude und des quirligen Studentenlebens in der Innenstadt auch als Ausflugsziel interessant.

➤ Uppsala, S. 189, ➤ nördl. [C 1]

www.uppland.nu; Infos bei der Touristeninformation, Fyristorg 8 Uppsala; Tel. 0 18-7 27 48 00; Anreise: von Stockholm mit dem Zug in etwa 40 Minuten zu erreichen; Hin- und Rückfahrt ab 120 Kronen

DIE DOMKIRCHE

Der Grundstein für die größte und höchste Kirche Skandinaviens wurde im Jahr 1270 gelegt. Das war die Geburtsstunde des heutigen Uppsala, denn das Gotteshaus bildete fortan den Kern, um den sich die Stadt entwickelte. Im gotischen Stil erbaut, reckt sich der Dom 118,7 Meter in die Höhe, und er ist ebenso lang. Es dauerte 165 Jahre, bis er im Juni 1435 endlich eingeweiht werden konnte. Bis ins frühe 18. Jahrhundert war der Dom von Uppsala Krönungskirche der schwedischen Könige, einige der berühmtesten Monarchen des Landes sind überdies hier beerdigt. Gegenüber vom Haupteingang, am Ende des Hauptschiffes, befindet sich die imposante Grabkapelle Gustav Vasas. Der König, der im 16. Jahrhundert Schweden von den Dänen befreite, wurde hier im Jahr 1560 unter einem prachtvoll in den Reichsfarben Blau und Gold verzierten Gewölbe bestattet. In der Kapelle links daneben ruht Erik Jedvardsson, der im Norden als der Heilige Erik verehrt wird. Er lebte im 12. Jahrhundert und gilt als Reichsgründer. Sein Konterfei begegnet jedem Stockholm-Reisenden unweigerlich, denn es ziert das Wappen der Hauptstadt. Der Legende nach wurde Erik von seinen Feinden im Jahr 1160 in Uppsala ermordet. Seine Überreste befinden sich seit 1273 im Dom und wurden lange als Reliquien verehrt. Der goldene Schrein stammt aus dem Jahr 1579. Neben dem Kirchengebäude befindet sich die Domschatzkammer, ein Museum mit religiösen Gegenständen aus mehreren Jahrhunderten. Unter anderem gibt es dort prunkvolle

Domkirche (unten links) und Universitätsbibliothek gehören zu den bekanntesten Attraktionen der kleinen Studentenstadt.

Bischofsroben aus dem Mittelalter und Beerdigungsgewänder von mehreren Königen zu sehen.

➤ Uppsala, S. 189, [b 2] Domkyrkoplan; www.uppsaladomkyrka.se; Okt.–April So–Fr 8–18, Sa 10–18, Mai–Sept. tgl. 8–18 Uhr; Schatzkammer Okt.–April Mo–Sa 11–15, So 12.30–15, Mai–Sept. Mo–Sa 10–17, So 12.30–17 Uhr

DAS SCHLOSS VON UPPSALA

Das Schloss mit seinen runden Ecktürmen ist das dominierende Gebäude der Universitätsstadt. Ein Besuch des Schlosses lohnt sich auch wegen der guten Aussicht, die man von dort oben über den historischen Stadtkern und den Botanischen Garten hat. Als Gustav Vasa 1549 mit dem Bau auf dem Hügel begann, war das auch Ausdruck eines neuen politischen Denkens. Schon der Standort demonstrierte die Herrschaft der Krone über die am Fuß des Hügels gelegene Kirche. Im Uppsala Schloss soll Gustav II. Adolf im 17. Jahrhundert beschlossen haben, dass Schweden auf Seite der Protestanten in den Dreißigjährigen Krieg eintritt. Und einige

Im Schloss von Uppsala sind das Kunstmuseum sowie einige Behörden untergebracht.

Jahrzehnte später schrieb im Reichssaal des Schlosses Königin Kristina Geschichte, als sie freiwillig auf den Thron verzichtete. Heute beherbergt das ehemalige Regierungsgebäude ein Kunstmuseum, in dem es neben Ausstellungen mit zeitgenössischen Künstlern auch schwedische Malerei des 20. Jahrhunderts zu sehen gibt.

➤ Uppsala, S. 189, [b 3] **Slottsbacken; Tel. 0 18-7 27 24 82; Kunstmuseum: Di–Fr 12–16, Sa und So 11–17 Uhr; das Schloss selbst kann nur im Rahmen von Führungen besichtigt werden, genauere Auskünfte über Termine und Uhrzeiten erteilt das Kunstmuseum; Bus: 3, 6, 7, 18, 20 oder 22 bis Slottsbacken**

GAMLA UPPSALA

Gamla Uppsala, zu Deutsch: das Alte Uppsala, liegt etwas nördlich der Universitätsstadt. Bevor mit dem Bau des Doms das Stadtzentrum an seinen heutigen Ort rückte, hatte Gamla Uppsala eine bedeutende Rolle als Handelszentrum und Bischofssitz inne. Die Wurzeln der Siedlung reichen bis in die Wikingerzeit zurück. Die Überreste der alten

AUTORENTIPP Wenn am 30. April in Schweden Valborgsmässoafton (Walpurgisnacht) gefeiert wird, kocht Uppsala vor Lebensfreude. Alle Studentenverbindungen der Stadt – jeder Student und jede Studentin gehören einer solchen an – veranstalten Feste. Und um die Mittagszeit versammeln sich Tausende junger Schweden mit den traditionellen weißen Studenten-Schirmmützen vor dem Uni-Hauptgebäude, um den Frühling zu begrüßen.

Domkirche aus dem 12. Jahrhundert sowie mehrere Grabhügel aus vorchristlicher Zeit machen einen Besuch in Gamla Uppsala zu einem Ausflug in die früheste Vergangenheit der Region. Ein Freilichtmuseum und eine Ausstellung über die Wikinger und ihre frühmittelalterlichen Erben bieten jede Menge Möglichkeiten für Streifzüge durch die Geschichte Skandinaviens.

➤ Uppsala, S. 189, nördl. [a/b 1]
Disavägen, Uppsala; Tel. 0 18-23 93 00 und 0 18-23 93 12; Anreise mit den Buslinien 2 oder 110 von Uppsala Zentrum (Dragarbrunnsgatan/Stora Torget). Öffnungszeiten des Museums Jan.–April Mi, Sa, So, 12–15, Mai–Aug. tgl. 11–17, Sept.–14. Dez. Mi, Sa, So von 12–15 Uhr; Eintritt 50 Kronen

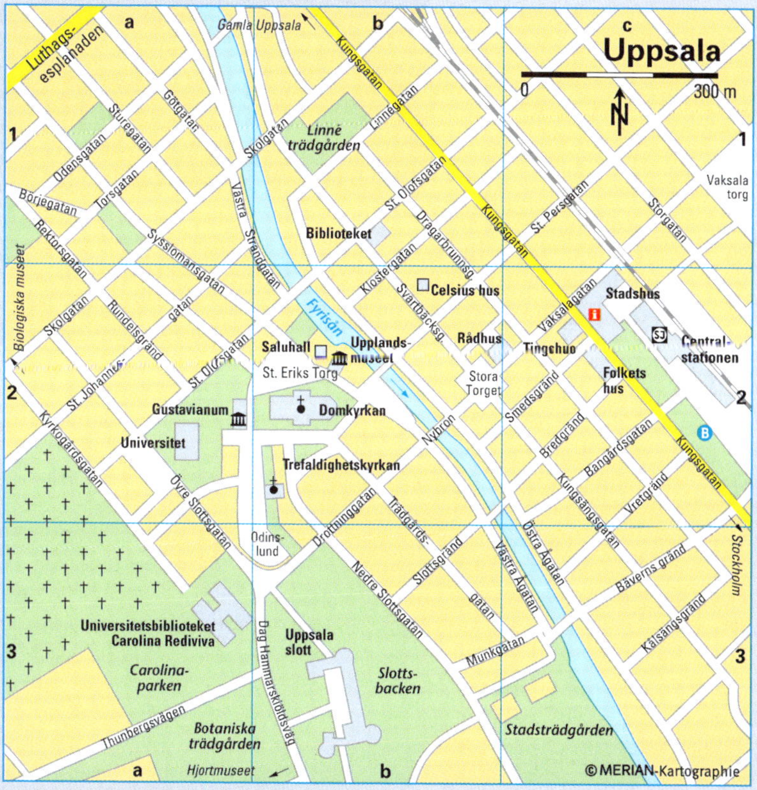

Gamla Stan – die Altstadt 6

Prächtige Bürgerhäuser, verwinkelte Gassen und lauschige Plätze machen einen Spaziergang durch Gamla Stan zu einem einmaligen Erlebnis. Der ehemalige Stadtkern, um den herum das heutige Stockholm entstand, liegt mitten im Strömmen zwischen Mälarsee und Ostsee auf drei Inseln verteilt: Stadsholmen und die beiden kleineren Riddarholmen und Helgeandsholmen (mit dem Reichstag). Für Touristen ist ein Besuch des Viertels ein Muss, denn hier befindet sich eine ganze Reihe von Sehenswürdigkeiten wie das Stadtschloss (S. 172), Storkyrkan (S. 197), die Deutsche Kirche (S. 198) Riddarhuset (S. 167) und Riddarholmskyrkan (S. 195). Die meisten Besucher ergänzen das Sightseeing mit einem Einkaufsbummel durch die Västerlånggata, die das Viertel von Norden nach Süden durchquert. Die Straße markiert die mittelalterliche Stadtgrenze nach Westen hin, im Osten endete Stockholm damals an der Österlånggatan. Entlang dieser beiden größeren Straßen befinden sich heute ungezählte Cafés, Restaurants und Geschäfte, darunter einschlägige Touristenfallen aber auch erstklassige Läden mit feinem Kunsthandwerk. Neben den belebten Shoppingmeilen können Besucher bei Streifzügen durch die Altstadt aber auch menschenleere Gassen entdecken, deren Kopfsteinpflaster sich zwischen windschiefen Hauswänden hindurchzwängt. Besonders schön: Die an manchen Stellen nur 90 Zentimeter breite Mårten Trotzigs Gränd, die von der Västerlånggatan nach Osten Richtung Stortorget führt. Wer nach Fotomotiven sucht, sollte unbedingt auch das Ostufer der Insel besichtigen. Von dort blickt man übers Wasser Richtung Schärengarten, und mit etwas Glück kann man einer großen Fähre beim An- oder Ablegen zusehen.

➤ Gamla Stan, S. 8/9, [d 3] ➤ [E 8]

U-Bahn Gamla Stan

Gröna Lund

Gröna Lund ist Stockholms Gegenstück zum Kopenhagener Tivoli oder dem Prater in Wien, allerdings ist die Anlage deutlich kleiner. Im Sommer hat der Park im Schnitt 10 000 Besucher pro Tag. Auf engem Raum in unmittelbarer Nähe zur

»Stortorget« ist das älteste Zentrum der Stadt und der höchste Punkt der Insel Stadsholmen. Einst Markt-, heute Tummelplatz.

Innenstadt und in malerischer Lage direkt am Strand der Insel Djurgården bietet Gröna Lund alles, was zu einem richtigen Jahrmarkt gehört: Wurfbuden und Eisdielen, Achtbahnen und andere Fahrgeschäfte. Abends sorgen sechs Restaurants und mehrere Showbühnen dafür, dass sich ein Besuch auch für Erwachsene lohnt. Auf der großen Bühne sind ab und zu internationale Stars zu Gast, den Publikumsrekord hält der jamaikanische Musiker Bob Marley, der hier im Jahr 1980 vor 32 000 Zuschauern auftrat. Schwedens ältester Vergnügungspark öffnete 1883 seine Pforten, vorher gab es alten Aufzeichnungen zufolge an gleicher Stelle bereits ein Wirtshaus.

➤ Djurgården ➤ [G 8] Tel. 58 75 01 00; www.gronalund.com; nur im Sommer von Ende April–Anfang Sept. geöffnet; 20 Min. zu Fuß von der U-Bahnhaltestelle Karlaplan, mit den Buslinien 47 und 44 direkt bis zur Haltestelle Konsthallen/Gröna Lund oder mit der Fähre von Slussen

Stadshuset 11

(→ Der gute Tipp von MERIAN, S. 182)

Tyresta Nationalpark 12

(→ Der gute Tipp von MERIAN, S. 184)

KIRCHEN

Adolf Fredriks Kyrka

Einmal im Jahr verwandelt sich das unscheinbare Grab vor der Adolf Fredriks Kirche in einen Blickfang aus Blüten. Am 28. Februar nämlich erinnern sich die Stockholmer an den Tod von Ministerpräsident Olof Palme, der 1986 auf der Straße direkt vor der Kirche unter nie ganz geklärten Umständen ermordet worden war. Nicht nur er fand seine letzte Ruhe auf dem kleinen Friedhof im Schatten der markanten weißen Kuppel. Auch der Entdecker Sven Hedin und Hjalmar Branting, Schwedens erster sozialdemokratischer Regierungschef, liegen hier begraben. Ihren Namen hat die Kirche von König Adolf Fredrik, der 1768 den Grundstein legte. Zuvor gab es an dieser Stelle bereits eine Holzkapelle. Das neoklassizistische Gebäude mit der Kuppel wurde 1774 eingeweiht, das Äußere blieb seit dem nahezu unverändert. Der Innenraum wurde dagegen ständig modernisiert. Bekannt ist unter anderem das Taufbecken, das komplett aus Orrefors-Kristallglas besteht. Die Deckenfresken malte der Künstler Julius Kronberg in den Jahren 1899 bis 1900. Altar und Kanzel stammen aber noch aus der Entstehungszeit der Kirche. Johan Tobias Sergel hat sie gemacht, einer der bedeutendsten schwedischen Bildhauer des 18. Jahrhunderts. Von Sergel stammt auch die schwarze Skulptur rechts der Kanzel. Sie stellt einen Erdball dar, von dem sich eine dunkle Hülle löst. Das Kunstwerk symbolisiert die Befreiung der Welt von der Lüge, und es erinnert an den Gelehrten Réné Descartes. Der bekannte Naturphilosoph («Ich denke, also bin ich») kam 1649 nach Stockholm und diente dort Königin Kristina als Lehrer und Ratgeber. Allerdings nicht lange, denn im rauen Klima Skandinaviens zog sich der Franzose eine Lungenentzündung zu und starb im Februar 1650. Danach ruhten seine Überreste einige Jahre lang auf dem Friedhof, auf dem heute die Adolf Fredriks Kirche steht. 1666 überführte man die Gebeine des Philosophen allerdings in seine Heimat.

➤ Normalm ➤ [D 6] **Holländargatan 14; www.adolffredrik.nu; Mo 13–19, Di–Sa 10–16, So 10.30–16 Uhr; U-Bahn Hötorget**

Engelbrektskyrkan

Wie aus einem Stück Fels gehauen sollte es aussehen: So stellte sich der Architekt Lars Israel Wahlman das Kirchengebäude für den neuen Stadtteil Lärkstaden vor. Und seine Entwürfe überzeugten. Nachdem er einen Architekturwettbewerb gewonnen hatte, durfte Wahlman die Engelbrektskirche nach seinen Vorstellungen bauen. 1914 war sie fertig. Entstanden ist eines der schönsten Bauwerke aus der Epoche des Jugendstils, was vor allem in den formenreichen Stukkaturen, Malereien und Details der Inneneinrichtung zum Ausdruck kommt. Umgeben von Mauern aus behauenem Granit erhebt sich die Kirche mächtig auf einem kleinen Hügel und fügt sich doch gut in den umliegenden Stadtteil ein. Typisch sind die dunkelrote Fassade und die Ziegeldächer, die sowohl das Gotteshaus als auch den umliegenden Stadtteil dominieren. Die Maße beeindrucken: Das Kirchenschiff ist mit einer Höhe von 32 Metern das höchste in ganz Skandinavien. Es ruht auf acht Granitpfeilern, die mit Stücken aus der Bergpredigt beschriftet sind – getreu dem Vorhaben Wahlmans, der eine »Kirche der Bergpredikt« erbauen wollte. 1400 Besucher finden bei Gottesdiensten Platz in der Engelbrektskirche. Bekannt sind die Malereien des Künstlers Olle Hjortzberg, der den Altar und auch die Taufkapelle gestaltet hat.

➤ Östermalm ➤ [D 5] **Östermalmsgatan 20 B; Tel. 4 06 98 00; Di–So, 11–15 Uhr, der Gottesdienst beginnt So um 11 Uhr; U-Bahn Tekniska Högskolan, Bus 1 oder 42**

Gustav Vasa Kyrka

Unter ihrer 60 Meter hohen Kuppel hat die Gustav Vasa Kirche Platz für 1200 Gläubige. Der Baustil ist dem italienischen Barock nachempfunden. Architekt August Lindegren holte sich die Inspiration für seinen Entwurf bei mehreren Europareisen. Das Gebäude stammt vom Anfang des 20. Jahrhunderts, damals benötigte die Stadt wegen des starken Bevölkerungswachstums dringend neue Kirchen. Eingeweiht wurde die Gustav Vasa Kyrka im Jahr 1906. Wegen schwieriger Bodenverhältnisse musste unter dem Gebäude tief ausgeschachtet werden, weshalb die Kirche einen sehr geräumigen Keller hat. Nach mehreren Umbauten und Erweiterungen befinden sich dort heute 7500 Grabnischen mit Platz für insgesamt 35 000 Urnen – es ist das größte Kolumbarium Schwedens. Berühmt ist die Kirche vor allem für ihren Hauptaltar, den der Bildhauer Burghard Precht ursprünglich für den Dom in Uppsala (→ Spezial, S. 186) schuf. Zum Vorbild nahm er sich den Ignatius-Loyola-Altar der Kirche Il Gesù, Hauptkirche der Jesuiten in Rom. 1731 wurde Prechts Werk eingeweiht. In die Gustav Vasa Kirche gelangte das Kunstwerk über Umwege, unter anderem war es einige Zeit im Nordischen Museum eingelagert.

Immer wieder von Bränden heimgesucht: die »Katarina Kyrka« nach der Renovierung 1995

➤ Vasastaden ➤ [C 5] **Karlbergsvägen 5; Tel. 50 88 86 19; Mo–Do 11–18, Fr–So 11–15 Uhr; U-Bahn Eriksplan, von dort weiter zu Fuß oder mit Bus 3 (Richtung Karolinska Sjukhuset)**

Katarina Kyrka

König Karl X. Gustav hatte große Pläne für die Gegend Stockholms, die heute Södermalm heißt. Ein modernes Verwaltungszentrum sollte dort entstehen und sogar ein neues Schloss. Deshalb hatte der Regent ein offenes Ohr, als die Bewohner des Stadtteils 1654 um die Erlaubnis baten, eine eigene Gemeinde gründen und eine Kirche bauen zu dürfen. Schon zwei Jahre später wurde der Grundstein für das neue Gotteshaus gelegt. Die Einweihung im Jahr 1695 erlebte Karl X. Gustav nicht mehr mit, er starb bereits 1660, und mit ihm verschwanden auch die hochtrabenden Pläne für Södermalm. Der Stadtteil entwickelte sich später zu einem Arbeiterviertel. Die Kirche aber ist heute noch ein Schmuckstück des Quartiers. Das Originalbauwerk wurde 1723 bei einem Brand zerstört, beim Wiederaufbau erhielt Katarina Kyrka ihren charakteristischen achteckigen Turm. Ein zweites Feuer im Jahr 1990 ließ fast nur die Außenmauern übrig. Beim erneuten Wiederaufbau orientierte man sich an den Originalplänen aus dem 17. Jahrhundert. Sehenswert ist auch der Friedhof, auf dem einige lokale Berühmtheiten ihre letzte Ruhe fanden. Das bekannteste Grab ist das der schwedischen Außenministerin Anna Lindh, die im Jahr 2003 von einem psychisch kranken Täter ermordet worden war.

➤ Södermalm ➤ [E 9] **Högbergsgatan 13; Tel. 7 43 68 00; Mo–Fr 11–17, Sa und So 10–17 Uhr; U-Bahn Medborgarplatsen, von dort 500 m zu Fuß**

Klara Kyrka

Der Platz, der sich heute mitten im modernen Zentrum Stockholms befindet, war schon 1280 Standort eines Nonnenklosters, das König Gustav Vasa aber im Zuge der Reformation 1527 abreißen ließ. König Johann III. beauftragte dann im Jahr 1572 den Architekten Henrik van Huwen, an gleicher Stelle die St. Clara Kirche zu errichten. Das Backsteingebäude mit dem Kupferdach ist auch heute noch eines der imposantesten Bauwerke zwischen Hauptbahnhof und Sergels Torg. Auf dem Friedhof befindet sich das Grab von Carl Mikael Bellmann (1740–1795), Verfasser zahlreicher Liedersammlungen und einer der bekanntesten Komponisten Schwedens. Die Klara Kirchengemeinde ist bekannt für ihr Engagement für die Ärmsten der Stadt. Sie kümmert sich zum Beispiel um Obdachlose, Drogenabhängige, Prostituierte, Flüchtlinge. Jeden Werktag zur Mittagszeit fahren Gemeindemitglieder einen kleinen Wagen mit Kaffee und Butterbroten auf den Sergelstorg, um die Verpflegung dort an Bedürftige zu verteilen.

➤ Norrmalm ➤ [D 7] **Klarabergsgatan 37; Tel. 7 23 30 00; tgl. 10–17 Uhr; U-Bahn T-Centralen**

Norra Begravningsplatsen

Der Nordfriedhof liegt ein wenig außerhalb des Zentrums im Stadtteil Solna, und er ist letzte Ruhestätte für viele berühmte Schweden. In einem der ältesten Teile der 1827 eingeweihten Beerdigungsstätte befindet sich das Grab des Großindustriellen Alfred Nobel (Parzelle 4A/Grab Nr. 70), berühmt geworden als Stifter des gleichnamigen Preises. Auch Stockholms wohl berühmtester Schriftsteller August Stringberg (13A/101) ruht hier, unter einem schlichten Kreuz aus schwarzem Eichenholz mit der Inschrift »Oh Kreuz, sei gegrüßt meine einzige Hoffnung«. Ebenfalls unscheinbar ist das Grab des Weltstars Ingrid Bergman (11F/228), die sich mit Filmen wie »Casablanca« einen festen Platz in der Geschichte Hollywoods sicherte. Ihre letzte Ruhestätte fand sie im Stockholmer Familiengrab der Bergmans, ihre graue Grabplatte ziert nichts als der Schriftzug »Ingrid« und darunter die Lebensdaten 1915–1982. Da Norra Begravningsplatsen über die Jahre stetig erweitert wurde, lassen sich hier unterschiedliche Stile und Traditionen der Grabgestaltung vergleichen. Bekannt ist »Lindhagens Kulle« in Parzelle 21, ein kleiner Hügel mit großen Mausoleen von Industriemagnaten und Berühmtheiten aus den pompverliebten 1920er-Jahren.

➤ Solna ➤ [A 4] **Solna Kyrkvä, Grind 3; Tel. 50 83 01 00; Bus 3, 52, 73, 506, 507 oder 508 bis Karolinska Sjukhuset**

Den Kirchenraum der »Klara Kyrka« überdeckt ein zartes Kreuzgewölbe. Die zwei Altarengel entstanden nach Originalen von Johan Sergel.

Riddarholmskyrkan

Die Ursprünge der Riddarholmskirche gehen bis auf das 13. Jahrhundert zurück, als der König Magnus Ladulås bei Stockholm ein Kloster gründete. Aus dem dazugehörigen Gotteshaus wurde über die Jahrhunderte nach mehreren Umbauten und Erweiterungen eines der bekanntesten Bauwerke der Stadt. Die charakteristische durchbrochene Turmspitze besteht aus Gusseisen. Sie schmückt die Kirche seit 1835, als sie nach einem Brand renoviert werden musste. Gottesdienste werden allerdings nur noch selten gefeiert, denn eine eigene Gemeinde hat die Riddarholmskirche seit mehr als 200 Jahre nicht mehr. Bekannt ist sie als königliche Grab- und Gedächtniskirche. Seit dem Tod von Gustav II. Adolf im Jahr 1632 sind mit wenigen Ausnahmen alle schwedischen Monarchen in den Grabmälern beigesetzt worden, die sich die Herrschergeschlechter rund um die Riddarholmskirche errichtet haben. Das jüngste Grabmal stammt aus dem Jahr 1860 und ist für die Familie Bernadotte reserviert, der auch der heutige König angehört. Der erste Bernadotte-König Karl XIV. Johan (gest. 1844) ruht in der Kapelle an einem Ehrenplatz im pompösesten Sarg der ganzen Kirche. Das 15 Tonnen schwere Stück besteht aus Porphyr und wurde im Winter 1856 auf einem Schlitten und per Boot aus der Provinz Dalarna nach Stockholm transportiert.

➤ Riddarholmen ➤ [D 8] Birger Jarls Torg; Tel. 4 02 61 67; Juni–Aug. tgl. 10–17 Uhr,

Perfekte Verschmelzung von Architektur und Kulturlandschaft: Der Waldfriedhof war Vorbild für die Gestaltung von Grabstätten weltweit.

Okt.–Mai geschl., im Sept. wechselnde Öffnungszeiten; U-Bahn Gamla Stan oder mit den Buslinien 3 oder 53 bis Riddarhustorget

Skogskyrkogården 7

Der Stockholmer Waldfriedhof gilt wegen des einzigartigen Zusammenspiels zwischen Bauten und Natur als eines der wichtigsten Werke der modernen Architektur. Skogskyrkogården steht seit 1994 auch auf der Weltkulturerbeliste der UNESCO. Heute befinden sich auf dem Waldfriedhof etwa 90 000 Gräber, er ist damit der größte Beerdigungsplatz Schwedens. Das berühmteste Grab ist das der Filmdiva Greta Garbo.

Die Stadt hatte 1912 beschlossen, ein großes Areal im Stadtteil Enskede als Friedhof zu nutzen. Sie schrieb einen internationalen Architekturwettbewerb aus, den die 30-jährigen Schweden Gunnar Asplund und Sigurd Lewerentz gewannen. Die Gestaltung der knapp 100 Hektar großen Fläche zog sich über mehrere Jahrzehnte hin, und einige der bekanntesten Künstler Schwedens wirkten daran mit. In der Begründung zur Aufnahme in die Weltkulturerbe-Liste heißt es: »Asplunds und Lewerentz' Werk etablierte

AUTORENTIPP Die Schweden feiern am ersten Samstag im November Allerheiligen. Die flackernden Grablichter erzeugen dann zwischen den hochgewachsenen Bäumen des Waldfriedhofs eine einzigartige Stimmung.

eine neue Form von Beerdigungsplatz, die auf eine grundlegende Weise den Bau anderer Friedhöfe auf der ganzen Welt beeinflusst hat.« Der Friedhof erinnert manchmal an einen Park, manchmal an einen lichten Wald, und viele der Gebäude muten futuristisch an. Die Gräber befinden sich zum Teil in einfachem Waldboden, im Schatten hoher Kiefern. Es gibt eigene Beerdigungsstätten für Muslime, Orthodoxe Christen und Juden. Zentraler Platz ist die Kapelle des Heiligen Kreuzes (Heliga Korsets Kapell), die in den Jahren 1937 bis 1940 nach den Plänen Asplunds auf einem Hügel errichtet wurde. Daneben befinden sich noch zwei weitere Kapellen – sie tragen die Namen »Glaube« und »Hoffnung« – und ein Krematorium. Auf dem Hügel gegenüber hat Lewerentz einen Meditationsplatz geschaffen, der von hochgewachsenen Ulmen umschlossen ist, die weithin sichtbar sind.

➤ Enskede, S. 8/9, [d 5] ➤ südl. [F 12]
Tel. 50 83 01 58; ein Besuchszentrum mit Buchshop und Ausstellung ist in den Sommermonaten geöffnet, 25. Mai–7. Sept. 11–17 Uhr; U-Bahn Skogskyrkogården; Eintritt frei

Storkyrkan

Storkyrkan – die große Kirche – ist das älteste Gotteshaus der Hauptstadt. Ihre Wurzeln reichen zurück bis in die Zeit von Birger Jarl, der Mitte des 13. Jahrhunderts dem Dorf am Eingang zum Mälarsee Stadtrechte verlieh und damit erstmals die Existenz von Stockholm in einem Dokument bezeugte. Die Kirche wird zum ersten Mal 1279 im Testament eines Ritters erwähnt, der ihr etwas Silber vermacht. Weil sie dem Heiligen Nikolaus geweiht war, wird die Storkyrkan auch heute noch manchmal als St. Nicolai Kyrkan bezeichnet. Wie das Gebäude im 13. Jahrhundert ausgesehen hat, ist unbekannt. Sicher ist, dass 1306 eine dreischiffige Kirche eingeweiht wurde, von der heute noch Teile erhalten sind. Über die Jahrhunderte veränderte sich das Bauwerk, es wuchs mit der Stadt. Das gotische Innere vollendeten die Baumeister um das Jahr 1500. Als das nahe gelegene Stadtschloss im 18. Jahrhundert fertig war, wurde das mittelalterliche Äußere der neuen barocken Umgebung angepasst. In dieser Zeit entstand der 66 Meter hohe Kirchturm, der vier Uhren beherbergt. Das bekannteste

Weiter auf S. 200

Die »Storkyrkan« hat bis heute mehrfache Umbauten mitgemacht. Die Barockfassade erhielt das gotische Bauwerk 1740.

KIRCHEN

13 DIE DEUTSCHE KIRCHE

Schmiedeeisernes Tor der »Deutschen Kirche«

»Fürchtet Gott! Ehret den König!« So steht es heute noch auf Deutsch in altmodischen Lettern über dem Eingangstor der Kirche gemeißelt, die ein beeindruckendes Zeugnis ablegt vom großen Einfluss, den deutsche Kaufleute, Handwerker und Gelehrte auf die Entwicklung Stockholms hatten. **Tyska Kyrkan** – die Deutsche Kirche – zählt zu den Gebäuden, die man bei einem Altstadtrundgang unbedingt gesehen haben muss. Noch heute gehört das Gotteshaus der deutschsprachigen protestantischen Gemeinde St. Gertrud, die etwa 2000 Mitglieder hat. Dass die Deutschen ihre Besucher am Eingang dazu auffordern, den König zu ehren, hat wohl damit zu tun, dass die schwedischen Regenten die Einwanderer aus dem Süden meist gut behandelt haben.

WEGWEISER 13

Tyska Kyrkan

➤ Gamla Stan, S. 175, [e 3] ➤ [E 8]

Svartmangatan 16A; Tel. 10 12 63; www.st-gertrud.se; Sa und So 12–16, im Sommer tgl. 12–16 Uhr; U-Bahn Gamla Stan

Schon 1571 gewährte König Johan III. seinen deutschstämmigen Untertanen das Privileg, eine eigene Kirche in Stockholm errichten zu dürfen. Im Jahr 1607 bekam die Gemeinde dann auch das Kirchengebäude geschenkt, das auf dem höchsten Punkt von »Tyska Brinken«, dem deutschen Berg, steht.

Es sah damals allerdings anders aus als heute: Die erste Hälfte des 17. Jahrhunderts verbrachte die Gemeinde vor allem mit aufwändigen Um- und Neubauten. 1643 war die Kirche dann im Wesentlichen fertig. Bei einem Brand 1878 stürzte allerdings der Kirchturm auf das Hauptgebäude und zerstörte dabei alle Fenster. Glocken, Glasmalereien und Turm sind darum neueren Datums und stammen vom Ende des 19., Anfang des 20. Jahrhunderts. Sonst blieb die Kirche bei dem Brand jedoch weitgehend unversehrt. Vor einigen Jahren hat man den Wetterhahn von der alten Turmspitze restauriert, er ist nun im Vorraum zu sehen.

Tritt man von dort aus in das Kirchenschiff, fallen einem zunächst die beiden mächtigen Sandsteinpfeiler auf, auf denen das gesamte Gebäude ruht. Sie stammen von der Insel Öland. Direkt vor dem Eingang erhebt sich die von unbekannten Künstlern geschaffene Kanzel, deren prunkvolle Verzierung aus Ebenholz und Alabaster in Schweden einmalig ist. Eindrucksvoll ist auch der Fußboden aus schwarzem und weißem Marmor. Die zentrale Position der Kanzel soll die wichtige Stellung unterstreichen, die der Predigt im evangelischen Glauben zukommt. Hinter der Kanzel befindet sich die mit goldenen Ornamenten geschmückte Königsloge. Sie wurde 1672 errichtet als bequemer und herausgehobener Sitzplatz für Mitglieder der schwedischen Königsfamilie. Die Stockholmer Regenten waren durch Heirat mit mehreren verschiedenen Adelsgeschlechtern deutscher Fürstentümer verwandt, sodass es oft deutschsprachige Verwandte bei Hofe gab.

Bevor das Gebäude zur Kirche wurde, diente es u.a. der finnischen Glaubensgemeinde und der Hanse als Gildehaus.

Kunstwerk der Kirche »St. Göran und der Drachen« symbolisiert den Triumph über Dänen: Mit finsterem Blick, das Schwert erhoben, reitet der Drachentöter auf das Untier zu, das sich bereits am Boden windet. Das Monument aus dem Jahr 1489 gilt als eine der wichtigsten nordeuropäischen Skulpturen aus dem Mittelalter. Der deutsche Künstler Bernt Notke schuf es im Auftrag des Feldherrn Sten Sture. Die Figuren sind aus Eichenholz, Notke verwendete für Details auch lokale Materialien wie Eisen oder Elchgeweih. Der Legende nach geht die Entstehung der Skulptur auf eine Schlacht zurück. Sten Sture soll vor einem Kampf gegen das dänische Heer, das 1471 vor Stockholm stand, zum heiligen Göran gebetet und ihm im Falle des Sieges ein Monument versprochen haben.

➤ Gamla Stan, S. 175, [d 2] ➤ [E 8]
Trångsund 1; Tel. 7 23 30 16; tgl. 9–16, Mai–Sept. tgl. 9–18 Uhr; U-Bahn Gamla Stan oder Bus 53 bis Riddarhustorget; im Sommer 25 Kronen (So frei)

Tyska Kyrkan 13

(→ Der gute Tipp von MERIAN, S. 198)

MUSEEN

Biologiska museet

Wer im Freilichtmuseum Skansen (→ Spezial, S. 204) den Elch besucht, sollte sich anschließend auch das Biologische Museum anschauen. Diese Sammlung ist auch weniger Naturinteressierten zu empfehlen. Das mit fabelhafter Ornamentik geschmückte Holzgebäude von 1893 ist einer norwegischen Stabkirche nachempfunden. In seinem Innern geht es über eine gewundene Treppe hinauf in eine Rotunde mit gläsernen Panoramascheiben, durch die sich allerhand ausgestopfte Tiere in einer künstlichen Landschaft bestaunen lassen. So konnten sich bereits zur Jahrhundertwende auch reisefaule Städter mit der Tierwelt des Nordens anfreunden, ohne sich den Zumutungen der Wildnis aussetzen zu müssen. Der berühmte Tiermaler Bruno Liljefors (1860–1940) schuf die bezaubernde Kulisse.

➤ Djurgården ➤ [G 7] **Hazeliusporten; Tel. 4 42 82 15; www.biologiskamuseet.com; April–Sept. tgl. 11–16, sonst Di–So 12–15 Uhr; Bus 44, 47; Eintritt 30 Kronen, Kinder 10 Kronen, freier Eintritt für Besucher des Skansen**

Im Jahr 1999 bezog das »Dansmuseet« das frühere Bankgebäude gegenüber der Norrbro-Brücke.

Dansmuseet

Das Museum für Tanz, Theater und Bildkunst wartet mit einer beachtlichen Kollektion von Kostümen, Bühnenbildentwürfen, Spielpuppen und Masken aus aller Welt auf. Den Grundstock der Sammlung schuf der schwedische Aristokrat und Kunstsammler Rolf de Maré, der in den 1920er-Jahren die »ballets suédois« in Paris leitete. Die Truppe arbeitete mit Künstlern wie Fernand Léger und Jean Cocteau zusammen. In jüngster Zeit waren es die Choreografien Birgit Cullbergs und Mats Eks, die der schwedischen Tanzszene weltweiten Ruhm einbrachten. Vom Café aus gibt es einen hübschen Ausblick auf das gegenüberliegende Schloss.

➤ Norrmalm ➤ [D 7] Gustav Adolfs torg 22-24; www.dansmuseet.nu; Mo-Fr 11-16 (Do bis 19 Uhr), Sa-So 12-16 Uhr; U-Bahn Kungsträdgården; Eintritt frei (bis auf Sonderausstellungen)

Hallwylska museet

Als Walther und Wilhelmina von Hallwyl 1893 Pläne für einen Privatpalast in bester Wohnlage schmiedeten, sollten weder Kosten noch Mühen gescheut werden. Architekt Isak Gustaf Clason gestaltete die Fassade des monumentalen Gebäudes nach spanischen und italienischen Vorbildern. Nur die edelsten Materialien kamen zum Einsatz und überdies für die damalige Zeit erstaunliche Innovationen wie elektrisches Licht, Telefon und Zentralheizung. Als Tochter eines erfolgreichen Geschäftsmanns verfügte Gräfin Wilhelmina über ein beeindruckendes Vermögen. Im Palast brachte sie ihre ebenso ausufernde wie kostbare Sammlung von Kunstwerken und Gebrauchsgegenständen unter, die sie auf Reisen in Europa, Afrika und dem Orient erwarb. 1920 vermachten die drei Töchter Ebba, Ellen und Irma ihr Elternhaus dem schwedischen Staat. Seither ist die Zeit scheinbar stehen geblieben. Ausgestellt sind unter anderem chinesisches Porzellan, Möbel, Waffen sowie niederländische und altdeutsche Malerei.

➤ Östermalm ➤ [E 6] Hamngatan 4; Tel. 4 02 30 99; www.hallwylskamuseet.se; tgl. 11-16, Mi bis 18 Uhr; stündlich Führungen in Schwedisch, So um 13 Uhr auch in Englisch; U-Bahn Östermalmstorg, Bus 2, 47, 55, 62, 69, 76; Eintritt 70 Kronen inkl. Führung

Historiska Museet

Wikingerschwerter, mittelalterliche Kirchenkunst und kiloweise Gold – das historische Museum fesselt seine Besucher mit einer Reise in die skandinavische Vergangenheit. Und räumt dabei auch gleich mit einigen weit verbreiteten, aber falschen Klischees auf. So erfährt der Besucher zum Beispiel, dass die seefahrenden Ahnen der Schweden keine Hörner an ihren Helmen hatten und dass es weniger die Raubzüge, sondern vor allem der Handel war, der vor etwa 1000 Jahren eine Blütezeit im Norden auslöste. Bekanntester Teil des Museums ist Guldrummet, der Goldraum, in dessen Vitrinen insgesamt 52 Kilo Gold und 200 Kilo Silber lagern. Unter anderem werden drei pompöse Halskragen aus der Zeit der Völkerwanderung (350–500 n.Chr.) gezeigt. Die gut erhaltenen Goldschmiedearbeiten aus der Vorzeit faszinieren mit ihren haarfeinen Ornamenten. Daneben sind schwere Silberketten aus der Wikingerzeit sowie prachtvolle Reliquienschreine aus dem Mittelalter und natürlich jede Menge Münzen zu bewundern. In der kriegerischen Vorzeit des Nordens wurden Kisten mit wertvollen Gegenständen oft vergraben, um sie vor Plünderung zu bewahren. Noch heute werden – vor allem auf der Insel Gotland – immer wieder Schätze aus der Vergangenheit per Zufall im Erdreich eines Ackers oder beim Ausheben einer Baugrube entdeckt.

Wie die weniger betuchten Mitglieder der frühen Gesellschaft lebten, zeigt das historische Museum in einer Ausstellung, die sich mit dem Alltag der Wikinger beschäftigt. Die komplette Arbeitsausrüs-

tung eines Schmiedes oder das Grab eines Gutsbesitzers sind dort ebenso zu bestaunen wie ein Modell der Wikingerstadt Birka (→ Besondere Orte, S. 177), die sich unweit vom heutigen Stockholm im Mälarsee befand. Im zweiten Stock des Museums geht es um die Zeit nach der Christianisierung. Höhepunkte der Ausstellung zur Kirchenkunst sind unter anderem eine Marienstatue aus dem späten 12. Jahrhundert und die Rekonstruktion einer Dorfkirche aus dem Mittelalter.

➤ Östermalm ➤ [F 6] Narvavägen 13–17; Tel. 51 95 56 00; www.historiska.se; U-Bahn Karlaplan oder Östermalmstorg, weiter mit Bus 47, 69, 76 bis Djurgårdsbron; Okt.–April Di–So 11–17, Do 11–20, Mai–Sept. tgl. 10–17 Uhr; Eintritt 60 Kronen

Liljevalchs Konsthall

Mit der Eröffnung der städtischen Kunsthalle im März 1916 hatte endlich auch die zeitgenössische Kunst ein würdiges Forum gefunden. Das Gebäude im Stil des Neoklassizismus, eine Stiftung des Industriellen Carl Fredrik Liljevalch, gilt als eine der schönsten Kunsthallen Nordeuropas. Die Haupthalle wird indirekt durch ein hoch platziertes Fensterband beleuchtet. Vor dem Eingang steht eine Granitsäule mit der Skulptur eines Bogenschützen von Carl Milles. Neben wechselnden Ausstellungen von Kunst, Grafik, Design und Fotografie lockt das Haus mit seinem alljährlichen Vårsalongen (Frühlingssalon), einer Spielwiese für freche Nachwuchskünstler.

➤ Djurgården ➤ [G 7] Djurgårdsvägen 60; Tel. 50 83 13 30; www.liljevalchs.com; Bus 44, 47; Di–So 11–17 Uhr; Eintritt 70 Kronen, bis 18 Jahre frei

Magasin 3

Der alte Freihafen von Stockholm hat sich in den vergangenen Jahren zu einem neuen Zentrum für Kunst und Kommerz gewandelt. Neben Einrichtungen wie der Stockholmer Börse befindet sich hier auch die 1987 gegründete Kunsthalle Magasin 3, die mit ihren Ausstellungen mittlerweile fester Bestandteil des Kulturlebens der Stadt ist. Es werden fast ausschließlich Werke zeitgenössischer Künstler gezeigt, einen besonderen Schwerpunkt bilden dreidimensionale und oft raumfüllende Installationen. Eine permanente Ausstellung gibt es im Magasin 3 nicht, die Künstler wechseln meistens alle paar Monate. Über das aktuelle Programm informiert eine Webseite.

➤ Frihamnen ➤ nördl. [J 6] Tel. 54 56 80 40; www.magasin3.com; Fr–So 12–17, Do 12–19 Uhr; Bus 76 bis Magasin 3 oder 1 bis Frihamnen; Eintritt 40 Kronen

Millesgården 15

(→ Der gute Tipp von MERIAN, S. 220)

Moderna Museet 8

Am Anfang der Geschichte des Modernen Museums stand ein Platzproblem: Das erst in der zweiten Hälfte des 19. Jahrhunderts fertiggestellte Nationalmuseum war bereits nach wenigen Jahrzehnten für die Werke zeitgenössischer Künstler zu klein geworden. Also wurde

Weiter auf S. 206

Einer der führenden Ausstellungsräume für zeitgenössische Kunst: das »Magasin 3«

HEIMAT AUF DEM HÜGEL

Skansen ist ein Freizeitpark mit wissenschaftlichem Konzept, die Weiterentwicklung der traditionellen Heimatmuseen.

Lappland liegt mitten in Stockholm. Gleich neben den Rentieren und der Kote, dem traditionellen Wohnzelt der Saami, hat man einen fantastischen Blick auf das Zentrum der Hauptstadt. Wer sich am urbanen Leben sattgesehen hat, der kann sich anschließend am Lagerfeuer von freundlichen Menschen in lappländischer Tracht von der arktischen Weite und den Herausforderungen des Nomadenlebens erzählen lassen. Auch Elche, Bären und Wölfe können einem hier begegnen. Aber keine Angst: Im Freilichtmuseum Skansen ist zwar das meiste zum Anfassen, gefährliche Räuber aber bleiben auch hier hinter sicherer Absperrung.

Skansen ist das älteste Freilichtmuseum der Welt. Es entstand bereits 1891. Der Gründer Artur Hazelius – der auf dem Gelände auch bis zu seinem Tod 1901 lebte – hatte sich ganz dem Erhalt nordischen Brauchtums verschrieben. Er ist auch Gründer des Nordischen Museums, zu dem Skansen bis 1963 gehörte. Hazelius wollte den Menschen seine umfangreiche Sammlung traditioneller Trachten und Gebrauchsgegenstände nicht nur zeigen. Er wollte, dass die Besucher ein Stück Brauchtum erleben können. Dieses Ziel beseelt noch heute das Freilichtmuseum. Feste wie Advent, Ostern oder die Walpurgisnacht werden hier ausgiebig mit Gesang, Tanz und den traditionellen Speisen gefeiert. Der Weihnachtsmarkt ist der größte der Stadt. Das Mittsommerfest um den 21. Juni lockt Tausende von Besuchern an und zählt

Nicht alle Bauten in Skansen sind aus alten Tagen. Im Kramerladen etwa wird jedoch im Sommer noch in historischer Kluft gearbeitet.

zu den bekanntesten in ganz Schweden. Neben der Saami Siedlung gibt es noch etwa 150 weitere kulturhistorische Gebäude auf dem Hügel zu sehen, der sich auf der Park-

AUTORENTIPP Schöner als der oft überlaufene Haupteingang ist der nördlich davon gelegene Hazelius-Eingang in der Nähe des Biologischen Museums. Von dort kann man mit einer alten Zahnradbahn auf den Museumshügel fahren. Die Fahrt kostet rauf 25 Kronen und runter 15 Kronen, für Rollstuhlfahrer ist sie gratis. Die Bahn ist von April bis August und an Adventswochenenden geöffnet.

Eine Dorfmeile wird zum Museumspark

insel Djurgården erhebt. Die Häuser, Schuppen, Kirchen, Bauernhöfe sind so angeordnet, dass der Besucher durch Landschaften wandert, die für unterschiedliche Regionen Schwedens typisch sind. Die Ausstellung ist von Museums-Mitarbeitern in Trachten bevölkert, manche demonstrieren traditionelle Handwerkskunst. Es lohnt sich, für einen Plausch Halt zu machen. Zwar sind nicht alle Museumsschweden des Deutschen mächtig, aber die meisten sprechen gut Englisch und erzählen gerne von früher. Ein zentraler Ort auf Skansen ist das alte Stadtquartier, an dessen kopfsteinbepflasterter Gasse sich windschiefe Häuser schmiegen. Sie beherbergen eine Menge altmodischer Läden, Cafés und eine Druckerei. Ganz oben auf dem Hügel befindet sich ein Marktplatz mit Ententeich und hölzernem Tanzboden. Hier wird Kunsthandwerk auf dem ganzen Land verkauft. Mit der Bühne Solliden gibt es auf Skansen auch einen modernen Veranstaltungsort. Im Sommer finden abends oft Konzerte statt.

Wegen der malerischen Kulisse – hinter der Freilichtbühne erstreckt sich die Silhouette der Stadt – nutzt das schwedische Fernsehen Skansen regelmäßig für Live-Musiksendungen. Im Gegensatz zu anderen Sehenswürdigkeiten ist Skansen keine reine Touristenattraktion, sondern gleichzeitig auch ein Lieblingsplatz der Stockholmer selbst. Viele haben eine Dauerkarte. Das Freilichtmuseum gestattet deshalb nicht nur Einblicke in schwedisches Brauchtum – es vermittelt vor allem im Sommer auch einen guten Eindruck von der Lebensfreude der modernen Hauptstadt.

➤ Djurgården ➤ [G 7] Djurgårdsslätten 49; Tel. 4 42 80 00; www.skansen.se; Nov.–Feb. Mo–Fr 10–15, Sa und So 10–16, März–April tgl. 10–16, Mai–Mitte Juni tgl. 10–20, Mitte Juni–Aug. 10–22, Sept. 10–20, Okt. 10–16 Uhr; Bus 44, 47; Fähre ab Slussen oder vom Nybroplan (nur im Sommer); Eintritt: Die Preise variieren und liegen zwischen 65 Kronen (im Winter) und 120 Kronen (Mittsommer); Hunde haben keinen Zutritt

Die Wände im Nationalmuseum zieren Motive aus der Sagenwelt. »Midvinterblot« von Gustav Larsson schmückt die obere Halle.

seit Beginn des 20. Jahrhunderts über einen Neubau diskutiert. 1958 war es endlich so weit, und binnen weniger Jahre brachte es das neue Museum mit einer Reihe spektakulärer Ausstellungen zu Weltruhm. Seine Sammlung mit Kunst des 20. Jahrhunderts ist auch im internationalen Vergleich beachtlich. Legendär ist der ehemalige Museumsdirektor Pontus Hultén, der mit Andy Warhol befreundet war und in den 60er-Jahren in Stockholm wirkte, bevor er die Leitung des Centre Pompidou in Paris übernahm. Der große Erfolg des Modernen Museums – auch beim Auftreiben von Geldmitteln für den Kauf neuer Werke – führte dazu, dass es in den 80er-Jahren schon wieder eng wurde. 1998 zog die Einrichtung dann in ihr heutiges Domizil – ein Gebäude, eigens für das Museum geplant vom spanischen Architekten Rafael Moneo. Hier erwartet den Besucher neben ständig wechselnden, aktuellen Ausstellung moderner Kunst auch eine Schau mit Höhepunkten aus der eigenen Sammlung des Museums. Dazu zählen Werke der berühmtesten Maler des 20. Jahrhunderts – Picasso, Braque, Dali, Ernst und Matisse sind nur einige der Namen, die dem Besucher dort begegnen. Rund um das Gebäude finden sich sehenswerte Skulpturen. So etwa das farbenfrohe Werk »Le paradis fantastique« von Niki de Saint Phalle und Jean Tinguely, das aus insgesamt 16 Teilen besteht und den Platz direkt vor dem Museum schmückt.

➤ Skeppsholmen ➤ [F 7] Tel. 51 95 52 00;

www.modernamuseet.se; Di 10-20, Mi-So 10-18 Uhr; U-Bahn Kungsträdgården (von dort 10 Min. zu Fuß); alternativ Bus 65 oder Fähre ab Slussen; Eintritt 80 Kronen

Nationalmuseet

Das größte Kunstmuseum Schwedens gibt einen guten Überblick über die Entwicklung der Malerei und Bildhauerei des Landes und verfügt zudem über einige bedeutende Sammlungen ausländischer Kunst. Das repräsentative Gebäude am Strömmen ist wegen der guten Aussicht auf die Stadt schon eine Sehenswürdigkeit an sich. Das Treppenhaus ist mit Fresken geschmückt, die Carl Larsson im Jahr 1896 schuf. Larsson ist sonst vor allem bekannt für seine Darstellungen typisch-schwedischen Familienlebens. Im Treppenhaus der Nationalgalerie zeigt er sich von einer ganz anderen Seite – hier hat er Szenen aus der Kunstgeschichte Schwedens abgebildet. Zur Gemäldesammlung geht es im zweiten Stock. Hier findet sich zum Beispiel »Mittsommertanz« des Malers Anders Zorn. Das Gemälde aus dem Jahr 1897 ist eine mittlerweile klassische Darstellung schwedischen Brauchtums.

Ebenfalls im zweiten Stock ist eine Sammlung mit flandrischer Kunst zu sehen, wichtigste Ausstellungsstücke dort sind mehrere Gemälde von Rembrandt. Gegenüber hängen einige Werke französischer Impressionisten. Sehenswert ist auch die Sammlung russischer Ikonen. Sie ist eine der größten in Westeuropa und geht auf den schwedischen Bankier Olof Aschberg zurück, der in den 1920er-Jahren in der Sowjetunion arbeitete und die Stücke dort erwarb. Das erste Stockwerk des Nationalmuseums ist Kunsthandwerk und Formgebung gewidmet. Eine eigene Ausstellung informiert über die Entwicklung des modernen nordischen Designs, das heute weltweit in vielen Bereichen als stilbildend gilt.

➤ Norrmalm ➤ [E 7] **Södra Blasieholmshamnen; Tel. 51 95 44 10; www.nationalmuseum.se; Di und Do 11-20, Mi und Fr-So 11-17 Uhr; U-Bahn Kungsträdgården; Eintritt 100 Kronen**

Nobelmuseet

Seine Idee zur Initialzündung von Sprengstoff, den er durch Beimischung von Kieselgur, einer Meeresalge, gebrauchssicher machte, brachte Alfred Nobel ein stolzes Vermögen ein. Neben insgesamt rund 350 Patenten hinterließ der Erfinder und Idealist auch die Nobelstiftung, die alljährlich am 10. Dezember verdiente

Das »Nobelmuseet« ist nicht so reich an Exponaten, dafür informieren aber interessante Multimediavorführungen.

Wissenschaftler und Friedensstifter auszeichnet. Die Ausstellung erlaubt einen Blick hinter die Kulissen der Preisvergabe und stellt anhand von Kurzfilmen und Exponaten die Preisträger seit 1901 vor – ihre Visionen, Bemühungen und Erfolge. Auch die Geschichte des Stifters wird anschaulich erzählt.

➤ Gamla Stan, S. 175, [d 2] ➤ [E 8]
Börshuset, Stortorget; Tel. 53 48 18 18; www.nobelmuseet.se; Mitte Mai–Mitte Sept. tgl. 10–17, Di 10–20, sonst Di 11–20, Mi–So 11–17, tgl. 11.15 Uhr Führung in Englisch; U-Bahn Gamla Stan; Eintritt 60 Kronen, ermäßigt 40 Kronen, bis 18 Jahre 20 Kronen

Nordiska Museet

Der Legende nach hat es 1872 mit einem grün-rot gestreiften Wollrock begonnen. Der Sprachwissenschaftler Artur Hazelius soll ihn bei einer Reise durch die Provinz Dalarna erstanden haben, und das Stück trägt in der Sammlung des Nordischen Museums heute die Nummer 1. Insgesamt umfasst diese Sammlung mittlerweile 1,5 Millionen Gegenstände. Hazelius war seit seiner Studienzeit in Uppsala stark von nationalromantischen Ideen beeinflusst, und in Dalarna bemerkte er, wie die alte bäuerliche Volkskultur langsam der Moderne wich. Um das alte Skandinavien zu bewahren, kaufte Hazelius den Rock.

Das war der Beginn einer wahren Sammelwut, die bald auch auf Hazelius' Zeitgenossen abfärbte und zu einer regelrechten Volksbewegung wurde. Der Museumsgründer bekam Gegenstände aus dem ganzen Norden zugeschickt – aus Norwegen, das damals noch in einer Union mit Schweden verbunden war, aber auch aus dem Baltikum oder aus Lappland. Die Sammlung übereignete er schließlich einer Stiftung, die bis heute dem schwedischen Volk gehört. Sie baute auf der Insel Djurgården das imposanteste Museumsgebäude der Stadt, es ist mit seinen unzähligen Zinnen und Türmchen einer Burg nachempfunden. Auf Hazelius ist auch die Errichtung des Freilichtmuseums Skansen (→ Spezial, S. 204) zurückzuführen, das bis 1963 Teil des Nordischen Museums war.

Im Nordischen Museum selbst findet der Besucher heute alles, was typisch schwedisch ist oder es einmal war. Alte Möbel, Puppenhäuser, Trachten, Tischdecken – die Ausstellungsstücke sind außergewöhnlich vielfältig. Und wer sich auf einen Streifzug durch das geräumige Gebäude einlässt, der kann in manchem versteckten Korridor noch den einen oder anderen Schatz entdecken. Sehenswert ist die Ausstellung über schwedische Traditionen, in der man erfahren kann, warum die Schweden zur Walpurgisnacht große Feuer anzünden oder an Mittsommer um einen Baum tanzen. Wer sich für schwedisches Wohndesign interessiert, der sollte sich die Ausstellung »Möblierte Räume« nicht entgehen lassen. Bekannt ist das Nordische Museum auch für seine umfassende Sammlung mit Gegenständen aus dem Leben der Saami, der Ureinwohner Lapplands.

➤ Djurgården ➤ [G 7] Djurgårdsvägen 6; Tel. 51 95 46 00; www.nordiskamuseet.se; Sept.–Mai tgl. 10–16, Mi 10–20, Sa und So 11–17, Juni–Aug. tgl. 10–17 Uhr; U-Bahn Karlaplan, weiter mit Bus 44; Bus 47, 69

(von T-Centralen); Fähre von Slussen oder vom Nybrokajen (nur im Sommer); Eintritt 60 Kronen (ab 16 Uhr freier Eintritt)

Östasiatiska Museet

Den Grundstein für die Sammlung des ostasiatischen Museums in Stockholm legte der Archäologe Johan »China-Gunnar« Andersson, der in den 1920er-Jahren von einer Expedition handbemalte Keramik aus der chinesischen Steinzeit mitbrachte. Auch heute ist China, und insbesondere die chinesische Frühzeit, ein besonderer Schwerpunkt des Museums. In der Sammlung befinden sich uralte Skulpturen, etwa ein Menschenkopf aus Keramik, der auf die Zeit 2600 bis 2300 vor Christus datiert wird. Zum Museum gehört auch eine umfangreiche Bibliothek mit chinesischer Literatur, eine dazugehörige Ausstellung informiert über die Geschichte des Papiers. Das ostasiatische Museum hat in den vergangenen Jahren immer wieder mit pfiffigen Sonderausstellungen – etwa zum indischen Bollywood-Film oder zum japanischen Manga-Comic – Aufmerksamkeit erregt, weshalb sich ein Blick ins aktuelle Programm lohnen kann.

➤ Skeppsholmen ➤ [F 7] Tyghusplan 1; Tel. 51 95 57 50/70; www.ostasiatiska.se; Di 11–20, Mi–So 11–17 Uhr; U-Bahn Kungsträdgården; Bus 65 bis Haltestelle af Chapman; Eintritt 60 Kronen

AUTORENTIPP Kamera nicht vergessen! Das ostasiatische Museum ist auf einer kleinen Anhöhe der Insel Skeppsholmen gelegen, die auch ein schöner Aussichtspunkt ist. Bei Sonnenuntergang hat man von dort aus einen guten Panoramablick auf die Altstadt, das Schloss und das Nationalmuseum.

Prins Eugens Waldemarsudde

Nicht weit von Schloss Rosendal auf Djurgården entfernt, liegt an einer malerischen Bucht einer der schönsten und meist besuchten Kunsttempel Schwedens. Mit dem schlossähnlichen Gebäude nach einem Entwurf seines Architekten Ferdinand Boberg hatte sich Malerprinz Eugen 1905 einen Traum aus Kindertagen erfüllt. Der Sohn von Oscar II. und Königin Sophia war einer der bedeutendsten Landschaftsmaler seiner Zeit und als Kunstsammler auch eine der führenden Gestalten des schwedischen Kulturlebens.

AUTORENTIPP In dem mit Blumen und Skulpturen geschmückten Park lockt eine alte Leinölmühle aus dem Jahre 1784. Von den Parkbänken am Ufer aus hat man eine großartige Aussicht auf die Einfahrt nach Stockholm und die vorbeiziehenden Schiffe.

Nach seinem Tod 1947 ging das Haus seinem Testament entsprechend in staatlichen Besitz über. Viele seiner bekanntesten Gemälde sowie bedeutende Werke von Künstlerkollegen wie Isaac Grünewald, Carl Larsson und Edvard Munch sind im Schloss und der 1913 angebauten Galerie zu sehen. Im Hauptgebäude blieben der von Licht und Luft durchflutete Salon und weitere Repräsentationsräume im Wesentlichen unverändert erhalten. Die oberen Etagen mit den einstigen

Privatgemächern sowie dem Ateljé des Prinzen werden für wechselnde Ausstellungen auch moderner Künstler genutzt.

➤ Djurgården ➤ [H 8] Prins Eugens väg 6; Tel. 6 62 47 40; www.waldemarsudde.se; Di-So 11-17, Do 11-20 Uhr; Bus 47 bis Endstation; Eintritt 85 Kronen, ermäßigt 65 Kronen

Spårvägsmuseet

Schon im 17. Jahrhundert gab es in Stockholm öffentlichen Nahverkehr – und der war damals Frauensache. Die sogenannten »Rudermadams« brachten auf kleinen Holzbooten Reisende von einem Stadtteil zum anderen. Mit der Industrialisierung wuchs aber der Bedarf nach verbesserten Verkehrsmitteln. Zunächst gab es Pferdebusse, ab 1877 sogar eine Pferde-Tram. Das war der Einstieg in den schienengebundenen Nahverkehr, der heute in Form der U-Bahn noch wichtigstes Fortbewegungsmittel ist. Die Trambahn allerdings wurde stillgelegt, nur auf Djurgården fährt im Sommer noch ein Museumsfahrzeug. Wer die Geschichte des Stockholmer Nahverkehrs erleben möchte, der kann das im Schienenmuseum der städtischen Verkehrsbetriebe tun. In einer alten Bushalle gibt es ausrangierte Busse, Loks und Waggons zu sehen. Außerdem erfährt der Besucher, welche Probleme es bereitete, als im September 1967 ganz Schweden in einer Nacht vom Links- zum Rechtsverkehr wechselte. Das Museum beherbergt auch eine kleine Ausstellung zur U-Bahnkunst (→ Reportagen, S. 56).

➤ Södermalm ➤ [G 10] Tegelviksgatan 22; Tel. 6 86 17 60; www.sparvagsmuseet.sl.se; Mo-Fr 10-17, Sa und So 11-16 Uhr; Bus 2 oder 66; Eintritt 30 Kronen

Strindbergsmuseet

Seine letzten Lebensjahre verbrachte der Schriftsteller August Strindberg (1849-1912) im Blå Tornet, dem sogenannten »Blauen Turm«, wie das Wohnhaus in der Drottninggatan wegen des blauen Anstrichs im Treppenhaus genannt wird. Der berühmte Sohn der Stadt, dem ein überaus gespanntes Verhältnis zur Weiblichkeit nachgesagt wurde, war ein Meister der Beobachtung, mit viel Gespür für scheinbar alltägliche Szenen und kauzige Figuren. Beim Rundgang durch die schlichte Wohnung sind Gemälde, Fotos und Bücher aus seinem Fundus zu sehen.

Nur ein paar Schritte entfernt liegt der Tegnérpark mit einer monumentalen Statue des Schriftstellers als göttlicher Titan, geschaffen vom schwedischen Bildhauer Carl Eldh (1873-1954).

➤ Norrmalm ➤ [C 6] Drottninggatan 85; Tel. 4 11 53 54; www.strindbergsmuseet.se; Di 12-19, Mi-So 12-16 Uhr; U-Bahn Rådmansgatan; Eintritt frei

Thielska galleriet

Der wohlhabende Bankier Ernest Thiel ließ die schneeweiße Jugendstilvilla 1904 bis 1905 auf einem Hügel am östlichen Ende der Insel Djurgården errichten. Edvard Munch, Carl Larsson, Bruno Liljefors und viele andere Künstler zählten zum illustren Freundeskreis des kunstsinnigen Mäzens. In dem Haus, das gleichzeitig auch Galerie war, sind neben einer

Weiter auf S. 217

Flaggschiff und Stolz des Königs Gustav II. Adolf sollte die »Vasa« sein. Doch das Schiff wurde sehr bald zum berühmtesten Wrack.

DER UNTERGANG DER VASA

Die »Vasa« hisste die Segel, schoss Salut - und versank kurz danach. Erst drei Jahrhunderte später wird das Wrack geborgen.

Am 10. August 1628 haben sich Stockholms Bürger am Hafen versammelt, um einem ganz besonderen Schauspiel beizuwohnen: Die »Vasa«, der Stolz der königlichen Flotte, soll nach drei Jahren Bauzeit zur Jungfernfahrt aufbrechen. 1000 Eichen waren für das Flaggschiff gefällt worden, in der Werft hatten bis zu 400 Mann an dem Pott gearbeitet. Nun gleitet der gigantische Bug aufs Wasser, die drei Masten mit den blau-goldenen Flaggen geschmückt, die 64 Kanonenluken geöffnet. Aber weit kommt die »Vasa« nicht: Beim ersten Windstoß kentert sie und sinkt vor den Augen der schockierten Schaulustigen. Mindestens 30 Seeleute reißt der Koloss mit sich auf den Grund.

Was im Schweden des 17. Jahrhunderts eine Katastrophe war, stellte sich viele hundert Jahre später als großes Glück für die Wissenschaft heraus: Im sauerstoffarmen Schlick des Stockholmer Hafens, direkt vor der Insel Djurgården, wurden Balken, Bretter, Seemannskisten und Garn konserviert. Im Jahr 1956 gelang es dem Wracksucher Anders Franzén, die »Vasa« zu orten. Er fand schnell Mitstreiter, die ihm bei der aufwändigen Bergung halfen. Am 24. April 1961, fast 333 Jahre nach der missglückten Jungfernfahrt, versammelten sich die Stockholmer dann wieder am Ufer – diesmal um dabei zuzusehen, wie die schwarzen Eichenbalken des Wracks langsam aus dem Wasser

Das Vasa-Museum: Hier ruht die 69 Meter lange »Vasa« auf ihrem letzten Liegeplatz.

auftauchten, gehoben von zwei großen Bergungsschiffen. Das Ereignis wurde sogar live im Fernsehen übertragen, was in den 60er-Jahren außergewöhnlich war.

Mittlerweile haben die Stockholmer ihrem Flaggschiff ein schützendes Haus errichtet. Das Vasa-Museum auf Djurgården gehört zu den dominanten Gebäuden im Stadtbild, seine holzverkleidete Fassade ist der Form des Dreimasters nachempfunden. In der Mitte des Museums liegt das 69 Meter lange Wrack, dessen Achterdeck eine Höhe von 19 Metern erreicht. Einst gebaut, um die Gegner Schwedens im 30-jährigen Krieg zu besiegen, wirkt das Schiff auch heute noch bedrohlich. Die Besucher können den gewaltigen Bug auf mehreren Ebenen umrunden und dabei durch die Kanonenluken ins Innere blicken oder die Deckaufbauten studieren. Beeindruckend ist das Heck mit seinen üppigen Schnitzereien. Hier tummeln sich Delfine, römische Kaiser, Löwen, Teufel und allerlei Sagengestalten.

Fast ebenso interessant wie das Wrack selbst sind die Erkenntnisse, welche die Archäologen aus den vielen Gegenständen gewinnen konnten, die sie an Bord fanden. Rund um die »Vasa« präsentiert das Museum mehrere Ausstellungen, die über den Alltag der Seeleute, den Schiffsbau im 17. Jahrhundert und die aufwändige Bergung informieren. Wer alles besichtigen möchte, sollte sich einige Stunden Zeit nehmen. Sehenswert ist der Nachbau des Mannschaftsquartiers. Dort können die Besucher die Enge zwischen den Kanonen erleben und ausprobieren, wie es war, unter Deck zu steigen und sich den Kopf an der niedrigen Balkendecke zu stoßen.

Ein eigener Teil des Museums ist der Frage gewidmet, wie es zu der Katastrophe kommen

Ganz oben und oben: Am 24. April 1961 kommt die »Vasa« nach 333 Jahren auf dem Hafengrund wieder an die Oberfläche.

konnte. Warum baute eine führende Seefahrernation ein Schiff mit gravierenden Konstruktionsfehlern? Die Frage stellten sich schon die Zeitgenossen. Die Untersuchungen konnten jedoch keinen wirklich Verantwortlichen finden. Und die moderne Wissenschaft weiß es nicht viel besser. Das Unglück ist wohl auf eine Reihe von Fehlentscheidungen zurückzuführen. Schuld trifft auch König Gustav II. Adolf, der auf möglichst vielen Kanonen bestand – zu viel Gewicht in den oberen Decks war eine Ursache für das Kentern. Schuld trifft aber auch die Baumeister, die das Problem nicht erkannten. Und die Seeleute, die ihre Fahrt mit offenen Kanonenluken antraten, weshalb das Wasser sehr schnell ins Schiff strömte. Insgesamt reichte im 17. Jahrhundert wohl das Wissen für den Bau eines Schiffes dieser Größe nicht aus. Die »Vasa« ist darum nicht nur ein Stück Marinegeschichte, sondern auch ein Monument menschlicher Selbstüberschätzung.

➤ Djurgården ➤ [F 7] **Galärvarvsvägen 14; Tel. 51 95 48 00; www.vasamuseet.se; Sept.-Mai 10-17, Mi 10-20, Juni-Aug. 8.30-18 Uhr; U-Bahn Karlaplan und weiter mit Bus 44; Bus 47, 69 (von T-Centralen); Fähre von Slussen oder vom Nybrokajen (nur im Sommer); Eintritt 95 Kronen**

MUSEEN

14 ALKOHOL ALS KULTURGUT

Unter der Woche trinken die Schweden selten Alkohol, doch ein Wochenende ohne Suff bliebe für viele eine Enttäuschung. Beim »Vorspiel« daheim wird die Rauschgrundlage für den Abend gelegt. In Kneipen, Discos und Bars wird dann kräftig nachgetankt – bis sich niemand mehr auf den Füßen halten kann. Das Land liegt nun einmal auf dem »Wodka-Gürtel«, der sich aus den Tiefen Sibiriens bis an die Ufer des Öresunds zieht. Das **Stockholmer Schnapsmuseum** (Vin & Sprithistoriska museet) bemüht sich, die »unkultivierten Trinkgewohnheiten« der Wikinger-Nachfahren aus ihrer leidvollen Geschichte zu erklären. Schweden war schon immer ein dunkles und kaltes Land, mit harten Böden und rauen Winden, geplagt von Missernten und gierigen Steuervögten. In ihrer Verzweiflung griffen die Leute zum Alkohol. Solange die Bauern nach harter Feldarbeit nur Bier tranken, ging alles gut. Doch schon im 15. Jahrhundert brachten Lübecker Kaufleute den Branntwein unter die ungeübten Schweden. Zunächst den besseren Kreisen vorbehalten, wurde der unselige Trunk bald auch vom gemeinen Volk destilliert. In jeder Hütte und in jedem Hof stand ein Fass mit Selbstgebranntem. Die Schweden soffen weiter, nun aber meist hochprozentig. Anfang des 19. Jahrhunderts stieg der durchschnittliche Verbrauch

Hochprozentige Sammlung: Im Wein- und Schnapsmuseum finden die flüssigen Exponate eine neue Heimat.

an Branntwein auf sagenhafte 45 Liter pro Person und Jahr. Industriearbeitern wurde der Fusel gar als Lohn ausgeschenkt. In den Erzminen und Sägewerken häuften sich die Unfälle. Nach amerikanischem Vorbild formierte sich um das Jahr 1830 die mächtige Volksbewegung der Abstinenzler. Diese erzwang 1922, zwei Jahre nach dem Beginn der Prohibition in den USA, ein Referendum, bei dem sich die Schweden mit knapper Mehrheit gegen ein vollständiges Verbot von Alkohol aussprachen. Die Rationierung aus den Kriegsjahren blieb allerdings bestehen. Bis 1955 konnten die Schweden Wein und Schnaps nur »auf Rezept« und gegen Vorlage von Bezugsmarken erwerben. Heute darf man die Ware kistenweise aus den staatlichen Alkoholläden von Systembolaget fortschleppen – vorausgesetzt, man hat das nötige Kleingeld parat. Zum großen Leidwesen des bröckelnden Monopolisten hat der Alkoholkonsum mit dem EU-Beitritt und dem wachsenden Grenzhandel wieder deutlich zugenommen.

WEGWEISER 14

Vin & Sprithistoriska Museet

➤ Vasastaden, S. 8/9, [c 3] ➤ [B 4]

Dalagatan 100; Tel. 7 44 70 70; www.vinosprithistoriska.se; Di–Fr 10–16, Sa und So 12–16 Uhr; U-Bahn Odenplan; Bus 69 bis Norra Stationsgatan, oder 40, 46 bis Vanadisvägen; Eintritt 50 Kronen, ermäßigt 40 Kronen, Kinder unter 18 Jahren frei; kostenlose Audioguides (engl.)

Das ausgefallene Museum residiert in einem wuchtigen Backsteinbau, der bis 1960 als zentrales Weinlager für das ganze Land diente. Heute kann der Besucher in den liebevoll gestalteten Ausstellungsräumen durch einen Weinkeller mit alten Eichenfässern streifen und in einem Nachbau von K.A. Nydahls berühmten Wein- und Spirituosenhandel am Stureplan stöbern. August Strindberg gehörte

Zeitgenössische Schwarz-Weiß-Aufnahmen dokumentieren den Handel mit dem Alkohol.

Woraus besteht schwedischer Punsch? Diese und andere Fragen werden im Schnapsmuseum erklärt.

zu den Stammkunden. Bis 1910 blühte das Geschäft mit Importweinen, Punsch und Kräuterschnaps – dann übernahm Vater Staat den Laden. Gewaltige kupferne Destillen zeugen von den Glanzjahren der Schnapsproduktion auf Reimersholme. Von dieser Stockholmer Insel aus regierte am Ende des 19. Jahrhunderts der »Branntweinkönig« Lars Olsson Smith sein gewaltiges Imperium. Man kann an der Duftorgel mit einer Auswahl von 55 Schnaps- und Likörkräutern seinen Geruchssinn testen und im Tonarchiv 200 mehr oder weniger schönen Schnapsliedern lauschen. Das deftige Liedgut wird von pichelnden Schweden bei jeder passenden und unpassenden Gelegenheit angestimmt und trägt im hohen Maße zur Heiterkeit solcher Runden bei. Das Museum fühlt sich der Pflege dieses urschwedischen Brauchtums verpflichtet. In der Tradition berühmter Suff-Dichter wie Povel Rammel und Sven-Bertil Taube wird alljährlich im Oktober das schönste Trinklied gekürt. Zu einer besseren Tischkultur sollen die populären Schnupperkurse des Hauses erziehen. Hier kann man sich von erfahrenen Sommeliers und Feinschmeckern über Champagner, Wein und Whisky aufklären lassen. Doch am Ende bleibt oft nur die eine nüchterne Erkenntnis: Im Wodka findet der Schwede seine reine Seele. Denn immer nur pflichtbewusst, vernünftig und maßvoll sein – das hält der stärkste Mensch nicht aus!

einzigartigen Gemäldesammlung auch wechselnde Ausstellungen zu sehen.

➤ Djurgården, S. 8/9, [e 3] ➤ östl. [K 8]
Sjötullsbacken 8; Tel. 6 22 58 84; www.thielska-galleriet.se; Mo–Sa 12–16, So 13–16 Uhr, Führungen Mo 13 Uhr; Eintritt 50 Kronen, ermäßigt 30 Kronen, bis 16 Jahre frei

Vin & Sprithistoriska Museet 14

(→ Der gute Tipp von MERIAN, S. 214)

PARKS UND PLÄTZE

Bergianska Botaniska trädgården

Im Botanischen Garten aus dem späten 19. Jahrhundert gedeihen über 9000 Pflanzenarten. Die gepflegte Gartenanlage erstreckt sich über sieben Hektar zwischen dem Naturhistoriska Riksmuseum und Brunsviken. Das Edvard Anderssons Medelhavsväxthus beherbergt mediterrane Exoten wie Akazien, Eukalyptus und Rhododendren. Das kuppelförmige Victoriahuset aus dem Jahre 1900 ist die Heimat der imposanten Seerose Victoria, deren Blätter einen Durchmesser von 2,5 m erreichen.

➤ Norra Djurgården, S. 8/9, [c 2] ➤ [B 1]
Frescati; Tel. 54 59 17 00; www.bergianska.se; tgl. 11–17 Uhr; U-Bahn Universitetet, Bus 40, 540; Eintritt für das Gewächshaus 50 Kronen

Djurgården 9

Ein Spaziergang in dem wunderschönen und sehr weitläufigen Stadtpark gehört zum Pflichtprogramm eines jeden Stockholm-Besuchs. Bis 1809 war die bewaldete Insel im Osten Stockholms königliche Jagddomäne. Heute steht sie der Allgemeinheit offen. Und der «Tiergarten» ist mit seinen grünen Wiesen, sonnigen Uferpromenaden und dem malerischen Kanal längst das beliebteste Ausflugsziel der Stockholmer geworden. Von der 1894 erbauten Brücke Djurgårdsbron kann man zu Fuß oder auf Leihrädern zu ausgedehnten Streifzügen durch die Eichenwälder starten. Am Djurgårdsvägen im Westen liegen einige der bekanntesten Museen der Stadt und der Vergnügungspark Gröna Lund. Die Insel ist auch Standort einiger Luxusvillen und Botschaften. Auf dem Kanal im Norden kann man im Sommer mit Ruderbooten fahren. Ein Spaziergang am Kanalufer führt vorbei an Isbladskärret, einem bekannten Vogelsee, an dem im Sommer sogar Graureiher zu sehen sind. Wer die ganze Insel umrunden will, braucht Ausdauer: Das Ufer ist insgesamt zehn Kilometer lang.

➤ Djurgården, S. 8/9, [e 3] ➤ [J 7] **Bus 44, 47; mit der Fähre ab Slussen oder Nybrokajen (nur im Sommer)**

Hagaparken 10

Ein zweites Versailles sollte in Hagaparken im Norden Stockholms entstehen – von dem kühnen Traum geblieben sind nur die von Moosen und Sträuchern überwucherten Fundamente. Mit der Ermordung Gustav III. auf einem Maskenball im Jahre 1792 fanden die Pläne für einen monumentalen Schlossbau ein jähes Ende. Der König und sein Baumeister Fredrik Magnus Piper wollten Hagaparken in eine Traumlandschaft mit Kanälen, Brücken und Gondeln verwandeln. Einen Eindruck von den Visionen des Monarchen vermittelt der Pavillon Gustav III. mit seinen hübschen Wandmalereien, Panoramafenstern und Spiegelwänden. Das wunderschöne Interieur im pompeianischen Stil von Louis Masreliez ist nur im Sommer bei Führungen zu besichtigen. In den majestätischen Kupferzelten aus dem Jahre 1790, die einst als Unterkünfte für das Garderegiment dienten, befindet sich heute ein Museum, das über die Geschichte des Parks informiert. Besonders bei schlechtem Wetter ist ein Besuch im Fjärilshuset, dem Schmetterlingshaus, zu empfehlen. Bei tropischen Temperaturen flattern dort bunte Falter um exotische Blüten. Sprechende Papageien und schillernde Zierfische gibt es auch.

➤ Solna, S. 8/9, [c 2] ➤ [A/B 3]

Haga Parkmuseum; Tel. 27 42 52; www.kungahuset.se; Jan.-Mitte Mai Do-So 11-16, Mitte Mai-Sept. Di-So 11-17 Uhr; Gustav III. paviljong; Tel. 4 02 61 30; Juni-Aug. Di-So 12-15 Uhr, stündliche Führungen; Fjärils- & Fågelhuset; Tel. 7 30 39 81; April-Sept. Di-Fr 10-16, Sa und So 11-17.30, Okt.-März Di-Fr 10-15, Sa und So 11-16 Uhr; U-Bahn Rådmansgatan, weiter mit Bus 52 zum Stallmästaregården; Bus 515 (von Odenplan bis Haga Norra, dann ca. 15 Min. zu Fuß der Beschilderung folgen); Eintritt Gustav III. paviljong 60 Kronen, ermäßigt 25 Kronen

Humlegården

Theater, Tierpark, Tivoli, Schandfleck: Der »Humlegården« – zu Deutsch Hopfengarten – hat schon viele Zwecke erfüllt. Heute laden seine grünen Wiesen bei schönem Wetter nach einem anstren-

genden Bummel durch das Stadtviertel Östermalm zur Erholung ein. Der Park wird auch von den Einwohnern des schicken Viertels gerne für Spaziergänge oder ein Sonnenbad genutzt. Im Winter kann man auf einer Eisbahn Schlittschuhlaufen. Seinen Namen hat der Ort, weil er im 16. Jahrhundert einmal dem König als Gemüsebeet und Obstplantage diente. Und damals wurde dort eben auch Hopfen angebaut, den der Schlosshaushalt zum Bierbrauen benötigte. Mehrmals verfiel die Anlage, wurde aber stets wieder von reichen Gönnern oder von der Stadt renoviert. Heute stehen im Humlegården Statuen berühmter Schweden. Unter anderem können Besucher dem Abbild des Naturforschers Carl von Linné oder jenem der Schriftstellerin Fredrika Bremer begegnen.

➤ Östermalm ➤ [E 6] **U-Bahn Östermalmstorg oder Stadion**

Kungsträdgården

Im 15. Jahrhundert wurden die Küchenrabatten Gustav Vasas zu einem barocken Lustgarten umgestaltet, wo man Maskenbälle und Theaterstücke inszenierte. Damals hielt ein Zaun das neugierige Volk auf Abstand. Karl XIV. Johan ließ die Teiche, Blumenbeete und Pavillons Anfang des 19. Jahrhunderts einebnen und den Königsgarten zum Exerzierplatz verkommen. Zur großen Kunst- und Industrieausstellung von 1866 wurde der Brunnen von Johan P. Molin aufgestellt, der auch das Standbild des Kriegerkönigs Karl XII. schuf. Zum Schutz der Ulmen am Teehaus neben der Statue machten im Mai 1971 die Stockholmer mobil. Hängematten wurden gespannt, es gab Raufereien mit der Polizei, und am Ende wurde der geplante Eingang zur U-Bahn ein paar Schritte weiter in die Arsenalsgatan verlegt.

Im Sommer lädt der Königsgarten zum Verschnaufen in einem Gartencafé unter Baumkronen ein, im Winter zum Schlittschuhlaufen auf einer künstlich angelegten Eisbahn. Am Kungsträdgården liegt die katholische St. Eugenia kyrka, die Touristeninformation Sverigehuset und die dunkelrote barocke Jakobs kyrka aus dem frühen 17. Jahrhundert.

➤ Norrmalm ➤ [E 7] **U-Bahn Kungsträdgården**

Frühlingserwachen vor dem Schloss: Erst im 19. Jahrhundert wurde »Humlegården« zum öffentlichen Park gemacht.

Mariatorget

Beeindruckend ist der Brunnen mit der Bronzeskulptur Tors fiske von Anders Wissler. Sie zeigt Donnergott Thor im Streit mit der dämonischen Schlange des Midgard. Ungeachtet des Kampfgetümmels bietet sich der hübsche kleine Platz im Herzen von Södermalm für eine Verschnaufpause beim Streifzug durch die umliegenden Boutiquen, Cafés und Galerien an.

➤ Södermalm ➤ [D 9] **U-Bahn Mariatorget**

Millesgården 15

(→ Der gute Tipp von MERIAN, S. 220)

Sergels torg

Wo sich einst das urige Klara-Viertel erstreckte, wütete in den 50er- und 60er-Jahren die Abrissbirne. In einem beispiel-

PARKS UND PLÄTZE

15 AUF DEN KLIPPEN VON LIDINGÖ

Gustav Vasa im Nordischen Museum (1907), laszive Musen auf den Säulen des Nationaltheaters Dramaten (1908), Orfeus im Brunnen vor dem Konzerthaus (1936) – überall im Stockholmer Stadtbild begegnen einem die Skulpturen und Reliefs von Carl Milles (1875–1955).

Der berühmte Bildhauer und seine Frau, die Malerin Olga Milles, waren sagenhaft produktiv. Auf einer Klippe der Insel Lidingö schuf das Künstlerpaar im Jahr 1908 zunächst nur ein Heim mit Atelier. Daraus wurde im Laufe von 50 Jahren einer der schönsten Skulpturengärten Europas. Treppen und Torbögen verbinden die weitläufigen Terrassen mit den monumentalen Plastiken. In die wilde Landschaft aus Fels und Wald, Rosenspalieren und Lavendelhecken schmiegt sich eine mystische Figurenwelt, in der man wunderbar entspannen kann. Flügelwesen recken sich dem Himmel zu, in den Fontänen spiegeln sich Wassernymphen. Auf der oberen Terrasse begegnet man den beiden »Tänzerinnen« (1917), eine Etage tiefer dem Forschungsreisenden Sven Hedin auf einem Kamel (1932). Die unterste Ebene wird von den beiden Meisterwerken »Hand Gottes« (1954) und »Mensch mit Pegasus« (1949) beherrscht. In Wohnhaus und Atelier sind kleinere Arbeiten und Skizzen aber auch die private Antikensammlung der weit gereisten Künstler zu sehen. Carl Milles war auf gleich zwei Kontinenten erfolgreich. 1931 siedelte er mit seiner Frau in die USA über. Die beiden ließen sich in Cranbrook bei Detroit nieder, wo der Schwede eine Professur an der Kunstakademie inne hatte. Dort sind heute die meisten seiner Plastiken ausgestellt. Erst 1951 kehrte das Paar nach Schweden zurück. Ihren Skulpturengarten hatten die Künstler bereits 1936 in eine Stiftung verwandelt und später dem Staat vermacht.

WEGWEISER 15

Millesgården

➤ Lidingö, S. 8/9, [e 2] ➤ östl. [G 4]

Herserudsvägen 32; Tel. 4 46 75 90; www.millesgarden.se; Mitte Mai–Sept. tgl. 11–17, sonst Di–So 12–17 Uhr; U-Bahn Ropsten, dann Bus 201, 202, 204, 206 208, 212 nach Torsvik; Führungen nach Vereinbarung; Eintritt 90 Kronen, ermäßigt 65 Kronen, Kinder frei

Musizierende Engel: Carl Milles stellt sie als nackte Jünglinge dar.

losen Kahlschlag rissen die Stadtplaner die alten Wohnhäuser nieder und ersetzten sie durch moderne Betonbauten. Für die Architekten mit ihren sozialen Utopien war Sergels Torg (benannt nach dem Bildhauer Johan Tobias Sergel) damals der Inbegriff der Moderne. Der Verkehrskreisel mit der 37 Meter hohen Glassäule in seiner Mitte hat geradezu magische Anziehungskraft: Siegreiche Sporthelden wie die Eishockeymannschaft Tre Kronor lassen sich hier bejubeln, nach dem Examen stürzen sich Studenten in den Brunnen. Der westliche Teil des Platzes liegt unterhalb des Straßenniveaus und im Schatten von Kulturhuset. Er ist mit schwarz-weißen Platten in einem aufwühlenden Dreiecksmuster belegt. Früher war hier ein Treffpunkt für Drogensüchtige und Obdachlose, heute verbreiten verglaste Einkaufspassagen eine freundlichere Atmosphäre.

➤ Norrmalm ➤ [D 6/7] **U-Bahn T-Centralen**

Skeppsholmen

Bis 1969 betrieb die schwedische Marine auf der strategisch gelegenen Insel gegenüber von Gamla Stan einen Flottenstützpunkt, dann zog die Kunst ein. In den historischen Gebäuden der Militärs befinden sich heute das Moderna Museet (→ Museen, S. 203), das Arkitekturmuseet und das »Östasiatiska Museet« (→ Museen, S. 209). Auf der Anhöhe steht der klassizistische Bau der »Skeppsholms kyrka«, deren Rundkuppel dem Pantheon in Rom nachempfunden ist. Von der eisernen Brücke »Skeppsholmsbron« mit ihrem königlichen Wappen aus dem Jahre 1860 bietet sich ein schöner Blick auf Schloss und Altstadt. Die Brücke wurde 1859 bis 1860 erbaut und verbindet die Insel mit Blasieholmen.

➤ Skeppsholmen ➤ [F 7/8]
U-Bahn Kungsträdgården

AUTORENTIPP Auf einem Spaziergang entlang der Uferpromenade lassen sich alte Holzboote und Segelschiffe bestaunen, die zum Teil auch bewohnt sind.

Slussen

Der Verkehrsknoten zwischen Altstadt und Södermalm ist ein technisches Meisterwerk aber auch ein logistischer Alptraum. Alle Schiffe, die zwischen Mälarsee und Ostsee verkehrten, mussten hier ursprünglich die Schleuse passieren. Als 1928 ein Teil des Schiffsverkehrs über einen neuen Kanal umgeleitet werden konnte, entschärfte sich die Lage etwas. An Slussen kreuzen sich trotzdem noch immer sechs Einfallstraßen, überdies gibt es eine U-Bahnstation, einen Busterminal und die Endstation der Saltsjöbanan. Um den stetig wachsenden Verkehr noch besser zu kanalisieren, wurde 1935 ein kleeblattförmiger Kreisel eingerichtet. Der Entwurf der Verkehrsplaner Tage William-Olsson und Gösta Lundborg war so gut durchdacht, dass er 1967 sogar der Umstellung auf Rechtsverkehr standhielt. Heute ist die einst so moderne Anlage auf ihren Pfahlfundamenten jedoch in beklagenswertem Zustand. Über einen kompletten Neubau wird bereits seit vielen Jahren diskutiert.

➤ Södermalm ➤ [E 8] **U-Bahn Slussen**

Stortorget

Mit seinen schicken Boutiquen, Cafés und Straßenkünstlern ist der alte Marktplatz noch immer ein Zentrum des gesellschaftlichen Lebens. Mehrere mittelalterliche Gassen führen zum Stortorget, wie etwa die Köpmangatan, die bereits 1323 erwähnt wird, und die Skomakargatan, wo einst die Schuster ihre Werkstätten hatten. 1520 spielte sich hier das Stockholmer Blutbad ab, als Christian II. von Dänemark 82 Bischöfe, Adelige und Ratsherren hinrichten ließ. Der Platz diente aber nicht nur als Pranger, sondern auch als Marktplatz und Treffpunkt. Die Börse an der Nordseite des Platzes, mit ihrer klassizistischen Säulenfassade, stammt aus dem späten 18. Jahrhundert und lässt noch gewisse Einflüsse des Rokoko erkennen. Erst mit ihrer Fertigstellung 1778 erhielt der Platz im Herzen der Altstadt ein geschlossenes Erscheinungsbild. Im Untergeschoss liegt das Nobelmuseum (→ Museen, S. 207), im Obergeschoss residiert die Schwedische Akademie (→ Reportagen, S. 72). Sie wurde 1786 von Gustav III. nach französischem Vorbild gegründet. Das erlauchte Gremium wacht über die Reinheit der schwedischen Sprache und kürt alljährlich den Nobelpreisträger der Literatur.

➤ Gamla Stan, S. 175, [d 2] ➤ [E 8]

Die Nobelbibliothek der Svenska Akademi ist über einen Eingang seitlich am Gebäude (Källargränd 4) zu erreichen; www.svenskaakademien.se; Sept.-Mai Mo-Fr 12-15 und Do 10-12 und 17-19, sonst Di und Do 12-15 Uhr; U-Bahn Gamla Stan; Bibliothek Eintritt frei. Für das Nobelmuseum wird Eintritt erhoben.

Stureplan

Noch immer der Szenetreff für alle, die sich gern im Glanze von Hollywood-Stars, Königskindern und anderen Berühmtheiten sonnen möchten und deshalb bereit sind, vor Nachtclubs wie der Spybar oder der Sturecompagniet (→ Zu Gast, S. 139) stundenlang Schlange zu stehen und gesalzene Preise für ihren Cocktail zu zahlen. Tagsüber lockt die »Sturegallerian« ihre betuchte Kundschaft zu einem Einkaufsbummel. Danach kann man sich im eleganten »Sturebadet« (→ Zu Gast, S. 132) bei einer Massage oder unter einer Gurkenmaske erholen.

➤ Östermalm ➤ [E 6]

U-Bahn Östermalmstorg

Tantolunden

Der Park am Ufer der Årstabucht ist das kleine Naherholungsparadies für die jungen Menschen aus dem Stadtteil Södermalm. Vor allem im Sommer nutzen sie die großzügigen Wiesen entlang der Strandpromenade für Ballspiele und Picknick. Im Park liegt auch eine traditionsreiche Kleingartenanlage, die mit ihren malerischen Holzhäusern ein beliebtes Fotomotiv ist. In Tantolunden finden gelegentlich Freiluft-Konzerte statt, der Park ist außerdem der zentrale Veranstaltungsort des Stockholmer Pride Festivals (→ Feste und Events, S. 153).

➤ Södermalm ➤ [C 9] **U-Bahn Skanstull oder Hornstull**

Die »Sturegallerian« wurde 1989 eröffnet. Ein Jahr später wurde ihr ein internationaler Architekturpreis verliehen.

Hitta ditt eget uttryck
Hitta ditt eget uttryck
Hitta ditt eget uttryck
Hitta ditt eget uttryck
STURE
STURE
MQ
gateau

Nästa tåg
Tåg mot
Hjulsta

REISE-SERVICE

Nützliche Informationen zum Alltag und Verkehr, zur Anreise, Sprache oder Orientierung. Mit Klimatabelle, Essdolmetscher, Sprachführer sowie Verkehrslinienplan.

Kunst fürs fahrende Volk findet man auch an der U-Bahnstation Norrmalm.

WISSENSWERTES VON A–Z

AUF EINEN BLICK

Einwohnerzahl: Stockholm mit seinen 14 Stadtteilen hat etwa 800 000 Einwohner. Zusammen mit den 25 angrenzenden Gemeinden des Umlands bildet die Stadt den Regierungsbezirk Stockholms Län, in dem knapp zwei Millionen Menschen leben. Das entspricht in etwa einem Fünftel der schwedischen Gesamtbevölkerung. Etwa 20 Prozent der Menschen im Regierungsbezirk Stockholm sind im Ausland geboren.

Fläche: Stockolm 188 Quadratkilometer, Stockholms Län 6490 Quadratkilometer.

Politik: Schweden ist eine konstitutionelle Erbmonarchie. Staatsoberhaupt ist König Carl XVI. Gustaf, Thronfolgerin ist seine Tochter, Kronprinzessin Victoria. Die Monarchen üben keine Macht mehr aus und haben nur repräsentative Aufgaben. Schweden ist eine parlamentarische Demokratie, die Regierung wird vom Reichstag, dem Parlament, gewählt. Größte Partei sind seit vielen Jahrzehnten die Sozialdemokraten. Seit der Wahl 2006 befinden sie sich in der Opposition. Eine Koalition aus vier bürgerlichen Parteien stellt die Regierung. Auch in Stockholm verloren die Sozialdemokraten 2006 die Macht, seitdem lenkt eine konservativ-liberale Koalition die Geschicke der Stadt.

Religion: Mehr als 80 Prozent der Bevölkerung sind evangelisch und gehören der Schwedischen Landeskirche an.

Sprache: Schwedisch. Die meisten Stockholmer sprechen gut Englisch, auch Deutschkenntnisse sind verbreitet.

Wirtschaft: Trotz einiger Versuche der Regierung, die Verwaltung zu dezentralisieren, ist die Landflucht immer noch ein Problem in Schweden. Stockholm wächst beständig und stößt mancherorts an seine Grenzen. Wohnungsknappheit, steigende Immobilienpreise und allabendliche Staus sind die Folgen. In der Hauptstadt befindet sich mit der Stockholmer Börse der wichtigste Finanzplatz Nordeuropas. Eine Reihe internationaler Konzerne hat ihre Zentrale hier, wie zum Beispiel der Stromerzeuger Vattenfall oder der Telekomausrüster Ericsson, der auch größter privater Arbeitgeber der Stadt ist. Neben Hightech und Dienstleistungen gibt es in Stockholms Län auch schwere Industrie. Zum Beispiel den Lastwagenhersteller Scania, der in Södertälje, einem Ort westlich der Großstadt, produziert. Die Arbeitslosigkeit liegt seit Jahren um die drei Prozent und damit deutlich unter dem Landesdurchschnitt.

Tourismus: Stockholm zählt zu den schönsten Hauptstädten der Welt. Die Zahl der Übernachtungen steigt stetig. Im Jahr 2007 lag sie noch bei 5,7 Millionen, 2008 bereits bei 8,6 Millionen. Auch die Kreuzfahrtindustrie hat Schwedens Hauptstadt als lohnenden Anlaufpunkt entdeckt. In den Sommermonaten liegen die großen Pötte dicht an dicht am Kai gegenüber der Altstadt.

Stadt-Wappen: Der gelbe Mann mit Krone auf einem blauen dreieckigen Schild ist St. Erik. Der legendenumwobene König lebte im 12. Jahrhundert in Schweden, und er gilt als Reichsgründer. Später entwickelte sich um den Monarchen ein Heiligenkult.

ANREISE UND ANKUNFT

Mit dem Flugzeug

Wichtigster internationaler Flughafen ist Arlanda, etwa 40 Kilometer nördlich von Stockholm in der Nähe des Ortes Märsta (ca. 35 Kilometer südlich von Uppsala) gelegen. Er wird von vielen namhaften Fluggesellschaften genutzt, auch von Deutschland aus gibt es mehrere Direktflüge. Einige Billigflieger steuern den Flughafen Skavsta an, der bei Nyköping etwa 100 Kilometer südlich von Stockholm liegt. Der Vorortflughafen Bromma liegt sehr zentral, gleich an der Stadtgrenze. Er dient aber nur dem Inlandsflugverkehr.

Vom Flughafen in die Stadt:

Schnellste Verbindung von und nach Arlanda ist die Schnellbahn Arlanda Express (www.arlandaexpress.com) zum Hauptbahnhof. Eine einfache Fahrt dauert 20 Minuten und kostet 220 Kronen, Rentner, Jugendliche, Studenten und Kinder zahlen die Hälfte. Langsamer aber billiger sind die Flughafenbusse Flygbussarna (www.flygbussarna.se): Eine etwa 40-minütige Fahrt kostet 110 Kronen. Für Taxis gelten Festpreise zwischen Arlanda und Innenstadt. Sie schwanken je nach Taxiunternehmen zwischen 400 und 550 Kronen (unbedingt vor der Fahrt den Preis vereinbaren). Eine Fahrt über die Autobahn nach Skavsta dauert in etwa 70 bis 80 Minuten. Mit dem Taxi kostet sie mindestens 1200 Kronen. Empfehlenswerter ist der Flughafenbus ab Hauptbahnhof für 150 Kronen.

Mit dem Auto

Der schnellste Weg von Deutschland nach Schweden ist die Vogelfluglinie. Sie führt von Puttgarden mit der Fähre nach Dänemark, dort geht es über eine Autobahn weiter nach Kopenhagen und dann über die Öresundbrücke nach Malmö. Von dort geht es über die E4 nach Stockholm, das etwa 600 Kilometer weiter nördlich liegt. Alternativ zur Vogelfluglinie gibt es Fähren, die von Travemünde oder Rostock nach Trelleborg direkt nach Südschweden fahren. Auch zwischen Kiel und Göteborg existiert eine Schiffsverbindung.

Mit der Bahn

Von Deutschland aus gibt es keine Direktverbindung mehr nach Stockholm. Es empfiehlt sich, über Malmö oder Kopenhagen zu fahren. Von beiden Städten aus gehen mehrmals täglich Züge nach Stockholm. Die Schnellzüge der schwedischen Eisenbahn SJ (www.sj.se) heißen X2000. Sie sind etwas langsamer als ein ICE, aber sehr komfortabel. Es gibt auch eine Internetverbindung an Bord. Die Verbindungen innerhalb Schwedens sind gut ausgebaut, die Bahn ist hier ein empfehlenswertes Fortbewegungsmittel.

Telefonnummer für Fahrplanauskünfte und Buchungen: 00 46 (0)7 71 75 75 75. Anders als in Deutschland gilt ein Ticket stets nur für einen bestimmten Platz in einem bestimmten Zug. Die Fahrt wird meistens günstiger, je früher man bucht.

Mit dem Bus
Der Busbahnhof in Stockholm heißt Cityterminalen und ist ein Teil des Hauptbahnhofs. Es gibt direkte Verbindungen von mehreren deutschen Städten, zum Beispiel mit Berlinlinienbus (www.berlinlinienbus.de). Eine Fahrt von Berlin dauert etwa 18 Stunden.

AUSKUNFT

Stockholm Tourist Centre
Sverigehuset, Hamngatan 27, Eingang Kungsträgården, 10327 Stockholm; Tel. 00 46 (0)8 50 82 85 08; Mai-Sept. Mo-Fr 9–19, Sa 10–17, So 10–16, Okt.-April Mo-Fr 9–18, Sa 10–17, So 1-16 Uhr, geschl. 24. und 25. Dez., 1. Jan.; www.stockholmtown.com

Sweden Bookshop
Buchladen des Schwedischen Instituts mit Büchern über Schweden und schwedischer Literatur in Übersetzung. Slottsbacken 10; U-Bahn Gamla Stan; Mo-Fr 10-18, Juli-Aug. auch Sa 11-16 Uh; www.swedenbookshop.com

Ärzte und Gesundheit
In Schweden gilt die EU-Versicherungskarte der deutschen Krankenkassen, man sollte bei der Anmeldung auch einen Pass oder Personalausweis vorweisen können. Für Arztbesuche kann eine geringe Patientengebühr fällig werden, die meisten Praxen akzeptieren auch Kreditkarten. Welche Arztpraxis oder Notaufnahme am nächsten liegt, erfährt man im Krankheitsfall unter der Nummer (08) 32 01 00. Die Gesundheitshotline ist 24 Stunden am Tag besetzt. Man erreicht dort ausgebildete Pflegekräfte, die immer Englisch und manchmal sogar Deutsch sprechen. Bei Notfällen sollte man die Notrufnummer 112 wählen.
Die allgemeine Gesundheitshotline hilft auch bei Zahnschmerzen. Im Krankhaus St. Erik gibt es außerdem eine Zahnnotfallklinik, die von 7.45 bis 20.30 Uhr geöffnet ist und die ohne Voranmeldung besucht werden kann. Adresse: Polhemsgatan 48, 112 82 Stockholm; Tel. (08)12 31 56 80.
Für einen Schweden-Urlaub werden keine besonderen Impfungen benötigt. Allerdings gibt es in Stockholm und Umgebung Zecken, die den FSME-Virus übertragen. Darum sollte, wer viel in Wald und Flur unterwegs ist, über eine Zeckenimpfung nachdenken.

Apotheken
In Schweden hat der Staat das Apothekenmonopol, Preise und Sortiment sind darum in allen Läden gleich. In der Nähe des Hauptbahnhofs hat die Apotheke CW Scheele, Klarabergsgatan 64; Tel. (08) 4 54 81 30, 24 Stunden am Tag geöffnet.

AUTO

Auf schwedischen Autobahnen gilt eine Höchstgeschwindigkeit von 110 Stundenkilometer, auch tagsüber ist das Fahren mit Abblendlicht vorgeschrieben. Es gibt ein gut ausgebautes Netz von Tankstellen und Motels. Die Promillegrenze liegt bei 0,2 Promille, Übertretungen werden sehr streng geahndet. In Stockholm wird eine Citymaut für das Überqueren der Stadtgrenze verlangt, diese Regelung gilt jedoch nicht für Fahrzeuge mit ausländischem Kennzeichen. Parken ist fast überall kostenpflichtig. Die Parkscheinautomaten, die an nahezu jeder Straßenecke zu finden sind, akzeptieren nicht immer Kreditkarten.

BUCHTIPPS

Almqvist, Carl Jonas Love: Das Geschmeide der Königin (Rowohlt TB, 2006) Der romantische Roman entführt seine Leser ins Stockholm des späten 18. Jahrhunderts, in die Zeit, als König Gustav III. bei einem Maskenballs in der Oper erschossen wird.

Agnes Bührig/Alexander Budde: Schweden. Eine Nachbarschaftskunde. (Ch. Links Verlag, 2007) Ein kleines Standardwerk über das Leben im heutigen Schweden, über die Mentalität seiner Bewohner, über Kultur, Minderheiten und Zuwanderer.

Bünz, Tilmann: Wer die Kälte liebt (btb, 2008) Ein liebevoller Rückblick des langjährigen ARD-Korrespondenten und ein Buch für alle, die den Norden Europas nicht nur bereisen, sondern auch verstehen wollen.

Gellert, Tamas: Der Lasermann – Vom Eliteschüler zum Serientäter (Militzke, 2007) Glänzend recherchierte Dokumentation einer Anschlagserie, zugleich fesselnder Krimi und tiefgründige Gesellschaftsanalyse.

Lagerlöf, Selma: Nils Holgersson (verschiedene Ausgaben, z.B. Reclam 1996) Die Reise des Däumlings durch Schweden war einst als Erdkundelehrbuch gedacht. Nils Holgerssons Aufenthalt im Freilichtmuseum Skansen ist eine der bekanntesten Stockholmbeschreibungen der schwedischen Literatur.

Maj Sjöwall/Per Wahlöö: Der Mann auf dem Balkon (Rowohlt TB, 2000) Der aus dem Fernsehen bekannte Kommissar Beck ermittelt in den Romanen des Autorenduos im Stockholm der 60er- und 70er-Jahre. Die Bücher waren Vorbild für eine ganze Generation von Krimiautoren.

MERIAN Magazin Stockholm, Jahreszeiten Verlag, Hamburg: Opulent bebildertes, monothematisches Magazin, das mit journalistischer Kompetenz, exklusiven Tipps und detailliertem Kartenmaterial eine optimale Vorbereitung auf die Reise bietet; u.a. finden Sie darin Reportagen über den Schärengarten, Gamla Stan, die Schlösser am Mälarsee sowie einen umfangreichen Reise-Service; 7,50 € Auch zu beziehen über den MERIAN Shop (www.merian.de).

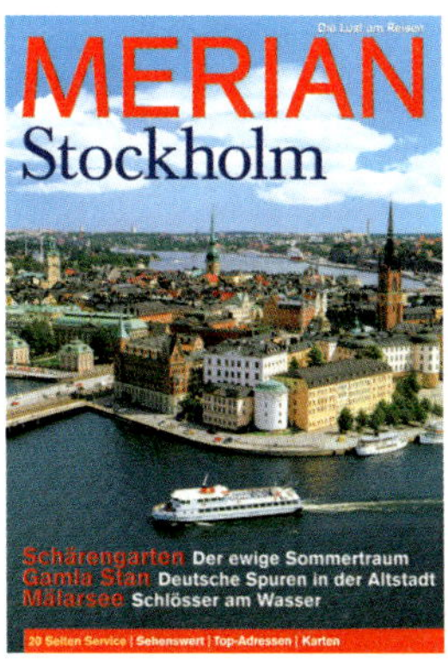

DIEBSTAHL

Stockholm ist eine relativ sichere Stadt. Aber wie in jeder Metropole gibt es auch hier Taschendiebe und Kleinkriminalität. Bei Zwischenfällen in der U-Bahn wendet man sich am besten an das Stationspersonal. An jedem Bahnhofseingang gibt es ein Wärterhäuschen, das stets besetzt ist. Die schwedische Polizei hilft unter der Nummer 114 14 (bei Notfällen: 112), auf der Webseite www.polisen.se gibt es auch Informationen auf Englisch.

DIPLOMATISCHE VERTRETUNGEN

Botschaft der Bundesrepublik Deutschland
Artillerigatan 64; Tel. 6 70 15 00; U-Bahn Stadion oder Karlaplan
Botschaft der Republik Österreich
Kommendörsgatan 35; Tel. 6 65 17 70; U-Bahn Karlaplan

Schweizer Botschaft
Valhallavägen 64; Tel. 6 76 79 00; U-Bahn Tekniska Högskolan

EINREISEDOKUMENTE

Schweden gehört zur EU und ist dem Schengenabkommen beigetreten. Für die Einreise reicht ein Personalausweis.

FAHRRADVERLEIH

Servicedepån, Scheelegatan 15; Tel. (08) 6 51 00 66

Djurgårdsbrons Sjöcafé,
Galärvarvsvägen 2; Tel. (08) 6 60 57 57

Cyckel- & Mopedutrhyrningen,
Strandvägen, Kajplats 24; Tel. (08) 6 60 79 59. Stockholm verfügt über ein recht gut ausgebautes Radwegenetz. Für Kinder unter 15 Jahren gilt in Schweden Helmpflicht.

FKK

Ågesta nakenbadet, U-Bahn Farsta Strand, von dort aus 25 Minuten Spaziergang zum See Magelungen, alternativ mit dem 742 oder 833 bis Rödmossevägen, von dort 500 Meter zum See.

Neben diesem offiziellen Nacktbadestrand gibt es unzählige Stellen, an denen FKK toleriert wird. Im Zentrum ist Baden allerdings wegen des regen Bootsverkehrs fast überall verboten. Im Schärengarten gilt: Erlaubt ist, was niemanden stört. Weitere Informationen und eine Liste mit inoffiziellen Nacktbadeplätzen gibt es beim schwedischen Verein für Freikörperkultur: www.naturistnet.org.

FRAUEN

Die Stadt ist relativ sicher. In den U-Bahnstationen sitzt stets Personal an den Kassenwärterhäuschen beim Eingang. In Schweden gibt es ein gut ausgebautes Netz von Krisenzentren speziell für Frauen, »Kvinnojouren« genannt. Das Krisenzentrum Stockholm hat die Nummer (08) 4 29 99 40, telefonische Hilfe gibt es außerdem 24 Stunden am Tag unter 020-50 50 50 (Anruf kostenlos).

FUNDBÜRO

Am Flughafen Arlanda: Terminal 5, Level 1; Tel. (08) 7 97 60 80
Stockholmer Polizei: Bergsgatan 54; Tel. (08) 4 01 07 88; Mo-Fr 10-15 Uhr
SL (Bus, U-Bahn): Klara Östra Kyrkogata 6, Tel. (08) 6 00 10 00; Telefonzeit werktags von 9-19 Uhr

GELD

Schwedens Währung ist die Schwedische Krone (SEK). Eine Krone sind 100 Öre. Die kleinste Einheit ist die 50-Öre-Münze, die auf- oder abgerundet wird. Es gibt Scheine zu 20, 50, 100, 500 und 1000 Kronen. Wechselstuben gibt es unter anderem am Flughafen, am Hauptbahnhof und an mehreren Stellen in der Innenstadt rund um den Sergels Torg. Fast alle Geschäfte nehmen Kredit- und EC-Karten an, mit denen auch Kleinstbeträge bezahlt werden können. Bei Kartenzahlung wird vom Kassierer oft ein Ausweis verlangt.

WECHSELKURSE

SEK	Euro	Franken
0,50	0,05	0,07
1	0,09	0,14
2	0,19	0,28
5	0,47	0,71
10	0,95	1,43
20	1,90	2,87
30	2,85	4,31
50	4,75	7,19
100	9,50	14,39
250	23,77	35,98
500	47,53	71,96
750	71,30	107,95
1000	95,05	143,93

Stand: Mai 2009

GOTTESDIENSTE

Evangelische Gottesdienste in deutscher Sprache hält die St. Gertruds Gemeinde jeden Sonntag um 11 Uhr ab, in der Tyska Kyrkan, Altstadt (→ Sehenswertes, S. 198).

INTERNET

Ein paar Tipps zur Reiseplanung:

www.sl.se: Homepage der Verkehrsbetriebe, mit Fahrkarten, Netzplänen und Preisen (in Englisch).

www.stockholmsmuseer.se: Webportal aller Stockholmer Museen.

www.stockholmtown.com: Informationen des Touristenbüros mit Hotel-Buchung, Wetter und viele Broschüren zum Herunterladen.

www.sweden.se: Offizielles Portal der schwedischen Regierung mit allgemeinen Informationen über Land und Leute speziell für Ausländer.

www.thelocal.se: Englisches Stadtmagazin mit aktuellen Lokalnachrichten aus Stockholm und Schweden.

www.visitsweden.com: Schwedens offizielle Seite für Reise und Tourismus.

www.royalcourt.se: Offizielle Homepage der Königsfamilie mit den aktuellen Öffnungszeiten ihrer Schlösser.

www.schwedenstrasse.com: Ein Internet-Projekt zur deutsch-schwedischen Geschichte.

KLEIDUNG

Erlaubt ist, was gefällt. In einigen der teureren Nachtclubs sind Jeans und Turnschuhe allerdings nicht gerne gesehen. Ein warmer Pullover sollte zu jeder Jahreszeit im Gepäck sein, ebenso eine Regenjacke oder ein Schirm. Im Winter kann es in Stockholm sehr kalt und windig werden. Mütze, Handschuhe und Schal sind in dieser Jahreszeit dringend zu empfehlen.

KULTURINSTITUTE

Goethe-Institut Stockholm, Bryggargatan 12A, 111 21 Stockholm; Tel. 00 46 (0)8 4 59 12 00; www.goethe.de

LEIHWAGEN

Die meisten internationalen Leihwagen-Firmen sind auch in Schweden vertreten. Zudem vermieten auch viele Tankstellen Autos zu günstigen Preisen.

www.avis.com
www.europcar.com
www.hertz.com
www.budget.se
www.sixt.se

MESSEN

Auf dem Messegelände in Älvsjö finden jährlich etwa 60 Messen statt. Es ist mit dem Pendeltåg Richtung Södertäls, Gnesta oder Nynäshamn bequem vom Hauptbahnhof aus zu erreichen. Mässvägen 1, Älvsjö; Tel. 7 49 41 00; www.stofair.se

NEBENKOSTEN

Umgerechnet in €	
1 Tasse Kaffee	2,00
1 Bier (Gaststätte)	4,50
1 Liter Milch	1,10
1 Brot (ca. 500 g)	1,50
1 Liter Normalbenzin	1,00
Einzelfahrt (mit Bus oder U-Bahn)	2,00
Mietwagen/Tag inkl. km	ca. 80,00

NOTRUFNUMMERN

Für Polizei, Feuerwehr, Notarzt: 112. Kann von Telefonzellen und Mobiltelefonen kostenlos angerufen werden.

ÖFFENTLICHE VERKEHRSMITTEL

Die Städtischen Verkehrsbetriebe SL betreiben Busse, U-Bahn (Tunnelbana) und Nahverkehrszüge. Für alle drei Verkehrsmittel gilt ein einheitliches Tarifsystem. Stockholm und Umgebung ist dabei in drei Zonen eingeteilt: A, B und C, wobei A der Innenstadtbereich ist und das gesamte U-Bahnnetz umfasst. Bezahlt wird mit Einzelfahrkarten, sogenannten Kupons. Ein Kupon kostet 20 SEK. Wer innerhalb einer Zone bleibt, muss zwei Kupons lösen, zwei Zonen kosten drei Kupons, drei Zonen kosten vier Kupons. Wer mehrmals am Tag Bus oder Bahn benutzt, sollte den Kauf einer Zeitkarte erwägen. Es gibt: 24-Stunden-Tickets (100 SEK) und Wochenkarten (260 SEK). Speziell für Touristen bietet SL auch ein 72-Stunden-Ticket (200 SEK) an sowie ein 72-Stunden-Plus-Ticket, bei dem der Besuch einiger Museen inbegriffen ist.

Fahrkahrten: Gibt es an jeder U-Bahnhaltestelle, in vielen Kiosken und Supermärkten – das blaue SL-Logo weist den Weg. Busfahrer verkaufen in Stockholm keine Fahrscheine, Passagiere müssen das Ticket vor der Fahrt am Automaten kaufen und beim Einsteigen vorweisen.

U-Bahn

Das U-Bahn-Netz (→ Verkehrslinienplan, S. 238) besteht aus drei Linien (rot, grün und blau), die sich an der Haltestelle T-Centralen kreuzen. An Wochenenden fahren die Züge 24 Stunden, unter der Woche gibt es Nachtbusse.

AUTORENTIPP Passagiere, die sich auf den Rolltreppen der U-Bahn breit machen, sodass niemand links überholen kann, werden zum öffentlichen Ärgernis. Es gilt die ungeschriebenen Regel: immer rechts stehen.

Busse: Das Busliniennetz ist sehr dicht, es gibt auch Verbindungen in abgelegene Gegenden weit außerhalb der Stadt.
Nahverkehrszüge: Drei moderne Schnellbahnlinien (J35, J36, J37), Pendeltåg genannt, verbinden die Stadt mit dem ferneren Umland. Sie kreuzen sich am Hauptbahnhof. Zudem gibt es ältere Bummelzüge. Die Lidingöbanan führt von der U-Bahnhaltestelle Ropsten auf die Insel Lidingö. Die Nockebybanan beginnt an der U-Bahnhaltestelle Alvik und fährt nach Osten am Mälarufer entlang. Die Roslagsbanan erschließt vom Stockholmer Ostbahnhof aus die Region nördlich von Stockholm. Die Saltsjöbanan fährt ab Slussen nach Osten Richtung Schärengarten.

Straßenbahn: Die Museums-Straßenbahn auf dem Strandvagen verkehrt nur unregelmäßig zwischen der Insel Djurgården und Östermalm. Für eine Fahrt wird ein extra Ticket benötigt.
Radfahren: Wer sich nicht daran stört, als rollende Reklame für Gebrauchsartikel wie Kopfschmerztabletten unterwegs zu sein, kann sich einen der rund 1000 Fahrräder von Stockholm City Bikes ausleihen. Eine 3-Tages-Karte für 125 Kronen wird in den Service-Zentren der Verkehrsbetriebe SL sowie in der Touristeninformation angeboten. Mit ihr kann man das Fahrrad bequem am Automaten an 73 zentral gelegenen Stationen ausleihen. Nach drei Stunden gibt man das Rad entweder zurück oder verlängert die Tour. Beim Kauf der Karte unbedingt nach einem Fahrradhelm fragen, der ebenfalls zur Ausleihe angeboten wird. Informationen über die Anzahl der verfügbaren Räder sowie die Lage der Stationen gibt es am Automaten und im Internet.
www.citybikes.se; Tel. 077 - 4 44 24 24

ÖFFNUNGSZEITEN ALLGEMEIN

Die Geschäftszeiten sind in Schweden sehr kundenfreundlich. Kleinere Läden und Boutiquen haben Mo-Sa 10-18 Uhr geöffnet, viele Kaufhäuser und Supermärkte Mo-So bis 20 Uhr, einige sogar noch länger. In Büros wird gewöhnlich von 9-17 Uhr gearbeitet. Ähnliche Dienstzeiten gelten in der Regel für Behörden. Cafés und Kneipen schließen mitunter sehr zeitig am Abend.

POST

Im Dezember 2002 zog sich die schwedische Post aus dem leidigen Geschäft mit den Privatkunden weitgehend zurück. Die meisten Postämter wurden geschlossen. Briefmarken sind bei Zeitungshändlern (Pressbyrå) sowie in Supermärkten erhältlich. Postkarten und Briefe bis zu 20 Gramm kosten innerhalb Europas 11 Kronen. Das Inlandsporto beträgt 5,50 Kronen.

REISEWETTER

Das Wetter in Stockholm ist besser als sein Ruf. In den Sommermonaten gibt es stabile Schönwetterperioden, in denen die Tageshöchsttemperaturen um 24 Grad liegen. Sommer in Stockholm bedeutet aber vor allem mehr Licht. Weitere Informationen und Prognosen (auch in Englischer Sprache) beim schwedischen Wetterdienst SMHI (www.smhi.se).

RUNDFLÜGE

Einen einzigartigen Blick über die schwedische Hauptstadt, die auf dem Wasser schwimmt, bietet eine Fahrt mit dem Heißluftballon. Angeboten werden die mehrstündigen Touren über Stadt und Schärenarchipel mit anschließender Sekttaufe u.a. von:

Far & Flyg
www.farochflyg.se, Tel. 6 45 77 00

Upp & Ner
www.uppochner.se, Tel. 644 04 00

RUNDFUNK UND FERNSEHEN

Der öffentlich-rechtliche Sender Sveriges Radio strahlt neben stündlichen Nachrichten auch Hörfunkprogramme in Fremdsprachen aus, darunter auf Deutsch (www.radioschweden.net) und Englisch (www.sr.se/international).

Mittelwert	JAN	FEB	MÄR	APR	MAI	JUN	JUL	AUG	SEP	OKT	NOV	DEZ
Tagestemperatur	-1	-1	2	8	15	20	22	20	15	9	5	2
Nachttemperatur	-5	6	4	1	6	10	14	13	9	5	1	-2
Sonnenstunden	1	2	5	7	9	10	9	7	6	3	1	1
Regentage pro Monat	10	7	6	7	7	8	9	10	9	9	10	11

Quelle: Deutscher Wetterdienst, Offenbach

SPORT

Fischen: Erlaubt durch ein königliches Dekret am Strömmen vor dem Schloss. Im übrigen Stadtgebiet bedarf es eines Angelscheins.
Fußball: Stockholm verfügt über zwei sich heftig befehdende Fußballvereine, Hammarby IF spielt im Söderstadion (U-Bahn Globen), Djurgården im Olympiastadion (U-Bahn: Stadion).
Golf: Die Schweden sind verrückt nach dem feinen Rasensport. Überall sieht man sie die Schläger schwingen. In und um Stockholm gibt es etwa 60 Golfklubs, einige mit anspruchsvollem Parcours. Mehr Informationen unter www.golfsweden.com
Schlittschuhlaufen: Im Winter kann man in Kungsträdgården im Zentrum mit geliehenen Schlittschuhen seine Runden drehen. Längere Touren bieten sich auf gefrorenen Gewässern wie dem Brunnsviken, Hellasgården oder dem Mälarsee an. Allerdings sollte man hier aus Sicherheitsgründen niemals alleine laufen sowie Rettungsleine, Eispickel und Kleider zum Wechseln mitführen.
Schwimmen: Im Sommer kann man fast überall in Stockholm baden, entweder im Mälaren oder in der Ostsee (Saltsjön) und an den Stränden der meisten Schäreninseln. Reizvoll sind auch viele Naturgewässer in den Vororten. Die Hallenbäder werden allesamt in privater Regie geführt und sind relativ teuer, z.B.:
Eriksdalsbadet
Hammarby Slussväg 20; U-Bahn Skanstull

Liljeholmsbadet
Bergsunds Strand 2, Södermalm; U-Bahn Hornstull

STADTRUNDFAHRTEN

Im Sommer starten Stadtrundfahrten im Doppeldeckerbus am Gustav Adolfs Torg vor der Oper (Dauer 50 Min.). Lohnender ist es jedoch, das Venedig des Nordens vom Wasser aus zu erkunden. Die Tour »Unter den Brücken von Stockholm« dauert zwei Stunden und führt zweimal durch die Schleuse zwischen Saltsjön und Mälarsee. Die Ausflugsboote liegen am Strömkaj vor dem Grand Hôtel, am Nybroplan vor Dramaten und am Stadshuskaj vor dem Rathaus.
www.stockholmsightseeing.se;
Tel. 12 00 40 00
Bootsrundfahrten und Ausflüge in die Schären:
Waxholmsbolag: Tel. 679 58 30;
www.waxholmsbolaget.se
Strömma Kanalbolag: Tel. 12 00 40 00;
www.stromma.se

STROM

Die Netzspannung beträgt wie in Deutschland 220 Volt. Für mitgebrachte Elektrogeräte braucht man keinen Adapter.

TAXI

Vorsicht vor dubiosen Schwarztaxi-Chauffeuren! Ein echtes Taxi ist am gelben (statt weißen) Nummernschild zu erkennen. Die Tarife, die sich aus einer Kombination aus Strecke und Fahrzeit zusammensetzen, müssen auf dem Seitenfenster angeschlagen sein. Für die Strecke vom Flughafen Arlanda in die Stadt gilt ein Festpreis von knapp 500 Kronen.

Taxi Stockholm; Tel. 15 00 00

TELEFONIEREN

Vorwahl von Deutschland, Österreich und der Schweiz nach Stockholm: 0046 8; innerhalb Schwedens 08.
Von Schweden nach Deutschland: 0049, nach Österreich: 0043, in die Schweiz: 0041.
Auskunft international (nummerupplysning): 118 119; Inland: 118 118.
Das schwedische Netz ist mit kontinentaleuropäischen Mobiltelefonen kompatibel. Weil fast jeder ein Handy hat, sind Münz- und Kartentelefone dünn gesät, sie stehen jedoch in jeder U-Bahnstation. Telefonkarten mit 30, 60 und 120 Einheiten können Sie u.a. beim Pressbyrå, in Tankstellen und Supermärkten kaufen. Kartentelefone akzeptieren auch folgende Kreditkarten: American Express, Diners Club, Mastercard, VISA. Das Telefonbuch heißt auf Schwedisch »telefonkatalog«. Im Internet unter: www.eniro.se

TIERE

Nach geltendem EU-Recht benötigt man für die Mitnahme von Katzen, Hunden und Nagetieren nach Schweden lediglich einen Heimtierausweis (Pass). Die Beantragung einer Einfuhrgenehmigung ist nicht mehr erforderlich. Weitere Informationen auf der Homepage des Landwirtschaftsamtes Jordbruksverket (www.sjv.se).
Besitzer von Haustieren können in Schweden allerdings nur auf dem Campingplatz übernachten: In Hotels darf man sie wegen der zahlreichen Allergiker nicht mitbringen.

TRINKGELD

In Hotels und Restaurants ist das Trinkgeld oft schon im Rechnungsbetrag enthalten. Bei gutem Service zusätzlich 10 Prozent. In Taxis ist es üblich, den Fahrpreis um 10 Prozent aufzurunden.

TRINKWASSER

Im »Venedig des Nordens« darf man unbesorgt aus dem Hahn trinken.

ZEITUNGEN

Ausländische Zeitungen sind im Zentrum in großen Filialen von Pressbyrå erhältlich, unter anderem rund um die Uhr im Hauptbahnhof.

ZEIT

In Stockholm gilt die mitteleuropäische Zeit.

ZOLL

Für Bürger der Europäischen Union fallen keine Zollabgaben an, solange die eingeführten Waren für den persönlichen Gebrauch bestimmt sind. Das gilt auch für Alkohol, der folglich in beinahe unbegrenzten Mengen eingeführt werden darf. Das Mindestalter für die Einfuhr von Alkohol beträgt aber 20 Jahre. Weitere Auskünfte (auch auf Deutsch) bietet der Schwedische Zoll unter www.tullverket.se.

SJ
Märsta
J36
Rosersberg
Upplands Väsby
Rotebro
Norrviken
Häggvik
Sollentuna
Helenelund
Ulriksdal
Solna
Bro, Bålsta
J35
Kungsängen
SJ
Kallhäll
Jakobsberg
Barkarby
Spånga
T11
Akalla
Husby
Kista
Hallonbergen
Näckrosen
Solna c
T10
Hjulsta
Tensta
Rinkeby
Rissne
Duvbo
Sundbybergs c
SJ
Sundbyberg
Vreten
Huvudsta
Västra skogen
Stadshagen
Karlberg
St. Eriksplan
Odenplan
Visinge
Ensta
Tibble
Roslags Näsby
Enebyberg
Djursholms Ekeby
Bråvallavägen
Djursholms Ösby
Täby kyrkby
Kragstalund
Galoppfältet
Täby centrum
Vendevägen
Östberga
Mörby centrum
T14
Danderyds sjh
Bergshamra
Universitetet
Mörby
Stocksund
Frescati
Universitetet
Tekniska högskolan
Stockholms östra
Stadion
Gärdet
Karlaplan
Östermalmstorg
T-Centralen/Stockholm
Kungsträdgården
T11
Gamla Stan
Slussen
Rådmansgatan
Hötorget
T19
Alvik
Hässelby strand
Hässelby gård
Johannelund
Vällingby
Råcksta
Blackeberg
Islandstorget
Ängbyplan
Åkeshov
Brommaplan
Abrahamsberg
Stora mossen
Alléparken
Kristineberg
Thorildsplan
Fridhemsplan
Rådhuset
L12
Nockeby
Nockeby torg
Olovslund
Höglandstorget
Ålstens gård
Ålstensgatan
Smedslätten
Klövervägen
Alviks strand
St. Essingen
Gröndal
Trekanten
Liljeholmen
Hornstull
Zinkensdamm
Mariatorget
Stockholms södra
Medborgarplatsen
Skanstull
Gullmarsplan
Skärmarbrink
Globen
Hammarbyhöjden
Mälarhöjden
Bredäng
Sätra
Skärholmen
Vårberg
Vårby gård
Masmo
Fittja
T13
Norsborg
Hallunda
Alby
Axelsberg
Örnsberg
Aspudden
Midsommarkransen
Telefonplan
Hägerstensåsen
Västertorp
Fruängen
T14
Årstadal
Årstaberg
Årstafältet
Valla torg
Linde
Älvsjö
Stuvsta
Huddinge
SJ
Stockholm syd Flemingsberg
Tullinge
Tumba
Rönninge
Östertälje
J36
J37
Södertälje centrum
Södertälje hamn
Södertälje syd
SJ
Järna
Mölnbo
J37
Gnesta
Enskede gård
Sockenplan
Svedmyra
Stureby
Bandhagen
Högdalen
Rågsved
Hagsätra
T19
Blåsut
Sandsborg
Skogskyrkogården
Tallkrogen
Gubbängen
Hökarängen
Farsta
T18
Farsta strand
Trångsund
Skogås
Haninge centrum

Verkehrslinienplan Stockholm

T Tunnelbanan (Metro)
- Hässelby-Farsta/Hagsätra/Skarpnäck
- Ropsten/Mörby centrum-Fruängen/Norsborg
- Akalla/Hjulsta-Kungsträdgården

J Pendeltågen
- Märsta-Södertälje-Gnesta
- Kungsängen-Västerhaninge-Nynäshamn

Nockebybanan
- Alvik-Nockeby

Lidingöbanan
- Ropsten-Lidingö

J Saltsjöbanan
- Slussen-Saltsjöbaden/Solsidan

J Roslagsbanan
- Stockholm Ö-Näsbypark/Österskär/Kårsta

SJ Mainline interchange station

Tvärbanan
- Gullmarsplan-Liljeholmen

max. 500 m Fußweg

GLOSSAR

Barock
Kunststil, der sich durch seine detailverliebten, geschwungenen Dekorationen auszeichnet. War in Europa von etwa 1600 bis 1750 prägend.

Bernadotte
Der Familienname des heute amtierenden Königshauses stammt aus Frankreich. Stammvater Jean-Baptiste Bernadotte war einst Marschall unter Napoleon. Er kam auf den Thron, nachdem Schweden in den napoleonischen Kriegen Finnland verloren hatte. Der Adel setzte nach diesem Desaster das alte Königsgeschlecht kurzerhand ab. Bei der Suche nach einem Nachfolger kam man – nach einigen Umwegen – schließlich auf den Marschall. Von Bernadottes Nominierung erhoffte man sich auch eine Verbesserung der schwedisch-französischen Beziehungen.

Funktionalismus
Der vom deutschen Bauhaus geprägte Design-Architekturstil erreichte seine erste Blüte nach dem Ersten Weltkrieg. Der Funktionalismus zeichnet sich vor allem durch klare Formen und Verzicht auf überflüssige Dekorationen aus. Die Gestaltung eines Gebäudes oder Gegenstandes wird zuerst und vor allem von seiner Funktion bestimmt, nicht von ästhetischen Überlegungen. In Stockholm stehen einige der berühmtesten Gebäude des frühen Funktionalismus. Internationales Ansehen errang vor allem der Architekt Gunnar Asplund (1885-1940), der unter anderem die Stadtbibliothek und den Waldfriedhof entwarf.

Jugendstil
Modestil in Grafik, Kunst, Design und Architektur, der um die Wende vom 19. zum 20. Jahrhundert modern war. Kennzeichnend ist unter anderem eine naturalistische Ornamentik mit Blumen- und Pflanzenmotiven. Benannt wurde die Stilrichtung nach der deutschen Zeitschrift »Jugend«, die auch in Skandinavien einigen Einfluss ausübte.

Mittelalter
Die Periode der europäischen Geschichte, die zwischen der Antike und der Renaissance liegt. In Zentral- und Südeuropa wird meist die Zeitspanne zwischen 500 und 1500 nach Christus so bezeichnet. In Nordeuropa beginnt die Epoche dagegen deutlich später, nämlich um das Jahr 1100 herum, als die Wikingerzeit zu Ende ging und die Christianisierung erfolgte.

Rokoko
Eine Stilrichtung, die sich im 18. Jahrhundert aus dem Barock weiterentwickelte. Ihre kunstvollen Formen wirken leichter und heiterer als im Barock.

Skandinavien
Die Grenzen dieses Gebietes variieren stark, je nachdem ob der Begriff in geografischem, kulturellem oder sprachlichem Zusammenhang verwendet wird. Oft sind mit Skandinavien die Länder Schweden, Dänemark und Norwegen gemeint. Die Länder also, in denen überwiegend skandinavische Sprachen gesprochen werden. Wird dagegen in der Geografie über Skandinavien geredet, ist Dänemark nicht mit dabei. Die skandinavische Halbinsel umfasst die Gebiete Norwegens Schwedens, sowie den nordwestlichen Teil Finnlands. Dass Finnland meist nicht zu Skandinavien gerechnet wird, liegt daran, dass Finnisch einem völlig anderen

Sprachstamm angehört. Kulturell und historisch betrachtet ist das Land im Westen freilich sehr eng mit der skandinavischen und vor allem schwedischen Geschichte verbunden. In Schweden, Dänemark, Norwegen und Finnland selbst wird heute meist der Begriff »Norden« verwendet. Damit sind alle vier nordischen Staaten sowie Island und die Färöer Inseln gemeint.

Stormaktstiden (Großmachtzeit)

Zwischen 1611 und 1718 nahm Schweden unter den europäischen Ländern den Rang einer Großmacht ein. Der expandierte stark rund um die Ostsee. Die größte Ausdehnung erreichte Schweden beim Frieden von Roskilde 1658. Damals wurden Teile Norddeutschlands, das Baltikum, Finnland und Teile Norwegens von Stockholm aus regiert. Die Vormachtstellung Schwedens an der Ostsee endete mit dem Aufstieg Russlands. Als letzter König der Großmachtszeit gilt Karl XII. Er versuchte bei einem großen Feldzug Russland zu erobern, was eine vernichtende Niederlage der schwedischen Armee zur Folge hatte. Karl XII. wurde später in einem Krieg gegen Norwegen erschossen.

Vasa

Die Wurzeln dieses berühmten Herrschergeschlechts lassen sich bis ins 14. Jahrhundert zurückverfolgen. Die Blütezeit der Vasas begann mit der Thronbesteigung von Gustav Vasa im Jahr 1523. Berühmtester Vertreter der Sippe war Gustav II. Adolf, der im 30-jährigen Krieg auf der Seite der Protestanten kämpfte und bei einer Schlacht im deutschen Lützen fiel. Der Name ist seit dem 17. Jahrhundert ausgestorben. Aber es gibt noch eine Menge lebender Nachfahren – in Schweden und im gesamten europäischen Hochadel –, die ihren Stammbaum bis zu den mächtigen Vasa-Königen zurückverfolgen können.

Volksheim (Folkhem)

Im 20. Jahrhundert machten die Sozialdemokraten, bis heute die größte Partei des Landes, »das Volksheim« zum zentralen Begriff ihrer Politik. Er steht für das typisch schwedische Modell eines Wohlfahrtsstaates. Mit der Vision vom »Volksheim« verabschiedeten sich die Sozialdemokraten vom Klassenkampf und nahmen fortan für sich in Anspruch, die Interessen der gesamten Bevölkerung zu vertreten. Charakteristisch für das schwedische Volksheim sind ein ausgeprägtes Sozialsystem sowie starke staatliche Eingriffe in die Wirtschaft, zum Beispiel durch hohe Steuern. Seine Blütezeit erlebte das Volksheim nach dem Zweiten Weltkrieg in der Mitte des 20. Jahrhunderts. Obwohl sich der schwedische Wohlfahrtsstaat seitdem stark verändert und viele seiner Besonderheiten verloren hat, spielt der Begriff immer noch eine Rolle in der politischen Debatte. Als etwa der sozialdemokratische Ministerpräsident Göran Persson 2004 eine umweltfreundlichere Politik versprach, da taufte er seine Zukunftsvision »das grüne Volksheim«.

Wikingerzeit

Die letzte Periode der Eisenzeit in Nordeuropa wird oft als Wikingerzeit bezeichnet. Sie dauerte etwa von 790 bis 1100 nach Christus. Es war eine Blütezeit des Handels und des Schiffsbaus. Die Bevölkerung des Nordens wuchs in dieser Periode stark und drang mit ihren modernen Langbooten bis zum Schwarzen Meer, an die Küste Amerikas und in den Mittelmeerraum vor. Die Wikingerzeit endete mit der Christianisierung.

SPRACHFÜHRER

Deutsche Besucher entdecken meist nach wenigen Tagen, dass es eine Reihe von Gemeinsamkeiten zwischen ihrer Sprache und dem Schwedischen gibt. Die Bedeutung vieler Wörter lässt sich mit ein wenig Fantasie erraten. Fremd ist dagegen die Aussprache. Ein »o« klingt im Schwedischen oft wie ein deutsches »u«, ein »u« wie ein deutsches »ü«. Außerdem hat das Schwedische mit dem »å« einen Buchstaben, den es im Deutschen überhaupt nicht gibt. Er wird in etwa wie ein »o« ausgesprochen. Auch das Alphabet hat eine andere Reihenfolge: å, ä und ö stehen am Ende. Schwedische Telefonbücher gehen also nicht von A-Z, sondern von A-Ö.

Allgemeines

Ja – *ja*
Nein – *nej*
Vielleicht - *kanske*
Danke – *tack*
Vielen Dank – *tack så mycket*
Keine Ursache – *Det var så lite.*
Bitte – *var så god*
Entschuldigung – *ursäkta*
Guten Morgen – *god morgon*
Guten Tag / Hallo – *hej*
Guten Abend – *god kväll*
Gute Nacht – *god natt*
Auf Wiedersehen – *hej då*
Wie geht's? – *Hur är det?*
Danke, gut. – *Bara bra, tack.*
Ich verstehe nicht – *Jag förstår inte*
Ich heiße... – *Jag heter...*
Ich komme aus ... – *Jag kommer från ...*
Deutschland – *Tyskland*
Schweiz – *Schweiz*
Österreich – *Österrike*
Schweden - *Sverige*
Sprechen Sie Deutsch? – *Talar du tyska?*
Englisch - *engelska*
Wer – *vem*
Was – *vad*
Welcher – *vilken*
Wann – *när*
Warum – *varför*
Wie lang – *hur länge*

Zahlen

Null - *noll*
Eins – *ett*
Zwei – *två*
Drei – *tre*
Vier – *fyra*
Fünf – *fem*
Sechs – *sex*
Sieben – *sju*
Acht – *åtta*
Neun – *nio*
Zehn – *tio*
Elf - *elva*
Zwölf - *tolv*
Dreizehn - *tretton*
Vierzehn - *fjorton*
Fünfzehn - *femton*
Sechzehn - *sexton*
Siebzehn - *sjutton*
Achtzehn - *arton*
Neunzehn - *nitton*
Zwanzig - *tjugo*
Einundzwanzig - *tjugoett*
Hundert – *hundra*
Tausend – *tusen*
Erster - *första*
Zweiter - *andra*
Dritter - *tredje*

Farben

Blau - *blå*
Gelb - *gul*
Rot - *röd*
Grün - *grön*
Schwarz - *svart*
Weiß – *vit*

Wochentage

Montag – *måndag*
Dienstag – *tisdag*
Mittwoch – *onsdag*
Donnerstag – *torsdag*
Freitag – *fredag*
Samstag – *lördag*
Sonntag – *söndag*

Zeiten

Wie spät ist es? – *Vad är klockan?*
Es ist neun Uhr – *Klockan är nio.*

Es ist halb neun – *Klockan är halv nio.*
Es ist viertel nach neun – *Klockan är kvart över nio.*
Es ist viertel vor neun – *Klockan är kvart i nio.*
Ich komme gleich – *Jag kommer strax*
Wochenende - *helg*
Feiertag – *helgdag*
Morgen – *i morgon*
Heute – *i dag*
Gestern – *i går*
Jetzt – *nu*
Später - *senare*
Vormittags – *på morgonen*
Nachmittag – *eftermiddag*
Abend – *kväll*
Nacht – *natt*
eine Minute – *en minut*
eine Stunde – *en timme*
Tag - *dag*
Woche – *vecka*
Monat – *månad*
Jahr – *år*

Monate

Januar – *januari*
Februar – *februari*
März – *mars*
April – *april*
Mai – *maj*
Juni – *juni*
Juli – *juli*
August – *augusti*
September – *september*
Oktober – *oktober*
November – *november*
Dezember – *december*

Jahreszeiten und Feste

Frühjahr – *vår*
Sommer – *sommar*
Herbst - *höst*
Winter - *vinter*
Weihnachten – *jul*
Silvester – *nyårsafton*
Neujahr - *nyårsdagen*
Ostern - *påsk*
Pfingsten - *pingst*
Mittsommer - *midsommar*
Walpurgisnacht – *valborgsmässoafton*
Allerheiligen - *allahelgonsdag*
Geburtstag – *födelsedag*
Geburtstagsfest – *födelsedagskalas*
Hochzeit – *bröllop*
Taufe – *dop*
Frohe Weihnachten! – *God jul!*
Gutes neue Jahr! – *Gott nytt år!*
Frohe Ostern! – *Glad påsk!*
Glückwunsch! – *Grattis!*

Unterwegs

Links – *vänster*
Rechts – *höger*
Geradeaus – *rakt fram*
Wie weit ist es nach ...? – *Hur långt är det till ...?*
Wie komme ich nach ...? – *Hur tar jag mig till ...?*
Wo ist der/die/das nächste ...? – *Var finns närmaste ...?*
Autowerkstatt - *bilverkstad*
Bahnhof (Zug) – *järnvägsstation*
U-Bahnstation - *tunnelbanastation*
Bushaltestelle – *bushållplats*
Flughafen – *flygplats*
Fähre - *färja*
Fahrkahrte - *billet*
Touristeninformation – *turistinformation*
Eingang – *ingång*
Ausgang - *utgång*
Bank – *bank*
Geldautomat – *bankomat*
Rolltreppe – *rulltrappa*
Aufzug - *hiss*
Auto – *bil*
Autoreifen - *däck*
Fahrrad – *cykel*
Kinderwagen - *barnvagn*
Spaziergang – *promenad*
Ampel – *trafikljus*
Wir hatten einen Unfall – *Vi råkade ut för en olycka*
Wo ist die nächste Polizeiwache? – *Var är närmaste polisstation?*
Ich bin bestohlen worden. – *Jag har blivit bestulen.*
Polizei – *Polis*
Warteschlange - *kö*
Führerschein – *körkort*
Versicherung – *försäkring*
Tankstelle – *bensinmack*
Leihwagen - *hyrbil*

Gesundheit

Arzt – *läkare*

Praxis – *vårdcentralen*
Krankenhaus - *sjukhus*
Apotheke – *apotek*
Zahnarzt – *tandläkare*
Schmerztablette – *värktablett*
Ich bin krank. – *Jag är sjuk.*
Mit tut ... weh. – *Jag har ont i ....*
Kopf – *huvud*
Hals – *hals*
Nase – *näsa*
Ohren – *öron*
Augen – *ögon*
Brille – *glasögon*
Erkältung – *förkylning*
Kopfweh - *huvudvärk*
Krankenversicherung – *sjukvårdsförsäkring*

Hotel

Ich suche ein Hotel – *Jag söker ett hotel*
Ich suche ein Zimmer für ... Personen – *Jag söker ett rum för ... personer.*
Zimmer – *rum*
Mit Balkon – *med balkong*
Mit Meerblick – *med havsutsikt*
Mit Dusche und WC – *med dusch och toalett*
Mit Fühstück – *med frukost*
Frei – *ledig*
Für eine Nacht – *för en natt*
Für zwei Tage – *för två dagar*
Für eine Woche – *för en vecka*
Ich habe ein Zimmer reserviert – *Jag har reserverat ett rum*
Halbpension – *halvpension*
Kann ich das Zimmer sehen? – *Får jag titta på rummet?*
Was kostet das Zimmer pro Nacht? – *Vad kostar rummet per natt?*
Haben sie ein anderes Zimmer? – *Har du något annat rum?*
Wo kann ich parken? – *Var kan jag parkera min bil?*
Ich bezahle mit Kredit-/EC-Karte. – *Jag betalar med kort.*
Ich bezahle bar. – *Jag betalar kontant.*

Einkaufen

Wo gibt es ...? – *Var finns det ...?*
Haben Sie ...? – *Har ni ...?*
Wieviel kostet das? – *Vad kostar det?*
Das ist zu teuer - *Det är för dyrt*
Geben Sie mir bitte ... - *Kan jag få ..*
Ich nehme das. – *Jag tar det*
Gramm – *gram*
Kilo – *kilo*
Farbe – *färg*
Größe - *storlek*
Das ist alles. – *Det är bra så.*
Geld – *pengar*
Kleingeld – *småpengar*
Geldschein – *sedel*
Münzen - *mynt*
Geöffnet – *öppet*
Geschlossen – *stängt*
Kaufhaus – *varuhus*
Markt – *marknad*
Lebensmittelladen – *livsmedelsaffär*
Garantie – *garanti*
Mehrwertsteuer – *moms*
Rechnung (als Beleg) – *kvitto*
die Post – *posten*
Postkarte – *vykort*
Brief – *brev*
Briefumschlag – *kuvert*
Briefkasten – *brevlåda*
Briefmarke – *frimärke*

Sightseeing

Museum – *museet*
Kirche – *kyrka*
Ausstellung – *utställning*
Kunst – *konst*
Geschichte – *historia*
Rundtour – *rundvandring*
Straße – *gata*
Platz – *plats*
Stadtplan - *stadskarta*
Öffnungszeiten – *Öppetider*
Wann öffnet ... – *När öppnar ...*
Wann schließt ... – *När stänger ...*

Wetter

Sonne – *sol*
Es ist sonnig – *Det är soligt*
Regen – *regn*
Es regnet – *Det regnar*
Wind – *vind*
Schnee – *snö*
Es schneit – Det snöar
Es ist warm – *Det är varmt*
Es ist kalt – *Det är kallt*
Es ist schönes Wetter – *Det är fint väder*
Es ist schlechtes Wetter – *Det är dåligt väder*

ESSDOLMETSCHER

A

Aborre – *Barsch*

Anka – *Ente*

Ansjovis – *Anchovis*

Apelsin – *Orange*

B

Barnrätt – *Kinderteller*

Biff – *umgangsprachlich für Rindfleisch*

Blodpudding – *Süße Blutwurst, wird mit Preiselbeeren serviert*

Blåbärssoppa – *Fruchtsuppe aus Heidelbeeren*

Bröd – *Brot*

Bulle – *Wecken aus Hefeteig*

Bönor – *Bohnen*

D

Dagens Rätt – *Tagesgericht*

Djupfryst – *tiefgefroren*

Dryck – *Getränk*

Dricks – *Trinkgeld*

E

Efterrätt – *Nachtisch*

Enbär – *Wacholderbeere*

F

Fika – *Kaffeepause*

Falukorv – *traditionelle, in Scheiben gebratene Fleischwurst*

Filmjölk / Fil – *dicke Sauermilch*

Fisk – *Fisch*

Fiskbullar – *Fischklöße*

Fläder – *Holunder*

Fläsk – *Schweinefleisch*

Folköl – *»Volksbier«, 2,8 % Alk.*

Frukost – *Frühstück*

Frukt – *Obst*

G

Glass – *Speiseeis*

Glögg – *Glühwein, sehr süß*

Godis – *Süßigkeiten*

Gravad Lax – *gebeizter Lachs*

Grillad – *gegrillt*

Gryta – *Eintopf*

Grädde – *Sahne*

Grönsaker – *Gemüse*

Gröt – *Grütze*

Gås – *Gans*

Gädda – *Hecht*

Gös – *Zander*

H

Hallon – *Himbeere*

Halstrad – *geröstet*

Hemlagad – *hausgemacht*

Hjortron – *Multebeere*

Husmanskost – *Hausmannskost*

I

Inlagd – *eingelegt*

Is – *Eis (für Getränke)*

Isterbrand – *Griebenwurst*

J

Janssons Frästelse – *»Janssons Versuchung«, Kartoffelgratin mit Anchovis*

Jordgubbar – *Erdbeeren*

Julskinka – *Weihnachtsschinken*

Julbord – *Weihnachtsbuffet*

K

Kaka – *Kuchen*

Kalkon – *Truthahn*

Kalops – *Eintopf mit Rindfleisch*

Kalv – *Kalb*

Kanel – *Zimt*

Kanelbulle – *Zimtwecken*

Kantarell – *Pfifferling*

Karljohansvamp – *Steinpilz*

Karp – *Karpfen*

Kniv – *Messer*

Knäckebröd – *Knäckebrot*

Korv – *Wurst*

Kronärtskocka – *Artischocke*

Kroppkaka – *Mit Zwiebeln und Fleisch gefüllter Kloß aus gekochten Kartoffeln*

Krydda – *Gewürz*

Kräftor – *Flusskrebse*

Kyckling – *Hühnchen*

Kåldolmar – *Kohlrouladen*

Körsbär – *Kirsche*

Köttbullar – *Fleischbällchen*

Köttfärs – *Hackfleisch*

L

Lax – *Lachs*

Leverpastej – *Leberpastete*

Lingon – *Preiselbeeren*

Lunch – *Mittagessen*

Lussekat – *Luciabrot, Safrangebäck zum Luciafest am 13. Dezember*

Lutfisk – *gekochter Trockenfisch, gehört zum schwedischen Weihnachtsbuffet*

Läsk / Läskedryck – *Softdrink, Limonade*

Lättöl – *Leichtbier, 1,8 % Alk.*

Lök – *Zwiebel*

M

Makaroner – *Nudeln*

Makrill – *Makrele*
Marulk – *Seeteufel*
Mazarin – *mit Zucker überzogenes Marzipangebäck*
Mellanmål – *Zwischenmahlzeit*
Mellanöl – *»Mittelbier«, 3,5 %*
Middag – *Abendessen*
Mjölk – *Milch*
Morotskaka – *Karottenkuchen, süß*
Musslor – *Muscheln*
N
Nypponsoppa – *Furchtsuppe aus Hagebutten*
Nöt – *Nuss*
O
Olivolja – *Olivenöl*
Ost – *Käse*
Ostkaka – *Käsekuchen*
Ostron – *Austern*
P
Paj – *Pastete, oft mit Fruchtfüllung zum Dessert*
Palt – *Klöße aus rohen Kartoffeln, oft mit Fleischfüllung*
Pannbiff – *Firakadelle*
Pannkaka – *Pfannkuchen*
Pepparkakar – *Pfefferkuchen*
Piggvar – *Steinbutt*
Potatis – *Kartoffel*
Punsch – *süßer Likör mit Arrak-Geschmack*
Pyttipanna – *gebratene Fleischwürfel mit Zwiebeln und Kartoffeln*
Påtar/Påfyllning – *Nachschenken, beim Kaffee oft im Preis inbegriffen*
Päron – *Birne*
R
Ren – *Rentier*
Renskav – *Rentiergeschnetzeltes*
Ris – *Reis*
Rostat – *geröstet*
Rotmos – *Brei aus Wurzelgemüse*
Räkor – *Krabben*
Rödbeta – *Rote Beete*
Rödspätta – *Scholle*
Rökt – *geräuchert*
S
Salt – *Salz*
Semla – *Fastengebäck mit Füllung aus Marzipan und Schlagsahne*
Senap – *Senf*
Sill – *Hering*
Sirap – *Sirup*
Skagen Röra – *Krabben, Majonäse, Dill, Zwiebeln*
Skaldjur – *Schalentiere*
Sked – *Löffel*
Skinka – *Schinken*
Smultron – *Walderdbeeren*
Smör – *Butter*
Smörgås – *belegtes Brot*
Smörgåsbord – *Buffet*
Snaps – *Schnaps, meistens Aquavit*
Socker – *Zucker*
Soppa – *Suppe*
Sparris – *Spargel*
Spettekaka – *trockenes Gebäck aus Stärke, Zucker und Eiern mit Zuckerguss*
Starköl – *Bier, ca. 4,5 % Alk.*
Stekt – *gebraten*
Strömming – *Strömling, Ostseehering*
Sur – *sauer*
Surdeg – *Sauerteig*
Surkål – *Sauerkraut*
Surströmming – *vergorener Hering, nordschwedische Spezialität*
Svamp – *Pilz*
Sylt – *Marmelade, Eingemachtes*
T
Tallrik – *Teller*
Torsk – *Dorsch*
Tunnbröd – *dünnes Fladenbrot*
Tårta – *Torte*
V
Varm Choklad – *heiße Schokolade*
Vatten – *Wasser*
Vete – *Weizen*
Vin – *Wein*
Vinäger – *Essig*
Vispgrädde – *Schlagsahne*
Vitlök – *Knoblauch*
W
Wienerbröd – *Blätterteiggebäck mit Puddingfüllung*
Wallenbergare – *Kalbsfrikadelle*
Å–Ö
Ål – *Aal*
Ägg – *Ei*
Älg – *Elch*
Äpple – *Apfel*
Ärtsoppa – *Erbsensuppe*
Öl – *Bier*
Öring – *Meerforelle*

Hier finden Sie alphabetisch aufgeführt alle in diesem Band beschriebenen Orte und Ziele, Hotels und Restaurants. Bei einzelnen Nennungen steht die Nummer einer Tourenkarte, wenn diese dort hinführt, z.B. (Tour 1). Außerdem enthält das Register sämtliche MERIAN Top Ten und wichtige Stichworte aus den »Spezials« sowie der Rubrik »Der gute Tipp von MERIAN«. Wird ein Begriff mehrfach aufgeführt, verweist die **fett** gedruckte Zahl auf die Hauptnennung, eine *kursive* Zahl auf ein Foto.

R

S

Bildnachweis

Cover: Bildagentur Online

Action Press (1) S. 37
Agentur Focus (1)
/Spiegelhalter, Erich S. 224-225
Alamy (4) S. 24-25, 70, 183, 218
Allen, Pår (1) S. 94
AKG (4) S. 30-31, 34, 35, 72
Archive Of The National Maritime Museums (3) S. 212, 213, 213 unten
Argus (2)
/Frischmuth, Peter S. 58, 69
Berglund, Per-Eric (1) S. 160-161
Bildagentur Huber (4)
/Luca, Da Ros S. 7 unten, 22, 122-123, 188
Bilderberg (1)
/Modrak, Jerzy S. 220
Blickwinkel (1) S. 40-41
Brilijans (2)
/Rietz, Markus U4, S. 18-19
Brüggemann, Felix (2) S. 133, 136
Deuter, Wolfgang (1) S. 166
dpa (9) S. 48, 54-55, 62, 73, 157,
/scanpix S. 176-177, 184, 196,
/HB Verlag S. 198
F1 Online (5) S. 2 unten, 10-11, 16-17, 168,
/Maskot 186
Getty Images (1) S. 182
Imago (1) S. 32
Interfoto (2)
/Imagno/Austrian Archives S. 42, S. 75
Garder, Markus (2) S. 154, 155
Gerber, Tobias (3) S. 4-5, 29, 178
Klara G, www.klarag.com (1) S.103
Knoll, Georg (30) S. 3 oben, 4 mitte, 26-27, 47, 61, 64-65, 86-87, 93, 96, 98-99, 100, 100-101, 104-105, 105, 107, 109, 118, 127, 128, 134, 141, 162, 193, 195, 197, 199, 214, 216, 233, 236
Ostkreuz (1)
/Eichhoefer, Espen S. 187
Laif (18)
/Langrock, Paul S. 5 mitte, 227,
/Maisant Ludovic/hemis.fr S. 4 unten, 206,
/Multhaupt, Achim S. 6-7, 179,
/Kreuels, Ralf S. 7 oben, 14-15, 165,
/Body Philippe/hemis.fr S. 39, 211,
/Riehle, Michael S. 44-45,
/Rodtmann, Edgar S. 53,
/I.Nabuurs/Hollandse Hoogte S. 67,
/Rabouan-Fiori/hemis.fr S. 150,
/Gollhardt & Wieland S. 204, 231,
/Asbach, Dominik S. 205
Lindman, Åke E:son (1) S. 78
Look Foto (2)
/age fotostock S. 20-21,
/Richter, Jürgen S. 43
Mauritius Images (3) S. 2-3 oben, 68, 108
Modrow, Jörg (1) S. 12-13
Robertson, Thorleif (1) S. 149
Sasse, Martin (2) S. 56, 173
Schapowalow (4)
/Fan S. 6 unten,
/Cora S. 143,
/Atlantide S. 159,
/Harding, Robert S. 190-191
Schmidt, Göran (1) S. 174
2001 Snowbound (1) S. 85
Södling, Nico /Stockholm Business Region (1) S. 114,
stockholm visitors board (4) S. 119, 120-121, 121, 156,
TV Yesterday (1)
/Weber, M. W. S. 71
Ullstein Bild (2) S. 146, 147
Vin & Spirithistoriska Museets fotoarkiv (1) S. 215
Visum (1) S. 171

Liebe Leserinnen und Leser,

wir freuen uns, dass Sie sich für einen Titel aus unserer Reihe MERIAN *Reiseführer* entschieden haben. Damit werden Sie sich an Ihrem Reiseziel wie ein Kenner fühlen können.

Alle Angaben in diesem Reiseführer sind gewissenhaft geprüft. Der Verlag übernimmt jedoch für evtl. Fehler keine Haftung. Preise, Öffnungszeiten usw. sind schnelllebig. Änderungen, die nach Drucklegung entstehen können, sind daher nie auszuschließen.

Schließlich interessiert uns noch Ihre persönliche Meinung. Bitte schreiben Sie uns, wenn Sie Berichtigungen und Ergänzungen haben - und natürlich auch, wenn Ihnen etwas ganz besonders gefällt.

TRAVEL HOUSE MEDIA
Redaktion MERIAN *Reiseführer*
Grillparzerstr. 12, D-81675 München
merian-reisefuehrer@travel-house-media.de

Bei Interesse an digitalen Daten der MERIAN Kartographie wenden Sie sich bitte an:
iPUBLISH GmbH, Abt. Cartography
merianmapbase@ipublish.de
www.merianmapbase.de

PROGRAMMGESCHÄFTSLEITUNG
Dr. Stefan Rieß

REDAKTIONSLEITUNG
Birgit Chlupacek

REDAKTION
Birgit Chlupacek

LEKTORAT
Hatice Kücükballi

SCHLUSSREDAKTION
Ulla Thomsen

REIHENGESTALTUNG
Helinä Markkanen, München

SATZ/GESTALTUNG
Mustafa Kücükballi

BILDREDAKTION
Anna Logermann

UMSCHLAGGESTALTUNG
Heuer & Sachse, Hamburg

KARTEN
MERIAN-Kartographie, München

PRODUKTION
Renate Hutt

DRUCKVORSTUFE
Repro Ludwig, Zell am See

DRUCK UND BINDUNG
Offizin Andersen Nexö, Leipzig

GEDRUCKT AUF
EuroBulk von der Papier Union

TRAVEL HOUSE MEDIA

Ein Unternehmen der
GANSKE VERLAGSGRUPPE

1. Auflage 2009, ISBN 978-3-8342-0292-5